LA LECTURE

EN FAMILLE

COLLECTION J. HETZEL

LA LECTURE EN ACTION. — L'ART DE LA LECTURE

LA LECTURE EN FAMILLE

PAR

ERNEST LEGOUVÉ

DE L'ACADÉMIE FRANÇAISE

DESSINS DE BECKER, BENETT, DUBOUCHET, GEOFFROY
MAILLART, TOFANI, TONY JOHANNOT, ETC.

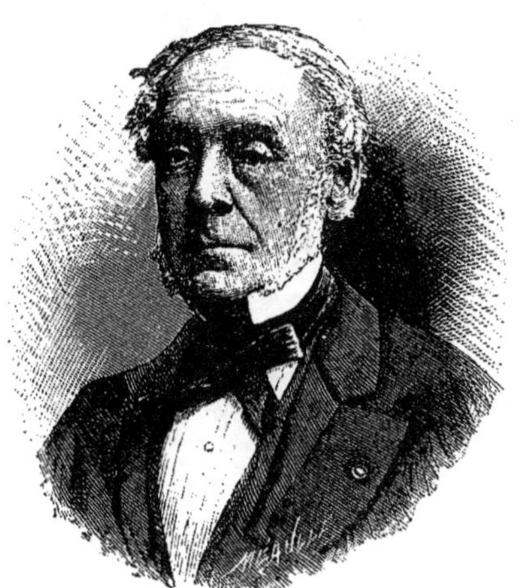

GRAVURES DE F. MÉAULLE

BIBLIOTHÈQUE
D'ÉDUCATION ET DE RÉCRÉATION
J. HETZEL ET Cie, 18, RUE JACOB
PARIS

Août 1882.

A. P. J. STAHL

Mon cher Ami,

Je vous dois déjà tant que je ne me fais aucun scrupule de contracter une nouvelle dette envers vous, en empruntant, pour cet ouvrage, au Magasin d'éducation *et à votre* Morale familière, *le titre de* la Lecture en Famille.

E. Legouvé.

AU LECTEUR

L'art de la lecture, s'adressait aux lycées et aux écoles.

La lecture en action, allait plus directement aux lettrés, aux gens du monde et aux artistes.

La lecture en famille, a en vue un troisième public.

Ce n'est pourtant pas, à proprement parler, un troisième ouvrage, puisqu'il est formé de la réunion partielle des deux autres, mais il se

1

propose pourtant un but particulier ; c'est de faire pénétrer les principes de la diction au foyer domestique, sous la forme plus vivante de l'illustration, et d'en mêler ainsi l'emploi raisonné aux habitudes d'intérieur.

La lecture à haute voix joue en effet un grand rôle dans la vie de famille, et elle prend un caractère différent selon l'âge et la position du lecteur. Est-ce le père qui lit ? Il lit pour instruire, s'il s'adresse à ses enfants ; il lit pour interesser et amuser, s'il a pour auditoire un cercle d'amis ou de parents. Est-ce la mère qui tient le volume ? C'est presque toujours à titre d'institutrice. Elle lit à son fils, à sa fille, les leçons qu'ils doivent apprendre, les passages qu'ils doivent analyser, de façon à les aider dans leur tâche d'élèves, par son habileté de lectrice. Est-ce la femme qui lit à son mari ? son but est de ménager des yeux affaiblis, de distraire un esprit préoccupé, d'alléger les souffrances ou les inquiétudes d'un malade. Au contraire, les lecteurs sont-ils les enfants eux-mêmes, jeunes gens et jeunes filles ? La lecture à haute voix entre alors dans les réunions de famille, à peu près au même titre que la musique, elle y joue le rôle d'un art d'agrément, en même temps que d'un art utile, elle a pour objet d'exercer la voix et l'intelligence des jeunes lecteurs, de vaincre leur timidité, de les habituer à parler en public, et parfois de donner lieu à de courtes représentations théâtrales, où le plaisir même est un travail, et où le travail est un plaisir.

La lecture à haute voix, se mêle donc, sous toutes sortes d'aspects différents, à la vie de famille ; l'y introduire comme un art, c'est donc répondre à un besoin, c'est ajouter une joie de plus à toutes les joies du foyer domestique.

LA LECTURE

EN FAMILLE

CHAPITRE I[1]

LA LECTURE EST-ELLE UN ART?

Rien n'est petit dans la grande affaire de l'éducation, et la question que nous allons traiter est importante quoique secondaire, par cela seul qu'il s'agit d'un progrès à réaliser dans l'enseignement. En Amérique, la lecture à haute voix compte comme un des éléments de l'instruction publique, elle est une des bases de l'enseignement primaire. En France, elle n'a pas même la valeur d'un art d'agrément; on la regarde comme une curiosité, comme un luxe, parfois même comme une prétention. Il y a quelques années, je formai le projet de combattre ce préjugé, et de contribuer, pour ma faible part, à faire entrer dans nos mœurs et dans le cadre de nos études, l'art de la lecture. La pre-

---

1. Depuis que ce chapitre est écrit, les choses ont beaucoup changé. L'étude de la lecture à haute voix est entrée dans tous les programmes d'instruction publique ; mais j'ai tenu à conserver ce point de départ, pour qu'on pût mesurer les progrès accomplis en cinq ans.

mière objection que je rencontrai, fut celle-ci : la lecture
est-elle un art? Beaucoup en doutaient ; quelques-uns le
niaient. Quant à moi, trente ans d'étude, des expériences
répétées m'ayant convaincu que c'est un art aussi difficile
que réel, aussi utile que difficile, je réunis mes observations en un tout coordonné, je lui donnai l'apparence d'un
ouvrage didactique, je le disposai en vue d'un cours public,
puis, mon plan arrêté, j'allai le confier à un ami.

C'était vers 1868, au printemps. A une lieue de moi,
demeurait un des hommes de qui on pouvait le mieux dire
ce que Mme de Sévigné disait de Montaigne : « Quel voisin
de campagne il aurait fait ! » M. Saint-Marc Girardin, c'est
de lui que je parle, avait en effet, par un curieux contraste, un esprit sceptique et un cœur affectueux. Je n'ai
pas connu ami plus tendre, conseiller plus sûr, partenaire de
causerie plus délicieux. Liberté complète dans la conversation ! franchise absolue ! Son bon sens avait toujours la
forme du badinage ; il aimait tant la raillerie qu'elle lui
plaisait même dans la bouche des autres, et même contre
lui ; il est vrai qu'en fait d'épigrammes il était toujours
en fonds, et que si on lui en envoyait une, on était bien
sûr d'en recevoir deux.

J'allai donc lui soumettre mon idée. Après m'avoir
écouté attentivement et sérieusement, il me dit : « Mon
ami, vous pourrez exécuter sur ce sujet des variations brillantes, des airs de bravoure qui appelleront les applaudissements ; mais une leçon sérieuse, non. La lecture n'est
pas un art. C'est l'exercice naturel d'un organe ; il y a
des gens qui lisent bien ; il y a des gens qui lisent mal ;
mais le talent des premiers est un don, un charme, une

qualité, tout excepté un art. Cela ne s'apprend pas. L'exercice de cette qualité naturelle peut donner lieu à quelques *préceptes d'hygiène*, il ne faut ni trop parler ni trop lire, comme il ne faut ni trop marcher ni trop manger ; *préceptes de bon sens*, il ne faut pas lire trop haut ni lire trop vite ; *préceptes de goût*, il faut tâcher de comprendre et de faire comprendre ce qu'on lit ; mais en dehors de ces instructions sommaires qui tiendraient en quelques lignes, on ne trouve pas dans la lecture ces règles précises, claires, qui constituent un art ; l'art de la lecture se compose d'un seul article : *Il faut lire comme on parle.* »

J'avais grande foi dans le goût de M. Saint-Marc Girardin, et je connaissais sa rare sincérité ; mais ici j'étais convaincu, et de plus j'entendais sous ses critiques une phrase qu'il ne me disait pas, qu'il ne se disait peut-être pas à lui-même, mais qui n'en existait pas moins tout au fond de sa pensée : « En fin de compte, moi, Saint-Marc Girardin, je lis très bien et je ne l'ai jamais appris ; donc, on n'a pas besoin de l'apprendre. »

Je repris donc :

« Mon cher ami, il y a une part de vérité dans ce que vous me dites ; c'est la part qui se retrouve dans tout ce que disent les hommes du monde, spirituels et instruits, sur un sujet qu'ils n'ont pas étudié. Or, tout professeur de Sorbonne que vous êtes, vous n'êtes là-dessus qu'un homme du monde ; vous parlez spirituellement de ce que vous ne connaissez pas. »

Ce mot inaccoutumé pour lui le fit un peu regimber.

Je repris avec calme : « Qu'il y ait dans le talent de la lecture beaucoup de don, c'est incontestable : il n'en est pas de cet art comme des autres arts ou métiers qui vous sont absolument fermés, si l'apprentissage ne vous en a pas ouvert l'accès : Certains hommes lisent sans étude, avec grâce et avec agrément : vous en êtes une preuve, car vous lisez *à l'effet*, vous êtes applaudi quand vous lisez, mais vous ne lisez pas... pardonnez-moi ma franchise... vous ne lisez pas bien. »

A ce mot, il se mit à sourire d'un air narquois.

« Comment ! je ne lis pas bien ?

— Non ! la preuve, c'est que quelqu'un qui lirait comme vous, lirait mal.

— Expliquez-moi donc cela, reprit-il en riant.

— Rien de plus facile. Je vous ai entendu lire à la Sorbonne, dans votre cours, des fragments de Lamartine, de Corneille, de Victor Hugo, et je vous ai entendu lire à l'Académie des discours de vous. La différence était fort grande.

— En quoi? reprit-il assez intrigué.

— Le voici : Les vers de nos grands poètes, lus par vous, étaient fort applaudis. Pourquoi? Parce que vous mettiez dans cette lecture votre intelligence, votre supériorité d'esprit ; parce que vous avez une voix vibrante et un air de conviction, toutes qualités personnelles qui dissimulaient vos défauts.

— Eh! quels sont donc mes défauts? s'il vous plaît.

— Votre voix a des sons un peu blessants à force d'éclat ; votre débit est parfois déclamatoire ou emphatique, et l'emphase ne déplaît pas à la jeunesse... Mais changez d'auditoire et donnez votre manière à quelqu'un qui n'aura ni votre supériorité ni votre autorité, à qui il ne restera que votre manière, et il ne plaira pas, par cela seul qu'il vous aura trop bien imité; or, il n'y a de bon, que ce qui peut être imité sans danger. Donc, vous lisez avec talent, mais vous ne lisez pas comme quelqu'un qui sait lire.

— Même mes discours?

— Oh! vos discours! personne ne pourrait les lire aussi bien que vous.

— Pourquoi? Est-ce que là aussi mes défauts?...

— Là vos défauts sont des qualités, parce qu'ils font partie de votre personnalité. Un exemple vous expliquera ma pensée. Jules Sandeau avait écrit un charmant discours en réponse à Camille Doucet. Il me pria de le lire pour lui en public. « Je m'en garderai bien, lui répondis-je.

— Pourquoi? vous le lirez mieux que moi.

— Oui! *mais je ne le lirai pas si bien*. Votre discours, c'est vous. Je ne ferai certes pas en le lisant, les fautes que vous faites, je ne laisserai pas tomber mes finales, je mettrai mieux en relief les mots spirituels, mais je n'aurai pas cette nonchalance d'attitude, cette indolence de voix, cet air de ne pas y toucher, cet abandon indifférent qui compléteront vos paroles par votre personne et qui seront charmants chez vous parce qu'ils sont naturels, mais qui seraient déplaisants chez moi parce qu'ils seraient cherchés... Votre discours est un discours blond et fleuri d'embonpoint; je le lirai comme un homme brun et maigre; lisez-le vous-même! »

Il me crut, et le succès lui montra combien j'avais eu raison. Mais, s'il avait lu ainsi le discours d'un autre, c'eût été une trahison!

« L'histoire est jolie, me dit M. Saint-Marc Girardin, mais je ne vois pas où elle nous mène. Je comprends ce que vous me dites, mais je ne comprends pas quelles conséquences vous en tirez.

— Un autre exemple vous le fera mieux saisir. M. Viennet avait une grande réputation de lecteur, réputation méritée quand il lisait ses vers. Sa voix rauque, ses gestes bourrus et imitant la franchise, sa petite mèche de cheveux, en l'air comme une crête de coq, ses intonations joviales, étaient la représentation exacte de son genre de talent, avec tout ce qu'il avait de vif et d'un peu vulgaire; ajoutez qu'il avait un goût extrême pour tout ce qu'il faisait; il se plaisait singulièrement à lui-même, ce qui donnait à son débit, quand il lisait ses propres vers, un feu, une chaleur qui gagnait l'auditoire. On me proposa un jour de lire à l'Académie des vers de M. Viennet, je refusai. « Ni moi, ni le morceau n'aurions de succès, répondis-je. Je manquerais

absolument de ce qui fait une partie de l'effet de M. Viennet, la conviction profonde que ce que je lis est un chef-
d'œuvre. »

Cette petite épigramme, fort inoffensive, fit rire M. Saint-
Marc Girardin, et il ajouta gaiement :

« La conclusion ! la conclusion ! Que concluez-vous de
tout cela ?

— Je conclus qu'il ne faut pas dire d'un écrivain qu'il
lit bien parce qu'il est applaudi en lisant ce qu'il a fait,
attendu que parfois ses défauts de lecteur sont pour
quelque chose dans son succès ; c'est un homme ajouté à
un discours. Je conclus encore qu'il faut laisser de côté certaines natures d'élite, certaines organisations exception-
nelles comme la vôtre, qui peuvent se passer de règles, tant
elles ont bonne grâce à sauter par-dessus ! « L'art n'est pas
fait pour toi ; tu n'en as pas besoin. » Mais je conclus aussi
que les hommes ordinaires, la masse, la majorité, le vulgaire a besoin d'apprendre à lire pour savoir lire, et que
cette science qui serait utile même aux êtres supérieurs, car
enfin, mon cher ami, vous auriez un peu plus de science
que vous n'en auriez pas moins de talent, est indispensable
à tous les autres.

— Mais, enfin, cette science, en quoi consiste-t-elle ?
comment se définit-elle ?

— L'art de parler et de lire correctement.

— La correction suppose des règles. Quelles sont ces
règles ?

— Elles sont de deux sortes, matérielles et intellectuelles ; car l'art de la lecture repose à la fois sur l'exercice
d'un organe physique, la voix, et sur un organe spirituel,

la pensée... Voulez-vous que nous étudiions d'abord la voix ?

— Très volontiers ! répondit M. Saint-Marc Girardin.

— Eh bien ! je rédigerai mes observations par écrit, car ici il faut de la précision, et je vous les apporterai. »

Mais, hélas ! la guerre éclata ; je ne rédigeai rien ; je ne lui apportai rien, et c'est seulement plusieurs années plus tard que, sur la demande d'un des hommes qui honorent le plus l'enseignement public, M. Bersot, je fis pour les élèves de l'École normale supérieure ce résumé de mes expériences.

CHAPITRE II

PARTIE TECHNIQUE DE L'ART DE LA LECTURE.
LA VOIX

La partie technique de l'art de la lecture porte sur deux objets : la voix et la prononciation ; les sons et les mots.

L'organe de la voix est semblable en apparence à l'organe de la vue et de l'ouïe, mais il en diffère en un point essentiel : c'est que les opérations de la vue et de l'ouïe sont le résultat d'un acte involontaire. Dès que vos yeux sont ouverts et qu'il fait jour, dès que vos oreilles sont ouvertes et qu'il y a du bruit, vous entendez et vous voyez malgré vous. L'organe de la voix, au contraire, ne s'exerce que sous l'action de la volonté, l'homme ne parle que quand il le veut.

Seconde différence. Vous ne pouvez pas voir plus ou moins, selon votre désir, vous ne pouvez pas entendre plus ou moins, si ce n'est quand vous vous soustrayez particllement à l'action des choses extérieures, en mettant un obstacle, un voile, entre le monde du dehors et vous.

Il n'en est pas de même de la voix ; vous pouvez parler plus ou moins fort, plus ou moins vite ; vous réglez la mesure des opérations de la voix comme ses opérations mêmes.

De là cette conséquence naturelle, qu'on ne peut pas apprendre à voir ou à entendre (je parle de l'opération matérielle), et que, par conséquent, il n'y a pas un art pour la vue et pour l'ouïe, tandis qu'on peut apprendre à parler, puisque la parole est susceptible de modifications résultant de la volonté.

Un mot explique cette différence.

L'organe de la voix n'est pas seulement *un organe*, c'est *un instrument*, un instrument comme le piano. Or, qu'est-ce qui constitue un piano ? Son clavier. De quoi se compose ce clavier ? De plusieurs octaves (six ou six et demie) ; ces six octaves se partagent en trois espèces de notes, les notes basses, les notes du milieu, les notes hautes ; enfin, le son de ces notes correspond à des cordes d'une certaine grosseur. Eh bien ! la voix a un clavier comme un piano ; elle a deux octaves, comme le piano en a six, trois espèces de notes comme le piano, des cordes plus minces et des cordes plus grosses comme le piano, et de même qu'on n'arrive pas à jouer du piano sans l'étudier, de même on n'arrive pas à bien jouer de la voix sans l'apprendre.

Je dirai plus. Sortant des mains d'un bon facteur, un piano est un instrument complet, parfait, et le son qui s'en échappe est aussi harmonieux que juste dès qu'un artiste le touche. Mais le petit piano que nous recevons des mains de la nature est presque toujours bien loin de cette perfection. Il y a des cordes qui manquent, des touches qui crient, des notes qui sont fausses, de façon qu'avant d'arriver à être pianiste, on doit se faire facteur et accordeur, c'est-à-dire compléter, égaliser, accorder son instrument.

Nos trois espèces de voix, qui se définissent d'elles-mêmes, la voix basse, la voix de médium et la voix haute, sont toutes trois indispensables dans l'art de la lecture ; mais l'usage en doit être et en est différent, car leur force est très différente. La plus solide, la plus souple, la plus naturelle de ces trois voix, est le médium. Le célèbre acteur Molé disait : «Sans le médium pas de postérité. » En effet, le médium étant la voix ordinaire, c'est de lui que part l'expression de tous les sentiments les plus naturels et les plus vrais : les notes basses ont souvent une grande puissance, les notes hautes un grand éclat, mais il ne faut s'en servir qu'à propos, je dirais presque exceptionnellement : je comparerais volontiers les notes hautes à la cavalerie dans une armée : elle est réservée aux attaques brillantes, aux charges à fanfares, de même que les notes basses, semblables à l'artillerie, ont pour objet les coups de force : mais le vrai fond d'une armée, l'élément sur lequel le tacticien compte le plus et qu'il emploie toujours, c'est l'infanterie. Eh bien, l'infanterie, c'est le médium. Le premier précepte de l'art de la lecture est donc la suprématie accordée au médium. Les cordes hautes sont beaucoup plus fragiles, plus délicates ; si vous vous en servez trop, si vous jouez trop sur ces notes-là, elles s'useront, se désaccorderont, deviendront criardes, votre petit piano se faussera, votre organe tout entier s'altérera. Parfois même cet abus des notes hautes influe jusque sur la pensée de l'orateur. M⁽ᶜ⁾ Berryer m'a raconté avoir un jour perdu un très bon procès, parce qu'il avait commencé son plaidoyer sur un ton trop haut, sans s'en apercevoir. La fatigue du larynx passa bientôt aux tempes; des tempes, elle gagna le cerveau; l'intelligence se tendit parce que l'organe était trop tendu, la pensée s'embrouilla, et Berryer perdit une partie de ses facultés intellectuelles, parce qu'il n'avait pas pensé à descendre de ce perchoir où sa voix avait grimpé en débutant.

L'abus des notes basses, et même graves, n'est pas moins fâcheux. Il amène la monotonie, il produit quelque chose de terne, de sourd, de lourd. Talma, jeune, était porté à ce défaut. Sa voix puissante et émue, était un peu sombre, et c'est à force d'art qu'il est parvenu à la faire sortir de la caverne où elle descendait naturellement. Un fait assez curieux me revient à ce sujet en mémoire. Mon père, était un très habile lecteur. Une partie de son succès au Collége de France, où il professait, tenait à ce talent; il intercalait dans ses leçons des fragments de nos grands poètes, et les récitait aux applaudissements universels. Ces applaudissements, auxquels naturellement il était sensible, lui attiraient des envieux, des ennemis; un critique écrivit un jour dans un article : « M. Legouvé a lu hier deux scènes de Racine, avec sa voix sépulcrale. » L'article tomba sous les yeux d'un de ses amis, M. Parseval-Grandmaison. Aussitôt, en bon camarade, il se dit : « Legouvé doit être très contrarié de cette critique, je vais aller le voir. » Il arrive; mon père était en effet étendu sur son canapé, d'un air assez mélancolique. « Ah! c'est vous, mon cher Parseval. — Oui! Est-ce que vous êtes malade, Legouvé? Vous

DERRYER

avez l'air sombre! — Moi! Non, je n'ai rien! Un peu de
mal de gorge. Dites-moi, mon cher Parseval, comment
trouvez-vous ma voix? — Je la trouve fort belle, mon ami.
— Oui, oui! Mais quel caractère lui trouvez-vous? Est-ce
le caractère... d'une voix... brillante? — Oh! non! Brillante n'est pas le mot qui définit votre voix. Je dirais plu-

tôt qu'elle est sonore. — N'est-ce pas? elle est sonore? — Sans doute! Pourtant, ce n'est pas encore le nom qui lui convient le mieux. C'est plutôt une voix grave. — Grave! soit! Mais pas sombre! — Oh! non! non! pas sombre... Pourtant il y a quelque chose... — Mais enfin, elle n'est pas caverneuse!... — Non! non! Pourtant... — Oh! je vois bien, s'écria mon père en riant, que vous partagez l'avis de cet abominable critique, et que vous la trouvez sépulcrale! »

La morale de cette petite anecdote, c'est que mon père, à partir de ce jour, s'étudia à faire moins souvent usage des notes basses, à les mêler plus habilement aux autres registres, et arriva ainsi à cette variété de timbres qui est à la fois un charme pour l'auditeur, et un repos pour le lecteur.

Ce mélange ne constitue pas le seul exercice de la voix; il faut encore, il faut avant tout la travailler en elle-même. Le travail fortifie les voix faibles, assouplit les voix dures, adoucit les voix criardes, agit enfin sur la voix parlée comme l'art du chant sur la voix chantée. On dit quelquefois que des artistes célèbres, M. Duprez, par exemple, se sont *fait une voix*. Le mot n'est pas juste; on ne se fait pas une voix quand on n'en a pas, et la preuve, c'est qu'on la perd. On ne la perdrait jamais, si on était maître de se la faire; mais on la métamorphose : on lui donne du corps, de l'éclat, de la grâce, non seulement par la gymnastique qui fortifie l'organe en général, mais par une certaine manière d'attaquer le son. Enfin l'étude arrive même à vous faire gagner des notes que vous n'aviez pas. Un jour, l'illustre cantatrice, Mme Malibran, chantant le rondo de la

Somnambule, termina son point d'orgue par un trille sur le *ré* suraigu, après être partie du *ré* d'en bas. Elle avait embrassé trois octaves dans sa vocalise. Avait-elle donc reçu de la nature ces trois octaves? Non. Elle en avait acquis une partie par le travail. Je me rappelle même qu'après le concert, un de nous lui ayant exprimé son admiration de ce *ré* suraigu : « Oh! je l'ai assez cherché! reprit-elle gaiement. Voilà un mois que je cours après lui! Je le poursuivais partout! En me coiffant! En m'habillant! et je l'ai trouvé un matin au fond de mes souliers, en me chaussant! » On voit que l'art non seulement nous aide à bien gouverner notre royaume, mais à l'étendre.

CHAPITRE III

LA RESPIRATION

Le second objet de la lecture, c'est de vous apprendre à respirer. Il semble que s'il y a un acte naturel au monde, et où l'art n'ait rien à faire, c'est l'acte de la respiration. Respirer c'est vivre, et nous respirons inconsciemment comme nous vivons. Pourtant on ne lit bien que si on respire bien, et on ne respire bien que si on l'a appris. C'est même là un des talents les plus rares chez un lecteur. Je m'explique. Quand vous respirez dans la vie ordinaire, l'air entre dans vos poumons et en sort à la façon d'un flot de source qui coule continûment, insensiblement, également. Mais ce tranquille passage de l'air sur votre gosier suffirait-il pour faire vibrer vos cordes vocales? Non ! elles resteraient muettes comme un piano que les doigts ne frappent pas; l'air est à l'appareil vocal ce que les doigts sont au piano; il faut que l'air le touche fortement pour qu'il résonne. Peut-être quelques-uns de vous ont-ils entendu une harpe éolienne. Comment la fait-on vibrer? On la place dans une

embrasure de porte... S'il n'y a que de l'air, elle se tait ;
dès que l'air se condense et devient du vent, les cordes
résonnent. Eh bien! le même phénomène se produit quand
vous parlez. Vous condensez, vous pressez l'air que renfer-
ment vos poumons, vous le poussez sur votre gosier, et c'est
sous l'empire de ce choc que la parole se produit! Mais
qu'avez-vous fait alors? Vous avez dépensé beaucoup plus
d'air que vous ne le faites par le seul acte de la respiration
ordinaire. La comparaison d'une source qui coule sans
effort n'est plus juste ; il faut penser à l'eau qui jaillit sous
le coup d'une pompe, et qui jaillit plus pressée, plus
dense, plus rapide. Voilà donc les conditions ordinaires de
la respiration changées. On ne peut donner que ce qu'on a.
Pour dépenser plus, il faut posséder plus. Le petit magasin
d'air qui est destiné à la respiration normale et insensible,
ne va plus suffire à la quantité de souffle que demande
l'action énergique de la parole ; il va falloir établir un
équilibre entre notre *doit* et *avoir !* Il va falloir aller aux
provisions, faire un appel vigoureux à la source même,
c'est-à-dire à l'atmosphère, pour qu'il nous donne l'air
dont nous avons besoin ; cet appel, c'est l'aspiration. La
respiration se compose donc de deux actes : aspirer et respirer. Aspirer c'est acquérir, c'est emmagasiner ; respirer,
c'est dépenser, c'est écouler ses marchandises.

Eh bien! il y a là deux arts différents : aspirer est un
art, respirer est un art. En quoi consiste l'art de l'aspiration? A la prendre à la base du poumon même, du dia-
phragme. Si vous n'aspirez que de la partie supérieure du
poumon, vous faites une trop petite provision d'air. Vous
ne remplissez pas votre magasin. Il n'en a guère que jus-

qu'au tiers. Qu'arrive-t-il? Que votre stock s'épuise très vite, trop vite, et si vous avez un long morceau à lire, vous ressemblez à un homme parti en voyage dans le désert avec une outre d'eau à moitié pleine : l'air vous manque ; il faut retourner en chercher, ce qui est une fatigue ; une fatigue pour vous et une fatigue pour les autres, comme vous le verrez tout à l'heure. Le premier devoir du lecteur, qui a une longue course à fournir, est donc, au début, d'aspirer profondément, de façon à avoir les poumons bien garnis. Puis arrive alors le second acte qui est le plus difficile, dépenser. Un mauvais lecteur n'aspire pas assez et respire trop, c'est-à-dire qu'il dépense son bien sans ordre et sans mesure. Il jette l'air par les fenêtres comme un prodigue jette l'argent, il le dépense en inutilités au lieu de le distribuer avec ménagement, avec science ; en un mot, il ne sait pas le répandre largement dans les grandes occasions, et le ménager dans les petites. Qu'arrive-t-il alors? Ce que vous voyez tous les jours, c'est que le lecteur et l'orateur, comme certains acteurs ou chanteurs, sont obligés à tout moment de recourir à la pompe, de donner des coups d'aspiration bruyants, rauques, qu'on appelle des hoquets ; celui qui écoute, en souffre autant que celui qui parle. Un chanteur très habile avait ce défaut, il prenait haleine à tout moment, et ce bruit de soufflet de forge mêlé au chant était insupportable. Il s'en est aperçu et corrigé, ce qui prouve qu'on peut s'en corriger. M. Stockhausen, un artiste supérieur, qui a quitté Paris, émerveillait tous les guides en Suisse, parce qu'il ne s'essoufflait jamais dans les plus rudes montées. «Mon secret est bien simple, me disait-il, je sais aspirer et respirer... » Le grand chanteur Rubini avait

TALMA VA SE BLOTTIR DANS LE TROU DU SOUFFLEUR.

atteint le comble de l'art. On ne l'entendait jamais respirer. Comment y arrivait-il? une anecdote relative à Talma va nous l'expliquer.

Talma, encore jeune, jouait le *Père de famille* de Diderot. Arrivé à la fameuse tirade : « 1500 *livres de rente, et ma Sophie!* » il part, il s'emporte, il crie et rentre dans la coulisse, épuisé, hors d'haleine, et s'appuie contre un décor en soufflant comme un bœuf.

« Imbécile! dit Molé, en le regardant, et il veut jouer la tragédie! Viens me voir demain matin et je t'apprendrai comment on peut être passionné sans s'époumonner. »

Talma y alla; mais, soit que le maître manquât de patience, ou l'élève de docilité, la leçon ne lui profita qu'à demi. Il y avait alors au théâtre un acteur nommé Dorival : maigre, malingre, sans puissance de voix, il jouait pourtant la tragédie avec un certain succès. « Comment cet animal-là peut-il faire? se disait Talma. Je suis dix fois plus fort que lui, et il se fatigue dix fois moins que moi. Je vais lui demander son secret. » Dorival éconduit le solliciteur par cette réponse aigre-douce et qui sentait son envieux :

« Vous avez tant de succès, monsieur Talma, vous n'avez pas besoin de leçons.

— Je te forcerai bien à m'en donner, » se dit tout bas Talma.

Un jour donc que Dorival jouait Châtillon dans *Zaïre,* le jeune homme va se blottir... devinez où? dans le trou du souffleur! de façon à voir et à entendre sans être vu. Puis, une fois tapi là dans l'obscurité comme une bête de proie dans son antre, il guette, il épie, il note, il regarde,

écoute, et après la fameuse tirade du second acte, il sort
en s'écriant : « Je le tiens, *je l'ai pincé !* » Qu'avait-il donc
découvert? Que tout l'art de Dorival consistait dans son
talent pour respirer. En quoi consistait ce talent? A prendre
(je copie une note de Talma lui-même), à prendre ses
aspirations avant que l'air fût entièrement expiré de sa
poitrine ; et, afin de dérober au public ces aspirations
répétées, qui auraient coupé le discours et interrompu le
courant même de l'émotion, il les plaçait particulièrement
devant l'*a* et devant l'*e* ou l'*o*, c'est-à-dire aux endroits où
la bouche déjà ouverte permet d'aspirer légèrement sans
que l'auditeur s'en aperçoive.

On voit quel rôle immense joue la respiration dans l'art
de la diction. Ses règles sont les seules qu'il ne soit jamais
permis de violer. L'acteur lancé dans un passage véhé-
ment, emporté par la passion, par la colère, par la douleur,
peut oublier les lois de la ponctuation, culbuter les points
et les virgules, et courir à travers la phrase au gré de son
désordre, mais il doit toujours être maître de son souffle
même quand il a l'air de le perdre ; un habile acteur n'a
le droit d'être essoufflé que par un effet de l'art.

Talma avait réduit toutes ces règles en une maxime
frappante. Tout artiste qui se fatigue est un artiste médiocre.

J'entends d'ici l'objection : cet art est peut-être fort utile
pour les acteurs, mais il s'agit de lecture et non de théâtre.
Eh bien, le lecteur en a plus besoin encore que l'acteur.
En effet, l'acteur, si long et si important que soit son rôle,
a des temps de suspension forcés ; il se repose quand les
autres parlent, et ses gestes eux-mêmes, s'ajoutant à ses

paroles, l'aident à leur donner un accent vrai et pénétrant. Mais le lecteur lit souvent sans s'arrêter pendant une heure entière, et l'immobilité de son corps le contraint de tirer toute sa force de sa voix seule. Jugez donc s'il est inutile pour lui de savoir ménager ce trésor du souffle, qui peut seul le conduire sans fatigue au bout de sa carrière.

Voici du reste un curieux exemple de la science de l'écocomie, appliquée à la respiration. Prenez une chandelle allumée, placez-vous près d'elle, en chantant la voyelle *a;* la lumière vacillera à peine; mais, au lieu d'un seul son, faites une gamme, et vous verrez à chaque note la lumière trembler. Eh bien! le chanteur Delle Sedie exécute devant une bougie allumée une gamme montante et une gamme descendante sans que la flamme s'agite. Comment? Parce qu'il ne laisse échapper que juste ce qu'il faut de souffle pour pousser le son dehors, et que l'air, étant ainsi employé dans l'émission de la note, perd sa faculté de vent pour se réduire à sa faculté de bruit. Vous, au contraire, vous ou moi, bien entendu, que faisons-nous? Nous perdons inutilement du vent, nous jetons du son à droite et à gauche, nous dissipons notre bien. En pressant un peu cette règle de diction, on en tirerait une leçon de morale : Ne dépensez dans chaque acte de votre vie que la quantité de force intime qu'il vaut. Tous les mouvements de l'âme sont des trésors! Économisons-les pour les circonstances qui en valent la peine. Que de gens perdent en petites impatiences, en emportements puérils, ce trésor de la colère, qui est si sacré quand elle s'appelle l'indignation!

CHAPITRE IV

PRONONCIATION

Nous passons du monde des sons dans le monde des mots. Nous étions restés dans les voyelles, nous allons leur adjoindre les consonnes. Les consonnes représentent la charpente du mot; elles seules lui donnent un corps : on peut reconstituer un mot dont il ne reste que les consonnes, comme Cuvier reconstituait un être dont il ne retrouvait que les os. L'assemblage des voyelles et des consonnes constitue la prononciation, car on ne peut pas prononcer une consonne sans l'unir à une voyelle, et la voyelle à elle seule forme un son qu'on émet, mais non un mot qu'on prononce. De la bonne prononciation dépend la clarté du discours, la correction du débit, la vie même de la parole; il est donc important d'en connaître les règles précises. Ces règles, quand il s'agit des voyelles, se réduisent à une seule; il faut donner aux voyelles l'intonation acceptée par Paris. Paris donne la loi en fait de voyelles. Presque toutes les provinces, surtout les provinces méridionales, ont, en prononçant les voyelles, un accent qui prête au ridicule. Je puis vous en citer un exemple frappant. Il y a quelque temps, un de nos orateurs les plus puissants parlait contre un ministre, et jamais, peut-être, ses rares qualités de verve et de feu ne s'étaient montrées plus fortes; tout à coup, au milieu d'une phrase, lui échappe ce mot : la Chambre *hotte* (haute), puis viennent les *fantommes* (fantômes), et enfin les *ennées* (années). Tout le monde se mit à rire, le fil du discours fut un moment rompu, et l'effet quelque peu amoindri. Mais supposez, au lieu d'un orateur de premier ordre, un orateur médiocre, un inconnu aux défauts duquel l'auditoire n'eût pas été habitué, les chuchotements, les ricanements l'auraient arrêté à chaque apparition de la fatale voyelle; on n'aurait pas entendu ses paroles, on n'aurait entendu que son accent, il aurait eu grande peine à conquérir l'attention, et tout l'effort de son talent eût été perdu.

Il y a quelques jours, un jeune homme de province, plein de chaleur et de feu, me pria de lui donner quelques conseils pour lire en public. « Récitez-moi une fable de La Fontaine, » lui dis-je.

Il commença :

> Du pâlais d'un jeune lâpin...

Je l'arrêtai court.

« Apprenez d'abord le son véritable des *a*, et nous verrons ensuite. »

Eh bien! vous trouverez partout, excepté à Paris, cette altération endémique et épidémique des voyelles. C'est tantôt l'*e*, tantôt l'*o*, tantôt l'*u*, qui sont défigurés; à Paris

même, les personnes d'une classe inférieure ou d'une
éducation peu relevée donnent souvent aux diphthongues
un son vulgaire; combien de gens prononcent *chaqein* au
lieu de *chacun!* Exercez-vous donc, si vous voulez lire en
public, à placer sur chaque voyelle l'accent qui lui convient; songez qu'une brève, mise au lieu d'une longue,
qu'un accent circonflexe substitué à un accent aigu, suffisent pour gâter la meilleure phrase.

S'il s'agit des consonnes, la science de la prononciation
est la science de l'articulation. Il n'en est pas de plus difficile
et de plus utile. Peu de personnes naissent avec une articulation complètement bonne. Chez les unes elle est dure,
chez les autres elle est molle, chez ceux-là elle est sourde.
Le travail, un travail assidu et méthodique, peut corriger
ces défauts et le peut seul. Par quel moyen? En voici un
fort ingénieux, que tout le monde peut mettre en pratique,
et qui est le résultat d'une observation. Vous avez un secret
important à confier à un ami, mais vous craignez d'être
entendu, la porte de la chambre où vous êtes se trouvant
ouverte et quelqu'un étant dans la pièce voisine. Vous
approcherez-vous de votre ami et lui parlerez-vous à
l'oreille? Non. Vous ne l'osez pas, de peur d'être surpris
dans cette position qui vous trahirait. Qu'allez-vous donc
faire? Le voici : je cite les paroles textuelles du maître des
maîtres, de M. Régnier. Vous vous mettez en face de votre
ami, et là, en employant le moins de son possible, en parlant tout bas, vous chargez l'articulation de porter vos
paroles à ses yeux en même temps qu'à son oreille, car
il vous regarde parler autant qu'il vous écoute parler;
l'articulation a alors double besogne; elle fait l'office du

son lui-même, et, dans ce but, elle est forcée de dessiner nettement les mots et d'appuyer fortement sur chaque syllabe pour la faire entrer dans l'esprit de votre auditeur. Eh bien, voilà le moyen infaillible de corriger toutes les défaillances et toutes les duretés de l'articulation. Soumettez-vous pendant quelque temps à cet exercice, et une pareille gymnastique assouplira et fortifiera les muscles articulateurs, si bien qu'ils répondront par leur élasticité à tous les mouvements de la pensée et à toutes les difficultés de la diction[1].

Le rôle de l'articulation dans la lecture est immense. C'est l'articulation et l'articulation seule qui donne la clarté, l'énergie, la passion, la véhémence. Telle est sa puissance qu'elle peut racheter la faiblesse de la voix, même en face d'un grand auditoire. Il y a eu des acteurs de premier ordre qui n'avaient presque pas de voix. Potier n'avait pas de voix. Monvel, le fameux Monvel n'avait pas de voix, il n'avait même pas de dents ! Et cependant, non seulement on ne perdait pas une de ses paroles, mais jamais artiste ne fut plus pathétique et plus entraînant. Comment? Grâce à l'articulation. Le plus admirable lecteur que j'aie connu était M. Andrieux. Sa voix était pourtant plus que faible, elle était éteinte, éraillée, rauque... Comment triomphait-il de tant de défauts? Par l'articulation. On a dit de lui qu'il se faisait entendre à force de se faire écouter; ajoutez : à force d'articuler.

---

[1] Du reste la méthode de M. Régnier est celle qu'on emploie pour apprendre à *parler* aux sourds-muets. Le maître dessine pour ainsi dire les mots devant eux avec la bouche; pas de son ! pas de voix ! rien que l'articulation ; *le sourd lit sur les lèvres.*

ANDRIEUX

Quelquefois, un heureux enrouement apprend à un acteur toutes les ressources de l'articulation. Un jour,
M. Bouffé répétait un des rôles qui lui ont fait le plus
d'honneur, le père Grandet, dans la *Fille de l'Avare*.
Arrivé à la scène la plus émouvante de la pièce, quand le
vieil avare s'aperçoit qu'il est volé, l'acteur commence à

crier comme à son ordinaire... Mais, au bout de quelques minutes, le son s'éteint sur ses lèvres !... et le voilà forcé de répéter à voix basse ! Qu'arriva-t-il ? Qu'il fut mille fois plus vrai, plus touchant, parce qu'il fut forcé de suppléer à la faiblesse du son par l'articulation. On ne peut pas parler sans voix, mais la voix seule est si insuffisante dans la diction, qu'il y a des lecteurs, des orateurs et des acteurs pour qui la richesse même de leur organe vocal est un inconvénient. Chez eux, s'ils ne savent pas articuler, le son mange le mot. Les voyelles mangent les consonnes. Ils parlent si haut, ils lisent si haut, ils font tant de bruit en lisant et en parlant, qu'on ne les entend pas. Parfois, la mode supprime l'articulation. Vous vous rappelez que, dans le siècle dernier, les élégants disaient : *ma paole d'honneur*, c'était du pédantisme que de prononcer les consonnes. Un vieil habitué du Théâtre-Français disait avoir vu, en soixante ans, changer trois fois la manière d'articuler, dans ce qu'on appelle la jeunesse dorée. Pour les hommes sérieux, il n'y en a qu'une, c'est de prononcer assez pour être entendu, pas assez pour être remarqué.

CHAPITRE V

LE BÉGAYEMENT

Le bégayement constitue un vice plus grave, plus rebelle et d'une espèce fort particulière. C'est un défaut à la fois matériel et intellectuel. Il tient sans doute à la conformation, et alors, il est du ressort de la médecine, mais il tient aussi à l'intelligence, et il rentre alors dans l'art de la lecture. Souvent la langue bégaye et bégaye habituellement, parce que l'esprit bégaye, parce que le caractère bégaye, parce qu'on ne sait nettement ni ce qu'on veut dire, ni ce qu'on veut; parce qu'on est craintif, parce qu'on est colère, parce qu'on veut parler trop vite : impatience, timidité, manque de précision dans les idées, voilà les causes de cette sorte de bégayement qui n'est pas sans remède; habituez-vous à parler lentement, à ne parler que quand vous êtes maître de vous, et vous cesserez de bégayer. Un chanteur distingué, que je pourrais nommer, bégaye légèrement quand il parle, et ne bégaye pas du tout quand il chante. Pourquoi? parce que, quand il chante, il marche

sur un terrain où il est sûr de lui-même. L'exercice, le
travail, l'habitude, l'ont rendu maître de sa voix et de sa
diction dès que la parole est unie au chant ; mais aussitôt
qu'il parle, la timidité naturelle de son caractère le rend à
toutes ses incertitudes de prononciation. L'artiste tombe,
l'homme reste, et le bégayeur reparaît.

Quant au bégayement matériel, qui dépend de l'organe
seul, la médecine seule peut le guérir.

Il porte en général sur toutes les lettres ; parfois pourtant, le bégayeur a dans l'alphabet certains ennemis particuliers, c'est-à-dire des lettres devant lesquelles il s'arrête
toujours, comme les chevaux devant certains obstacles. Je
peux citer un fait curieux à ce sujet. J'ai écrit, il y a vingt
ans, avec Scribe, une comédie où se trouvait un rôle de
bègue : *les Doigts de fée.* Le personnage devait être comique, mais non ridicule, et, parfois même, je désirais
qu'il fût touchant. M. Got avait accepté ce rôle avec plaisir,
mais dès qu'il en commença l'étude, son embarras devint
très grand. Il ne s'agissait pas là de faire un pendant à
M. Brid'oison, et comment arriver à l'intérêt, à l'émotion,
en restant toujours dans le comique ? Enfin, un jour, il
arrive tout triomphant à la répétition. « Je tiens mon rôle !
me dit-il. Je vais faire porter le bégayement seulement sur
deux consonnes, toujours les mêmes, le *p* et le *d.* Grâce à
ce moyen que m'ont suggéré mes études récentes sur les
bègues, je me délivre de la préoccupation insupportable où
m'aurait jeté la nécessité de bégayer toujours, je débarrasse
le rôle de la monotonie d'un défaut répandu partout, et je
ne garde de cette imperfection que juste ce qu'il faut pour
donner du piquant et du comique à ma diction. Seulement,

ajouta-t-il gaiement, vous voilà un supplément de travail, mon cher auteur ; il faut enrichir mon rôle de quelques *p* et de quelques *d* de plus. Je vous indiquerai les passages où j'en aurai besoin. » Ainsi fut fait, et le succès répondit pleinement à son attente. Je ne crois pas que cet artiste si éminent compte de création plus originale.

Le bégayement organique est-il curable? J'en doute. La médecine a fait beaucoup d'essais ; je n'ai pas vu de véritables réussites. Des atténuations passagères, des intermittences, des apparences de guérison, mais une guérison réelle ? non. Certains spécialistes ont fait afficher dans les journaux le nombre de leurs cures merveilleuses. Voici un fait dont j'ai été le témoin. Je me trouvai, un jour, dans ma jeunesse, à un bal donné par un médecin célèbre dans cette spécialité, et qui a rendu de très grands services à l'art de la parole, par ses travaux théoriques.

« Monsieur, dis-je à un de mes voisins, voulez-vous me faire vis-à-vis pour la contredanse?

— Vo-o-olontiers, monsieur.

— Ah ! un bègue! » me dis-je.
On passe des rafraîchissements.

« Monsieur, dis-je à un autre jeune homme, voudriez-vous me passer une glace ?

— V.. v.. v... oici !

— Ah ! un second bègue!... »
Je me trouve en face d'un de mes anciens camarades de collège.

« Ah ! ah ! c'est toi... me dit-il ! Te te... ra... ra... ra... rappelles-tu comme je bé... bé... bé...gayais au collège?...

— Oui.

« — Eh bien... je suis venu... trouver M. Co... co... co... lombat (c'était notre amphitryon), et depuis ce moment, je suis... tout à fait gué... gué... gué... ri ! »

Ce souvenir m'a toujours rendu un peu incrédule à l'endroit des bégayeurs qui ne bégayent plus.

Reste enfin, pour achever ce qui regarde la lecture comme art matériel, à nous occuper de la ponctuation.

CHAPITRE VI

LA PONCTUATION

On ponctue avec les paroles, comme on ponctue avec la plume.

Un jour M. Samson voit arriver chez lui comme élève un jeune homme assez satisfait de lui-même.

« Vous désirez prendre des leçons de lecture, monsieur?

— Oui, monsieur.

— Vous êtes-vous déjà exercé à lire tout haut?

— Oui, monsieur, j'ai récité beaucoup de scènes de Corneille et de Molière.

— Dans le monde?

— Oui, monsieur.

— Avec succès?

— Oui, monsieur.

— Veuillez prendre dans ce volume la fable : *le Chêne et le Roseau.* »

L'élève commença :

Le chêne un jour, dit au roseau.....

SAMSON

— Très bien ! monsieur, vous ne savez pas lire !

— Je le crois, monsieur, reprit l'élève un peu piqué, puisque je viens réclamer vos conseils, mais je ne comprends pas comment sur un seul vers...

— Veuillez recommencer. »

Il recommença.

Le chêne un jour, dit au roseau.....

— J'avais bien vu que vous ne saviez pas lire.

— Mais...

— Mais, reprit M. Samson avec flegme, est-ce que l'adverbe se joint au substantif au lieu de se joindre au verbe ? Est-ce qu'il y a des chênes qui s'appellent un jour ? Non ; eh bien, alors, pourquoi lisez-vous, le chêne un jour, dit au roseau... lisez donc, le chêne, virgule, un jour dit au roseau.

— C'est pourtant vrai ! s'écria le jeune homme stupéfait.

— Si vrai, reprit son maître avec la même tranquillité, que je viens de vous indiquer une des règles fondamentales de la lecture à haute voix, l'art de la ponctuation. »

Ces quelques mots sur la ponctuation, suffisent pour clore la première partie de notre ouvrage, la partie technique. Nous consacrerons dans la seconde partie un long chapitre à cet important sujet. Nous ne faisons ici que le mentionner.

Voilà donc nos règles posées, nos principes établis, il s'agit maintenant de les appliquer, de passer de la théorie à la pratique. Entreprise difficile. Une leçon de lecture est une leçon essentiellement orale; comment en faire une leçon oculaire? Comment instruire un sens par l'intermédiaire d'un autre? Comment arriver à l'audition par le regard? Tout mot écrit est un mot muet. Comment lui donner la parole, et le faire entrer dans le monde des sons? C'est ce que nous allons tenter dans *La lecture en action*.

CHAPITRE VII

TROIS FABULISTES — TROIS FABLES
TROIS GENRES DE DICTION

Par où commencer? Je voudrais une première étude qui
en comprît plusieurs, une leçon de lecture qui fût une
leçon de littérature. Pour ce faire, prenons un sujet de
fable, traité d'abord par Ésope, puis par Phèdre, puis par
La Fontaine ; comparons leurs trois manières de traiter
cet apologue, nous verrons ainsi comment le même sujet
se métamorphose en passant par des imaginations différentes et demande trois formes graduées de diction. Dans
Ésope, il nous faudra étudier la clarté, la correction et la
justesse du débit ; dans Phèdre, la finesse et le relief ;
dans La Fontaine, le coloris et le sentiment, et nous pas-
serons successivement de la simplicité toute nue à la simplicité mêlée d'art, puis à l'art complet qui fait vibrer
toutes les cordes de la lyre ; de façon que ce seul exercice
deviendra presque, par un côté, un petit cours entier de
lecture.

§ 1.

ÉSOPE

LE CHAT ET LES RATS

*Un chat, ayant appris qu'il y avait beaucoup de rats
dans une maison, y vint, et se mit à les prendre et à les
manger l'un après l'autre. Les rats, se voyant détruire
ainsi, tinrent conseil : « Ne sortons pas de nos trous,
dirent-ils, le chat ne pourra pas nous y chercher, et
nous serons sauvés. » Le chat, voyant que les rats ne se
montraient plus, résolut de les attirer. Il grimpa donc
au plafond, se pendit à une cheville, et contrefit le mort.
Mais un rat, l'apercevant, lui cria : « Éh! mon cher, quand
tu serais un sac, je n'approcherais pas de toi. » Cette
fable montre que les gens sages, quand ils ont souffert de la
méchanceté d'un homme, ne se laissent plus tromper par
ses ruses.*

Avant d'entrer dans l'étude détaillée de cette fable,
posons une des règles les plus importantes de l'art de la
lecture. Cet apologue doit être dit en grande partie *sur le
ton du récit.* Qu'est-ce que le ton du récit? Y a-t-il donc un
ton particulier qui puisse s'appeler ainsi? Oui. Le raisonnement, le sentiment, la démonstration, ont chacun un ton
qui leur est propre, et qui diffère autant du ton du récit,
que la couleur bleue diffère de la couleur rouge, ou de
la couleur jaune.

Pour vous en convaincre, écoutez attentivement quelqu'un qui raconte, en causant, un fait dont il a été témoin ; puis prêtez ensuite la même attention, à cette même personne exprimant une réflexion, ou un sentiment. Vous reconnaîtrez aussitôt que le ton du récit est quelque chose d'absolument distinct, que la narration d'un fait amène naturellement sur les lèvres du narrateur un certain accent, de certaines inflexions qui sont comme la musique de ses paroles. On dirait que le causeur, en entamant un récit, prend un certain instrument qui a une voix à lui, et que cet instrument joue tout seul sur les lèvres du narrateur, au souffle de sa parole.

Du reste, ce ton est bien facile à reconnaître, il suffit d'y faire attention ; au théâtre, quand nous faisons répéter une pièce, et que dans une tirade se trouve enclavé un fragment de narration, si l'acteur, emporté par la chaleur du débit, prête à cette narration le même accent qu'à l'expression des sentiments, nous l'arrêtons court, en lui disant : « Non ! non ! *Il faut prendre là le ton du récit,* » et soudain, sans qu'il soit besoin d'autres explications, l'acteur change de ton, comme au manège, quand l'écuyer dit : *changez de pied,* le cavalier fait porter son cheval du pied droit sur le pied gauche, et réciproquement.

Le caractère principal de la diction narrative, c'est la vérité ; il faut que le lecteur fasse passer dans son débit la réalité du fait, il faut qu'on sente que *c'est arrivé.* Le ton du récit peut s'animer, se précipiter, se colorer, selon que le fait lui-même est simple ou pathétique, touchant ou horrible ; mais le fond même du débit ne change pas, c'est comme la basse dans une phrase musicale.

La voix la plus généralement propre au récit est la voix du médium. Les notes hautes sont trop criardes ou trop tendues, les notes basses, trop lourdes, pour se prêter à la libre et souple allure de la narration.

La fable d'Ésope va nous offrir un modèle d'étude pour le récit simple et familier.

Un chat, ayant appris qu'il y avait beaucoup de rats dans une maison, y vint, et se mit à les prendre et à les manger l'un après l'autre.

Dans ces trois lignes, deux règles importantes : l'observance de la ponctuation, et l'emploi du mot de valeur.

Qu'est-ce que le mot de valeur? C'est le mot, ou les mots, en qui se trouve condensé, résumé le sens de la phrase ; il faut toujours les mettre en lumière par l'accent, pour attirer sur eux l'attention de l'auditeur. L'emploi intelligent du mot de valeur ajoute beaucoup à la clarté et à l'effet du débit.

Un chat,... mot de valeur ; c'est le personnage principal de la fable, il faut donc l'annoncer, pour ainsi dire, comme on annonce dans une pièce de théâtre, l'entrée d'un grand personnage ; le tout, sans emphase, bien entendu, et avec la familiarité qui convient à l'apologue.

Un chat,... après l'accent, la virgule. Arrêtez-vous un moment après le mot, *un chat ;* la phrase est longue, ce mot en est comme le Général ; mettez-le en avant... un peu seul, pour qu'à la suite les lignes se déroulent clairement et sans confusion.

Un chat,... ayant appris qu'il y avait beaucoup de rats dans une maison,...

Les rats sont les seconds personnages du drame : donc,

second mot de valeur, second accent, moins marqué que le premier.

Y vint,... virgule, la ponctuation est la lumière de la diction.

Et se mit à les prendre et à les manger l'un après l'autre. Placez un léger temps d'arrêt après les *prendre...* cette courte suspension donnera plus de piquant à *les manger.*

Les rats, virgule, *se voyant détruire ainsi,* virgule, *tinrent conseil :* ... deux points. « *Ne sortons pas de nos trous, dirent-ils, le chat ne pourra pas venir nous y chercher, et nous serons sauvés.* »

Là, changement complet de ton ; ce n'est plus du récit, c'est du dialogue : il faut donc figurer par la diction des gens qui parlent ; il faut donner à la voix les intonations qu'auraient les personnages représentés. Imaginez-vous que vous entendez causer ces rats, tout bas, malicieusement, et prêtez-leur l'accent de satisfaction goguenarde de gens qui croient jouer un bon tour.

Le chat, virgule, *voyant que les rats ne se montraient plus, résolut de les attirer. Il grimpa donc au plafond, se pendit à une cheville, et contrefit le mort....*

Dans ces quatre lignes, rien que le ton ordinaire du récit. Donnez seulement un peu d'intérêt à la lutte qui s'engage, en faisant sentir par votre diction, que vous vous y intéressez vous-même.

Mais un rat... Oh ! ici, ajoutez par l'intonation un adjectif au substantif ! que j'entende... un rat très avisé, un rat très fin.

Mais un rat, l'apercevant, lui cria : « Eh ! mon cher, quand tu serais un sac, je n'approcherais pas de toi... »

Ici le ton du dialogue doit avoir quelque chose de moqueur qui sente son rat qui triomphe. Le mot de valeur est *sac*.

Cette fable montre, virgule, *que les gens sages*, virgule, *quand ils ont souffert de la méchanceté d'un homme*, virgule, *ne se laissent plus tromper par ses ruses.*

Nous voici en face d'un troisième ton, le ton du raisonnement. Il repose aussi sur la voix du médium ; mais il est plus lent, plus grave que le ton du récit. Pour le reconnaître, ayez recours au moyen déjà indiqué ; écoutez-vous vous-même, et écoutez les autres. Rien ne vaut, dans l'étude de l'art de la lecture, l'observation personnelle. Je fais grand cas de ce qu'enseigne le maître, des intentions qu'il nous explique, des intonations qu'il nous souffle; mais sachez-le, vous n'apprendrez bien que ce que vous vous apprendrez un peu vous-mêmes; ce qui poussera chez vous est aussi supérieur à ce qu'on y implantera, qu'un arbuste en pleine terre à une plante en pot. Au théâtre, nous laissons très souvent les acteurs chercher eux-mêmes les effets dans leur rôle; il n'y a que ceux-là qui tiennent; trop souvent, ce que notre voix leur inculque, s'efface peu à peu avec notre voix; c'est comme un écho qui meurt en se répétant. Prenez donc ceci pour devise : Pour devenir un bon lecteur, il faut être soi-même son second professeur de lecture.

§ 2.

PHÈDRE

Prenons maintenant la fable de Phèdre :

Un chat, affaibli par les années et la vieillesse, ne pouvait plus atteindre les souris rapides. Il s'enveloppe de farine, et dans un coin obscur se jette négligemment. Un rat croit que c'est nourriture ; il saute dessus, il est pris, il est mort. Un second périt pareillement, puis un troisième, puis quelques autres suivirent ; mais vint alors un vieux dur à cuire (le latin dit retorridus, *recuit), qui avait souvent échappé aux lacets et aux pièges. Regardant, de loin, l'embûche de son ennemi rusé : « Porte-toi bien, farine, lui dit-il, je te laisse dans ton coin. »*

Cette seconde fable ne vous transporte-t-elle pas dans une autre partie du domaine de l'art ? Ne vous sentez-vous pas en face, non seulement d'un autre écrivain, mais d'une autre classe d'écrivains ? N'avez-vous pas monté d'un degré ? Évidemment oui, puisque vous avez passé de la prose à la poésie. Phèdre se présente pourtant à vous, comme Ésope, sous le vêtement de la prose, puisque je vous le traduis ; mais, ou bien j'ai mal rempli mon office de traducteur, ou vous devinerez en dessous, le tour, le relief de la poésie.

Ésope est avant tout un moraliste, il compose ses fables pour l'affabulation ; ὁ μῦθος δηλοῖ ὅτι. *Cette fable montre que...* Voilà tout Ésope. Le récit n'est pour lui qu'un prétexte, le moyen de donner une forme vivante à une observation morale. Phèdre est avant tout un artiste; avec lui s'introduit dans la fable tout ce qui caractérise l'art : la clarté ne lui suffit pas, il lui faut le relief; le dessin ne lui suffit pas, il lui faut la lumière; le contour ne lui suffit pas, il lui faut la couleur. Fidèle aux deux objets que l'art se propose, tantôt il abrège, il condense, il simplifie; tantôt il développe, il détaille, il amplifie.

Voyez comme, dès les premières lignes, se montre la différence entre les deux fabulistes.

Que dit Ésope?

Un chat, ayant appris qu'il y avait beaucoup de rats dans une maison, se mit à les prendre et à les manger l'un après l'autre.

Quoi de plus terre à terre, de plus vulgaire, de moins orné?

Que dit Phèdre?

Un chat, affaibli par l'âge et les années, ne pouvait plus atteindre les souris rapides.

Certes, cette phrase, pour être bien lue, exige, comme la première, clarté, correction et accent sur le mot de valeur, mais elle veut en outre de l'harmonie et la peinture des deux adversaires. Le chat, dans Ésope, est un chat quelconque; il ne représente que l'espèce; dans Phèdre, c'est un individu, c'est un vieillard. Dans Ésope, les rats sont nommés, rien de plus; dans Phèdre, ils sont peints; avec un seul mot, il est vrai, car Phèdre, est avant tout un poète précis, concis, un peu sec; il a plus de nerf et de muscles que de chair, mais un coup de pinceau lui suffit.

Les *souris rapides*, c'est une épithète à la façon d'Homère ;
faites-la sentir.

*Il s'enveloppe de farine, et dans un coin obscur se jette
négligemment.*

Là s'applique ce que je vous ai dit de l'art qui simplifie.
On a un peu de peine à se figurer ce chat qui se suspend
au plafond à une cheville et contrefait le mort. Phèdre se
débarrasse de cette invention et lui substitue le manteau
de farine. J'ai gardé dans la traduction l'ordre des mots du
poète latin, *et in obscuro loco se adjicit negligenter ; et dans
un coin obscur se jette négligemment.* Cette interversion
est quelque peu contraire aux habitudes de notre syntaxe,
mais elle m'a paru plus pittoresque. Que ce tour se sente
dans votre diction, et marquez bien le mot *se jette ;* il fait
image, il assimile le chat à un paquet.

*Un rat croit que c'est nourriture, il saute dessus, il est
pris, il est mort.*

Le tour poétique se signale là de lui-même. Pas n'est
besoin de vous l'indiquer ; mettez seulement un court
intervalle entre chacun de ces trois membres de phrase : Il
saute dessus, il est *pris,* il est *mort ;* ces légers points
d'arrêt accentueront la progression, qu'il faut marquer
aussi par le son.

*Un second périt pareillement, puis un troisième, puis
d'autres suivirent. Vient alors un vieux dur à cuire, qui
avait maintes fois échappé aux lacets et aux pièges. Regardant de loin l'embûche de son ennemi rusé : « Porte-toi bien,
farine, lui dit-il, je te laisse dans ton coin. »*

Là encore peu d'observations nouvelles à faire. Ton du
récit, ton du dialogue, ponctuation rigoureuse, plus d'ac-

cent que dans Ésope parce qu'il y a plus de relief. Du reste, les mots sont si expressifs que, pour peu qu'on y fasse attention, ils arrivent d'eux-mêmes sur les lèvres avec leur intonation vraie ; ayez soin seulement d'indiquer le mot *de loin*, il marque la méfiance du vieux rat.

Pas d'affabulation.

Je résume mes observations sur la lecture de cette fable en un mot. Elle demande les mêmes qualités que la première, et plusieurs autres en sus.

§ 3.

LA FONTAINE

LE CHAT ET LE VIEUX RAT

J'ai lu chez un conteur de fables
Qu'un second Rodilard, l'Alexandre des chats,
L'Attila, le fléau des rats,
Rendait ces derniers misérables ;
J'ai lu, dis-je, en certain auteur,
Que ce chat exterminateur,
Vrai cerbère, était craint une lieue à la ronde ;
Il voulait de souris dépeupler tout le monde.

Avec cette troisième fable, ce n'est pas d'un degré que nous montons, c'est de dix. Nous voilà en pleine poésie, en pleine vie, en plein drame! A la place du coloris discret et sobre, l'image éclatante. Ce qui était dans Phèdre un commencement d'action, va devenir une lutte véritable. Le personnage principal, le chat, se métamorphose, il a un nom, il a un état: il s'appelle Rodilard. Au lieu du petit

LA FONTAINE

vieillard usé et rusé de Phèdre, voici que nous apparaît
une façon de conquérant à grand fracas! La Fontaine n'a
pas trop de la mythologie et de l'histoire pour lui trouver
des pareils, il le compare à Attila, à Alexandre, à Cerbère!

Comment devons-nous lire ces premiers vers? Comme
nous avons lu Ésope et Phèdre? oui et non; oui, car le
ton doit être le même; non, car le *son* doit être différent.
Cette distinction du ton et du son est chose très importante
et l'art du chant nous le fait comprendre. La note que vous
émettez en chantant, peut être ou douce, ou forte, ou
voilée, sans cesser d'être la même note; c'est un *ré*, un *fa*,
un *do* émis avec plus ou moins de force, mais c'est toujours
un *ré*, un *do* ou un *fa*. Hé bien, de même dans ces vers de
La Fontaine, gardez le ton du récit, comme dans Phèdre
ou Ésope, mais étoffez le son! Empanachez la voix! La
Fontaine est emphatique, soyez-le avec lui, mais comme
lui, c'est-à-dire ironiquement. Son ironie se manifeste par

l'exagération même des comparaisons. Que votre débit, légèrement enflé, montre de même que vous raillez.

Il y a un mot sur lequel j'appelle particulièrement votre attention, un mot deux fois répété, et dont le sens exact se révélera plus tard. Ce mot, c'est :

J'ai lu, chez un conteur de fables.

Puis plus bas :

J'ai lu, dis-je, *en certain* auteur.

La Fontaine prend ses précautions. La suspension du chat au plafond lui paraît comme à Phèdre d'une invraisemblance un peu forte ; seulement, comme cette invraisemblance est féconde en jolis détails, il s'en servira, mais il la met d'avance sur le compte d'un conteur de fables ; voilà sa responsabilité à l'abri, et une fois arrivé à l'emploi du stratagème, vous verrez comme il se tire spirituellement d'embarras.

> Les planches qu'on suspend sur un léger appui,
> La mort aux rats, les souricières
> N'étaient que jeux auprès de lui.
> Comme il voit que dans leurs tanières
> Les souris étaient prisonnières,
> Qu'elles n'osaient sortir, qu'il avait beau chercher,
> Le galant fait le mort, et du haut d'un plancher
> Se pend la tête en bas ; la bête scélérate
> A de certains cordons se tenait par la patte.

Connaissez-vous rien de plus joli que ce :

A de certains cordons?

Est-il possible de dire avec plus de gaieté : Expliquez cela comme vous voudrez ! Cela ne me regarde pas. C'est à vous, lecteur, à rendre ce ton dégagé, en lançant gaiement *certains cordons*, et un petit temps d'arrêt, une courte hésitation entre *A de...* et *certains*, vous y aidera. Pour les vers qui précèdent, prenez le ton du récit, mais marquez-en bien toutes les circonstances.

> Le peuple des souris croit que c'est châtiment,
> Qu'il a fait un larcin de rôt ou de fromage,
> Égratigné quelqu'un, causé quelque dommage,
> Enfin, qu'on a pendu le mauvais garnement.

Pas de remarque particulière sur ces quatre vers, sinon que l'observance de la ponctuation est ici de rigueur. Distinguez bien, par les virgules, les diverses suppositions des souris.

> Toutes, dis-je, unanimement,
> Se promettent de rire à son enterrrement,
> Mettent le nez à l'air, montrent un peu la tête,
> Puis rentrent dans leurs nids à rats,
> Puis ressortant, font quatre pas,
> Puis enfin se mettent en quête.

Ce tableau est délicieux ! Tout le peuple des souris entre là en scène, avec ses attitudes, ses habitudes, prises sur la nature. Comment les peindre par le débit ? De deux façons. D'abord, et encore et toujours, par la ponctuation : *Mettent le nez à l'air*, virgule, *montrent un peu la tête*, virgule, *puis rentrent dans leurs nids à rats*, virgule, *puis ressortant*, virgule, *font quatre pas*, virgule, *puis enfin se mettent en quête.* Ces temps d'arrêt, bien accentués, marqueront les hésitations des souris.

Quant au second moyen, il est... je vais beaucoup vous surprendre peut-être, il est dans la monotonie des inflexions. Mettez la même note, la même intonation, sur *à l'air, la tête, à rats, ressortant, quatre pas,* et si la note est voilée et un peu basse, vous serez étonné combien cette demi-teinte jointe à cette uniformité, exprimera bien le mystère de cette petite scène. Il faut parler tout bas, comme les souris trottent.

> Mais voici bien une autre fête !
> Le pendu ressuscite, et sur ses pieds tombant,
> Attrape les plus paresseuses.
> Nous en savons plus d'un, dit-il en les gobant,
> C'est tour de vieille guerre, et vos cavernes creuses
> Ne vous sauveront pas, je vous en avertis,
> Vous viendrez toutes au logis.

Quel contraste ! Quel coup de théâtre ! c'est le signal de la bataille. Que votre voix soit chaude et vibrante ! Enlevez vivement le vers :

> Mais voici bien une autre fête !

Placez un court intervalle entre *pendu* et *ressuscite !* Marquez fortement l'*i* final. Cet *i* bien incisif, bien mordant, un peu prolongé, sera le coup de clairon de l'attaque. Dans l'hémistiche *sur ses pieds tombant*, la chute du vers peint la chute du chat, tombez avec eux, en appuyant sur le mot *tombant;* là est l'image ; elle disparaîtrait si La Fontaine eût mis *et tombant sur ses pieds*, mais il ne l'a pas mis.

Le reste se dit tout seul ; seulement, concluez avec énergie et certitude, sur :

> Vous viendrez toutes au logis.

Le mot de valeur est *toutes;* l'accentuer, c'est prononcer l'arrêt.

II

RIEN NE TE SERT D'ÊTRE FARINE.

Il prophétisait vrai : notre maître Mitis,
Pour la seconde fois les trompe et les affine,
Blanchit sa robe, s'enfarine,
Et, de la sorte déguisé,
Se niche et se blottit dans une huche ouverte.
Ce fut à lui bien avisé :
La gent trotte-menu s'en vient chercher sa perte.

Nous rentrons dans le demi-jour, dans le demi-silence ; les ruses de guerre se trament dans l'ombre et sans bruit, les mots eux-mêmes ici vous donnent la note. Comment prononcer autrement qu'à mi-voix *la gent trotte-menu?* Remarquez, en passant, que La Fontaine prend à Phèdre sa farine.

Un rat, sans plus, s'abstient d'aller flairer autour.
C'était un vieux routier, il savait plus d'un tour,
Même il avait perdu sa queue à la bataille.

Ce dernier vers, qui est charmant, doit être dit avec une grande bonne foi. Croyez qu'il a perdu sa queue.

Ce bloc enfariné ne me dit rien qui vaille,
S'écria-t-il de loin, au général des chats.

De loin est la traduction du *procul* de Phèdre. Rendons à César ce qui appartient à César.

Je soupçonne dessous encore quelque machine.
Rien ne te sert d'être farine,
Car, quand tu serais sac, je n'approcherais pas.

Cette fois c'est à Ésope qu'il prend son sac. Tout employer, tout embellir, tout fondre, c'est un de ses talents.

C'était bien fait à lui, j'approuve sa prudence,
Il était expérimenté ;

> Il savait que la méfiance
> Est mère de la sûreté.

Même procédé, c'est l'affabulation d'Ésope ; seulement la moralité un peu terne, un peu lourde, de l'auteur grec se transforme sous la plume de La Fontaine en deux vers frappés comme une médaille, et nets comme un proverbe. Mêlez dans la diction ce qu'il a mêlé dans son style. Gardez le ton un peu grave, qui convient aux sentences, mais avec je ne sais quoi de pénétrant, d'aigu, qui entre dans le sens profond des idées, comme, sous la main du graveur, une pointe de burin creuse vigoureusement le trait qu'il s'agit de faire ressortir en relief.

Notre triple étude est achevée ; notre double but est atteint.

Grâce à la comparaison, s'est dégagé, j'espère, à vos yeux, d'abord le génie particulier de chacun des trois grands fabulistes, puis cette idée générale, que l'art du lecteur s'élève et devient plus complexe à mesure que l'art de l'écrivain s'agrandit et se complique.

Pourtant, en relisant ce chapitre, un scrupule me vient. N'ai-je pas trop demandé ? N'ai-je pas trop multiplié les indications, les nuances ? N'ai-je pas proposé trop de difficultés ? Je ne le crois pas. Il faut bien y songer, les leçons écrites sont beaucoup moins précises que les leçons orales. Je ne peux pas, moi, comme le maître ordinaire, vous indiquer matériellement, directement, l'intonation à prendre, je ne peux pas vous la faire répéter, je ne peux pas la rectifier. Il me faut donc trouver un autre moyen pour remplir mon rôle d'enseignant. Quel est ce moyen ? C'est de jeter un grand mouvement dans votre esprit, de vous ouvrir mille aperçus nouveaux, d'éveiller en vous de vives ambitions d'intelligence, de vous exciter au travail personnel, de faire de vous mes collaborateurs dans l'œuvre de votre éducation de lecteurs. C'est plutôt une initiation qu'un enseignement; je ne suis pas un professeur, je suis un excitateur. C'est une besogne à deux que nous tentons, ce qui fait que la leçon est plus difficile pour vous comme pour moi, mais par cela même, elle est mille fois plus intéressante. En réalité, qu'est-ce que je vous demande? de faire ce que j'ai fait moi-même depuis quarante ans. Qu'est-ce que je vous offre? de partager avec vous mes joies de quarante ans. Ah! quel grand service je vous rendrais, à vous, vieux ou jeunes, parents ou enfants qui voulez bien me lire, si je pouvais vous souffler au cœur un peu de cette passion pour la lecture à qui j'ai dû de si bons moments!

A la campagne, l'été, je m'en vais tous les jours, à travers bois pendant plusieurs heures, courant non pas comme le naturaliste ou l'herborisateur après des papillons ou des plantes, mais après des intonations; je vais récitant, apprenant des vers, essayant de leur donner leur accent vrai. Combien grand est le plaisir de ces courses, vous ne pouvez vous le figurer! rien ne se marie mieux aux beaux paysages que les beaux vers ; ils sont, eux aussi, des oiseaux du ciel, et quand ils chantent sous les branches, ils font très bien leur partie avec les chanteurs ailés! Aussi, quand je reviens le soir, la mémoire pleine de mon mélodieux butin, et me répétant à demi-voix, tout en redescendant vers ma maison, quelques belles strophes que je me suis bien apprises, je me sens aussi fier que le chasseur qui rentre avec

son carnier tout chargé de gibier... que dis-je, aussi fier !
mille fois davantage ! Car, que fait le chasseur ? Il tue !
Que fait le naturaliste ? Il tue ! Que fait l'herborisateur ? Il
dessèche. Que fait le lecteur ? Il ranime ! au lieu d'éteindre
la voix dans les gosiers les plus harmonieux, au lieu de
frapper de mort les créatures les plus élégantes, il rend la
vie de la parole aux créations les plus pures, aux pensées
les plus sublimes, il ressucite des immortels.

CHAPITRE VIII

UNE CONSULTATION

Un jour entre chez moi un ecclésiastique. « Monsieur, me dit-il, je viens chez vous en consultation. Je suis prédicateur. J'ai lu attentivement votre livre de l'*Art de la lecture* dans l'édition la plus complète ; j'en ai étudié les principes, j'en ai pratiqué les règles, et pourtant je n'arrive pas au résultat le plus nécessaire pour moi ; il m'est impossible de parler une heure sans fatigue. Pendant la première partie de mon sermon, ma voix reste sonore, *je sens qu'on m'entend*, car cela se sent, mais après une demi-heure, l'organe se voile ou s'éraille, la prononciation devient plus confuse, bientôt, j'en arrive à l'effort, et je descends de la chaire, mécontent de moi, n'ayant pas dit ce que je voulais dire ou l'ayant mal dit, et un peu impatienté, pourquoi le cacherais-je ?... de n'avoir pas produit tout l'effet que je pourrais produire... Il y a toujours de l'homme même dans le prédicateur... je suis trop habitué à scruter la conscience des autres pour ne pas lire dans la mienne, aidez-moi donc à être tout moi-même ; un professeur de diction est un médecin de la voix, guérissez-moi. »

Je regardai mon malade, et je ne m'expliquais pas sa maladie. Jeunesse, apparence de force, voix bien timbrée.

« Ne commencez-vous pas, lui dis-je, votre discours sur un ton trop élevé ? — Non, je me rappelle l'exemple que vous avez cité de Berryer. — Mêlez-vous bien les trois registres de la voix ? — Oui, je me rappelle l'exemple de votre père. — Avez-vous soin de respirer à propos, de ponctuer ? — Oui, je me souviens de l'exemple de Talma et de la leçon de Samson. — Voyons ! repris-je en riant, puisque vous m'avez appelé docteur, faisons de la clinique. Un médecin ne remplit bien son office qu'au lit du malade. Pour guérir quelqu'un d'une fièvre singulière, il faut l'examiner en pleine fièvre. J'irai vous voir pendant votre accès... j'irai vous entendre prêcher. — Je prêche samedi. — A samedi. »

★

Le lendemain, je lisais dans mon cabinet, tout en pensant à mon prédicateur, quand je vois entrer un jeune homme, que j'ai eu le plaisir de compter parmi mes auditeurs de l'École normale. « Qui vous amène, mon cher ami ? — Je viens vous demander une consultation. — Vous aussi ! — J'ai été nommé professeur de seconde dans un lycée de Paris. — Je le sais, et je vous en félicite grandement. Obtenir une telle chaire au sortir de l'École normale, c'est un beau témoignage d'estime qu'on vous a donné là. — Jugez donc de ma peine, j'ai peur d'être forcé d'y renoncer.

— Pour quel motif? — La fatigue. — Comme mon prédicateur! Quelle fatigue? fatigue de parole? — Non, fatigue de lecture. Je suis forcé de lire tout haut des fragments
de poésie, des pages de prose; si la lecture se prolonge, et
je ne suis pas toujours maître de l'abréger, ma voix se voile,
mon larynx me fait mal! — Toujours comme mon prédicateur! c'est singulier! Voyons! faisons une épreuve. Prenez ce chapitre de Pascal, lisez-le tout haut, et arrêtez-vous
dès que la fatigue se fera sentir. » Il prit le livre et commença, mais à peine avait-il lu deux minutes... « Assez!
assez! je comprends! Comment n'y ai-je pas pensé tout
d'abord? — Vous savez d'où vient ma fatigue? — Parfaitement. — Et vous pouvez y porter remède? — En cinq
minutes. — Comment? — Un fait assez curieux vous
l'expliquera.

« J'ai eu pour ami, un médecin spirituel, fort pittoresque
dans son langage, et qui, au risque de choquer nos délicatesses de salon, appelle toujours les choses par leur nom;
ce n'est chez lui ni parti pris, ni désir de se singulariser,
c'est habitude de savant. Un jour, vint le consulter un magistrat, atteint d'une sciatique; le docteur se fait expliquer
minutieusement le mal, son début, son caractère, son degré
d'intensité, puis, l'interrogatoire fini : « Monsieur, dit-il à
« son client, vous êtes magistrat? — Oui, monsieur. —
« Magistrature debout, ou magistrature assise? — Assise.
« — Eh bien, monsieur, sur quelle jambe jugez-vous? »
Le magistrat fait un bond sur sa chaise : « Comment! mon-
« sieur, sur quelle... — Sans doute, reprend le docteur
« avec un grand sang-froid; j'ai remarqué que vous autres
« juges, vous n'êtes presque jamais assis tout droit sur votre

« fauteuil, vous vous penchez presque toujours ou à droite
« ou à gauche, et c'est dans cette position, assez semblable
« à celle d'un bateau échoué sur le sable, que vous écoutez
« et que vous prononcez. Hé bien, monsieur, rappelez vos
« souvenirs, vous appuyez-vous sur la droite ou sur la
« gauche? — Je crois que c'est sur la gauche. — Et de
« quel côté est votre sciatique? — Du côté gauche. —
« Voilà tout le secret et voici mon ordonnance. Pas de pré-
« férence! jugez tantôt sur l'une, tantôt sur l'autre, ou
« plutôt jugez sur toutes les deux, posez-vous droit sur
« votre colonne vertébrale, et votre légère sciatique se gué-
« rira. »

Mon jeune ami s'était mis à rire en m'écoutant. « Votre
histoire est assez comique, me dit-il, mais je ne vois pas
le rapport qui existe entre le magistrat et moi? — Votre
cas et le sien sont pourtant identiques. Votre fatigue vocale
vient de la même cause que sa sciatique; c'est une affaire
d'attitude, la conséquence d'une mauvaise position du
corps.

— Comment cela?

— Il m'a suffi de vous regarder lire un instant pour
m'en convaincre. Ç'a été pour moi un trait de lumière.
Qu'avez-vous fait? au lieu d'approcher le livre de votre visage, vous vous êtes penché sur le livre. Qu'en est-il résulté?
Que vous avez pesé sur certains muscles pectoraux, comme
lui sur certains muscles cruraux, et que vous les avez fa-
tigués; qu'au lieu d'ouvrir la poitrine, vous l'avez fermée;
qu'au lieu de respirer à pleins poumons, vous avez respiré
seulement du haut du poumon; qu'au lieu d'employer toute
l'étendue des cordes vocales, vous avez parlé uniquement

sur les notes hautes ; que la douleur enfin est venue avec la
fatigue. En voulez-vous la preuve ? Prenez de nouveau ce
Pascal, appuyez votre dos sur le dos du siège, et ainsi posé,
la poitrine ouverte et libre, lisez! » Il prit le livre, il lut,
il lut six pages sans s'arrêter, et quand je l'interrompis, il
était prêt à continuer encore. La preuve était décisive. Mon
jeune ami me quitta ravi, et, j'espère, guéri.

★

Le lendemain je pris la plume, et j'écrivis à mon prédicateur : «Je n'ai pas besoin d'aller vous entendre prêcher ;
je vous ai entendu... je vous ai vu... de mon cabinet. En
doutez-vous? Je vais vous raconter comment vous vous
comportez dans votre chaire. Vous ne parlez pas debout,
mais assis. Quand vous commencez votre sermon, vous êtes
placé droit sur votre chaise, mais à mesure que le discours
se prolonge, le haut de votre corps s'avance, se penche ;
bientôt, votre poitrine touche le rebord de votre chaire,
vous êtes comme couché dessus, et je gagerais qu'à la fin,
vos deux bras sortent de la chaire et s'agitent au-dessus de
la tête de vos auditeurs. Est-ce vrai ? Ai-je bien vu? oui.
Eé bien, c'est de là que vient tout votre mal, et le remède
est bien simple. Redressez-vous, restez adossé à votre chaise,
et vous retrouverez du même coup votre élocution et votre
éloquence. »

Trois jours après, il entrait chez moi en m'appelant son
sauveur.

★

Cette leçon va à l'adresse de tous les pères qui ont une profession où la parole a sa part, mais je voudrais qu'elle ne fût pas perdue non plus pour vous, mes jeunes lectrices. Vous n'en avez pas moins besoin que vos parents.

La musique et la lecture vont ici de pair. Que vous dit votre professeur de piano? ouvrez la poitrine, pour laisser toute leur indépendance de mouvements aux bras et aux mains. Que vous dit votre professeur de chant? ouvrez la poitrine, pour que le son s'en échappe pur et vibrant. Que doit vous dire votre professeur de lecture? Ouvrez la poitrine, pour que la libre et pleine émission de la voix, devenant un exercice salutaire pour les organes respiratoires, rende à ces organes la force qu'elle en tire. Vous le voyez, c'est une affaire d'hygiène aussi bien que d'art. La lecture est un art sain. Il vous donnera quelque chose de la fermeté d'attitude de vos grand'mères. Le dix-neuvième siècle se tient mal. Autrefois les femmes, assises toutes droites sur leurs chaises, fermement campées sur leurs reins, avaient une colonne vertébrale qui méritait le nom de colonne; la nôtre ressemble à la tour de Pise, une tour penchée. On parle beaucoup, et avec grande raison, du relèvement des âmes; mais relevons aussi les corps! l'âme même y gagnerait; poitrine ouverte et figure ouverte vont bien ensemble, et vos mères vous donnent une excellente leçon de tenue physique, de tenue morale et de lecture, quand elles vous disent : Tenez-vous droites, mesdemoiselles !

LE DIX-NEUVIÈME SIÈCLE SE TIENT MAL.

CHAPITRE IX

COMMENT APPRENDRE A LIRE SANS PROFESSEUR DE LECTURE?

J'étais bien sûr, en commençant ces études, que j'aurais mes jeunes lecteurs pour collaborateurs. Ces études pratiques de lecture, ont été publiées d'abord en partie, dans le *Magasin d'éducation*, et m'ont mis en correspondance avec ses abonnés. Je comptais, et j'avais bien raison, sur la sollicitude toujours éveillée des parents ; j'attendais des objections, des questions, et voici en effet une lettre qui me provoque sur un point très important. Cette lettre m'est écrite par une mère, et j'y retrouve ce bon sens pratique, qui est un des caractères de l'esprit des femmes. Chose singulière ! les apologistes des femmes vantent toujours leur cœur, leur sensibilité, leur imagination, et ce n'est certes pas moi qui les contredirai ; mais il est un fait qu'on ne remarque pas : c'est qu'elles ont éminemment l'esprit pratique. Depuis que les mères se sont emparées des dix ou douze premières années de leurs fils, depuis qu'elles se sont faites leurs institutrices, elles cherchent toujours dans cette grande affaire de l'éducation, les moyens précis et applicables. Il y aurait à écrire un intéressant article sur le *bon sens des femmes*, pour montrer en quoi il diffère de la *raison des hommes*. N'est-ce pas une femme qui a inventé les *leçons de choses?* ne sont-ce pas des femmes que l'intelligent directeur de l'école Monge a chargées des classes des plus petits enfants? Pourquoi? Parce qu'il a bien deviné qu'elles mêlent non seulement de la maternité à l'enseignement, mais encore qu'elles y apportent leurs habitudes de ménagères, c'est-à-dire des qualités d'ordre, d'arrangement, de classement, elles vont droit au fait.

La lettre que j'ai reçue en est une preuve.

« MONSIEUR,

« Vos leçons de lecture sont pour moi un plaisir et un tourment. Je demeure à la campagne et j'y élève mes deux enfants. Les douze ans de mon fils se jettent sur vos articles dès qu'ils paraissent, et je le vois qui tâche aussitôt d'appliquer vos règles et d'utiliser vos conseils; je l'entends qui cherche à demi-voix des intonations, et, quand il se trouve dans l'embarras, ce qui est très fréquent, il m'arrive tout courant : « Maman, est-ce bien? Maman, comment faut-il faire? » Et maman se cotise avec lui, maman *pioche* avec lui, comme il dit, et maman, bien souvent, ne réussit pas mieux que lui. Pourquoi? Parce que maman n'a pas de principes. C'est là ce que je viens vous demander. Notre petite campagne manque absolument, vous le comprenez, de professeurs de lecture; et, s'il en existe à la ville voisine, c'est à la façon des maîtres de musique : le violon est enseigné par un pianiste. Or, vous l'avez dit, monsieur, la grande difficulté de l'enseignement de la lecture, c'est qu'il est essentiellement oral : il s'adresse à l'oreille, il s'exerce par la bouche, et vos leçons ne s'adressent qu'aux yeux. Trouver une intonation d'après une indication écrite, est un travail qui dépasse souvent les facultés de l'enfant et celles de la mère; je me dépite contre mon incapacité, j'aspire à jouer auprès de mon fils le rôle de votre répétiteur, mais je ne peux pas! il faut absolument que vous m'envoyiez *une règle qui saute aux yeux.* J'ai entendu parler d'un docteur qui publia autrefois un livre intitulé : *la Médecine sans médecin.* Donnez-moi donc, je ne dis pas un traité, mais un chapitre, une page, que vous nommerez : *l'Art d'apprendre à lire sans maître,* et, par conséquent, du même coup, *l'art d'enseigner à lire sans être maître.* N'y a-t-il pas eu un fameux professeur, Jacotot, qui montrait ce qu'il ne savait pas? Voilà mon fait! c'est ma seule chance de pouvoir devenir docteur, et je compte sur vous pour m'aider à gagner mon diplôme.

« Agréez, etc. »

UNE RÈGLE QUI SAUTE AUX YEUX

Madame,

Voici ma réponse :

J'ai déjà essayé, dans mon dernier article, de donner *une règle qui saute aux yeux.* Recommander au petit lecteur de se tenir droit en lisant, et d'appuyer son dos sur sa chaise, au lieu de pencher sa poitrine en avant, c'était indiquer un précepte de lecture *matériel*, applicable à tout le monde, par tout le monde, et qui ne demande chez l'élève que de la docilité, chez le maître que de l'attention; eh bien, voici une seconde règle tout aussi simple, tout aussi pratique, et beaucoup plus féconde et plus utile encore : il suffit de la lire pour être en état de l'appliquer, et il suffit de l'appliquer pour lire clairement et correctement. Cette *règle qui saute aux yeux*, c'est *la règle de la ponctuation*.

La ponctuation est, si je puis m'exprimer ainsi, un geste de la pensée. Elle ajoute à la page écrite un commentaire visible. Elle dessine la phrase, elle en indique les articulations, la construction, le mouvement. Ponctuer en lisant, c'est décalquer la phrase. Il n'est besoin que de regarder ce qu'on voit et d'imiter ce qu'on regarde, pour bien ponctuer en lisant. Or, savez-vous ce qu'est la règle de la ponctuation dans l'étude de la lecture? Une règle qui contient en résumé toutes les autres règles.

En effet, sur quels points principaux repose l'art de la lecture? 1° Sur la prononciation; 2° sur l'articulation; 3° sur la respiration, et enfin sur l'interprétation intelligente de la pensée de l'écrivain. Hé bien, il n'est pas un seul de ces objets d'étude, où la ponctuation, scrupuleusement observée, ne vous soit d'un grand secours.

Examinez et jugez :

Ponctuer, c'est forcément respirer, puisque c'est prendre des temps, et, par conséquent, c'est lire avec moins de fatigue. Qui ponctue, se repose. Les virgules, les points, et virgules, les deux points, sont autant de petites haltes qui permettent au lecteur de souffler. Vous connaissez ces sièges qu'on échelonne aux divers étages d'un escalier trop élevé, pour donner à la personne qui monte le temps de reprendre haleine ; eh bien, tous les signes ponctuatifs sont comme de petits tabourets disposés çà et là avec art, dans une phrase, pour en faciliter le parcours et l'ascension.

En outre, bien ponctuer, c'est prononcer plus clairement, c'est articuler plus nettement. En effet, d'où vient le défaut de prononciation et d'articulation ? D'une certaine faiblesse, d'une certaine mollesse dans les muscles articulateurs, qui empêchent le lecteur de sculpter, si je puis m'exprimer ainsi, chaque mot et de lui donner sa forme ; or, si à cette mollesse se joint la précipitation, non seulement le débit devient incertain, obscur, embrouillé, mais la phrase est souvent inintelligible. Donc la ponctuation, par cela seul qu'elle supprime forcément la précipitation, empêche la confusion. Ce n'est pas tout : partageant la phrase en plusieurs membres, isolant les mots ou les rassemblant par petits groupes, elle permet au lecteur de s'occuper de chacun d'eux séparément, de concentrer sur chacun l'effort des lèvres, des mâchoires, de la langue, et, par conséquent, de corriger plus facilement leur mollesse. Il est plus aisé de prononcer distinctement deux ou trois mots qu'une page.

La ponctuation n'est même pas inutile à l'émission de la voix. Un des grands vices de la lecture à haute voix, telle qu'on la pratique dans les écoles, dans les lycées, c'est cette psalmodie qui enveloppe tout le débit de je ne sais quel chantonnement, criard, pleurard et continu, aussi insupportable à l'oreille qu'au bon sens. Une ponctuation correcte y remédie en partie. En coupant le fil de cette chanson, elle en rend la reprise difficile; l'enfant est forcé de changer de ton.

Reste un dernier point plus délicat.

Bien lire, c'est faire tomber sur les mots l'intonation juste. Ici, ce semble, l'observance de la ponctuation ne peut rien; les signes ponctuatifs, qui donnent le dessin de la phrase, n'en donnent pas la musique. Pourtant, deux de ces signes, le point d'exclamation et le point d'interrogation portent avec eux leur intonation. Écoutez-vous vous-même, quand vous vous exclamez, et vous verrez que l'exclamation s'exprime toujours par un son identique, et, par conséquent, la seule vue du signe qui la représente, suffit pour vous rappeler le son qui l'accompagne.

Quant au point d'interrogation, il donne lieu à trois remarques curieuses.

La règle de diction, pour toute phrase interrogative, est que le son du premier mot doit correspondre au son du dernier.

Exemple :

Croyez-*vous* qu'il soit facile de renvoyer cet import*un* ?

L'inflexion qui porte sur *vous* est la même que celle qui porte sur *un;* la seconde est l'écho de la première; elle la répète; ce sont, si je puis me servir de cette comparaison, deux mains qui se rejoignent par-dessus la tête des autres mots. Disons *notes* au lieu de *sons*, et l'explication sera encore plus claire. Si l'inflexion de *vous* est un *do*, l'inflexion de *un* sera également un *do*. Vous pouvez en faire l'essai sur un piano.

Mais voici le point vraiment singulier de cette règle.

Le sens interrogatif de la phrase se marque également bien, si ces deux *do* sont identiquement les mêmes, ou bien si le premier *do* commence l'octave et si le second la finit ; ou bien encore, si le premier la finit, et si le second la commence. Le dessin va rendre cette explication claire. Faisons les trois portraits d'une même phrase.

Premier portrait :

      (do)   (do)

Croyez-vous que je sois votre dupe?

Ici le *do* qui commence et le *do* qui finit la phrase, ne sont qu'une seule et même note.

Second portrait :

Croyez-vous que je sois votre dupe?

Le premier *do* commence l'octave, et le second la finit. C'est une gamme montante.

Troisième portrait :

Croyez-vous que je sois votre dupe ?

Le premier *do* est en haut et le second en bas. C'est une gamme descendante.

Ces trois formes marquent également l'interrogation, mais elles n'expriment pas le même sentiment.

La première, celle où les deux notes sont absolument identiques, correspond plus volontiers aux sentiments tranquilles.

La forme de bas en haut indique un sentiment d'impatience, de colère.

La forme de haut en bas exprime à merveille le dédain.

Appliquez à cette même phrase ces trois intonations différentes, et vous reconnaîtrez la justesse de mon observation.

Vous le voyez, madame, notre règle qui *saute aux yeux* donne lieu à plus d'une remarque utile, et bien appliquée, elle peut, en partie, suppléer au maître et aux autres règles. J'espère avoir répondu à votre double question.

Agréez, etc.

CHAPITRE X

AUTANT D'ÉPOQUES, AUTANT D'ÉCRIVAINS, AUTANT DE PONCTUATIONS DIVERSES

Ma réponse écrite et envoyée, je m'aperçus que j'étais loin d'avoir épuisé l'important sujet de la ponctuation ; et que cette lettre avait besoin d'un post-scriptum.

En effet, la règle de la ponctuation est une règle qui saute aux yeux ; mais elle va plus loin que les yeux. Elle nous conduit sans doute à la clarté et à la correction, mais elle nous mène plus loin que la correction et la clarté.

Quelques mots expliqueront ma pensée.

L'art de la ponctuation écrite n'est ni absolu, ni immuable. Il n'a pas toujours existé, et il n'est le même nulle part. Les auteurs grecs se sont servis très tardivement, dans leurs manuscrits, des signes ponctuatifs.

L'antiquité latine a connu et pratiqué, dans une certaine mesure, la ponctuation, mais sans la soumettre à des règles. Au moyen âge, les signes ponctuatifs dans les manuscrits, sont ou arbitraires ou intermittents, ou tout à fait absents.

C'est l'invention de l'imprimerie, qui a fait une nécessité de la ponctuation, par la diffusion des ouvrages et par le nombre toujours croissant des lecteurs; sont venus alors les grammairiens, qui ont rédigé les règles de la ponctuation écrite d'après les habitudes de la ponctuation parlée : car, il faut bien se le rappeler, les orateurs, les lecteurs et les acteurs ont toujours ponctué; et ce sont les divers temps d'arrêt de leur débit, leurs silences, leurs demi-silences, qui sont devenus des points, des deux points, des virgules.

Le code de la ponctuation écrite est-il absolu? Nous l'avons dit, non.

En dehors de quelques règles sommaires et rigoureuses, chaque écrivain a sa ponctuation; chaque genre d'écrire a sa ponctuation, chaque époque a sa ponctuation. On ne ponctue pas aujourd'hui comme au dix-septième siècle. Nos pères étaient beaucoup plus sobres que nous des points d'exclamation. Corneille a mis une virgule après : *Qu'il mourût!* Supposez qu'un poète moderne eût trouvé ce cri sublime, il l'aurait fait suivre de quatre points d'exclamation. Un auteur dramatique ne ponctue pas comme un historien. Enfin, on ne ponctue pas en vers comme en prose.

La ponctuation est donc une chose essentiellement personnelle; de là cette conséquence à laquelle je voulais vous amener, à savoir que le lecteur doit d'autant plus s'attacher à la reproduction scrupuleuse des signes ponctuatifs, que ces signes font partie de la pensée intime de l'auteur; attentivement étudiés et observés, ils nous aident à comprendre et à rendre le sens et la valeur de sa phrase.

Je lis dans Victor Hugo :

L'histoire s'extasie volontiers devant Michel Ney, qui, né tonnelier, devint maréchal de France ; et devant Murat, qui, né garçon d'écurie, devint roi.

Ces trois lignes sont caractéristiques, car il suffit de les bien ponctuer pour les bien lire ; et il suffit, pour les mal lire, de les mal ponctuer. Voyez, en effet, comme la multiplicité des signes ponctuatifs ajoute ici à la mise en relief de la pensée. Mettez, en lisant, une virgule après Michel Ney, une virgule après Murat, une virgule après qui, une virgule après garçon d'écurie, un point après roi, et vous aurez du même coup dessiné nettement toutes les articulations de cette phrase et placé l'accent sur les quatre mots de valeur : *tonnelier, maréchal de France, garçon d'écurie* et *roi*. Peut-être y a-t-il un point et virgule qui vous étonnera, c'est celui qui suit *maréchal de France,* et précède *et* Murat. En effet, le *et*, constituant un lien entre deux membres de phrase, le point et virgule qui marque une sorte de séparation, semble contredire le *et* qui marque un trait d'union. C'est pourtant le point et virgule qui a raison. Pourquoi ? D'abord, parce que le temps d'arrêt qu'il nécessite, permet de donner toute son importance au mot *maréchal de France* : Puis remarquez-le, la conjonction *et* ne lie pas entre eux les deux mots qui se touchent, *maréchal de France* et *Murat*, mais bien, ce qui est fort différent, la première proposition de la phrase, commençant par Michel Ney, et la seconde, commençant par Murat. Ces deux propositions formant les deux parties de la phrase, c'est-à-dire les deux termes de la pensée, il s'agit de les mettre en présence et non de les amalgamer ensemble ; donc le point et virgule est le signe juste.

Les auteurs dramatiques *ponctuent dramatiquement.* Je

veux dire par là que les signes ponctuatifs employés par eux sont l'image des sentiments exprimés par leurs personnages.

Prenons ces vers du *Misanthrope* :

PHILINTE.

Et je crois qu'à la cour de même qu'à la ville,
Mon flegme est philosophe autant que votre bile.

ALCESTE.

Mais ce flegme, Monsieur, qui raisonne si bien,
Ce flegme, pourra-t-il ne s'échauffer de rien ?

Philinte, l'homme paisible, laisse tranquillement échapper son vers, sans le couper par aucun signe ponctuatif. Mais que répond l'impétueux Alceste? *Mais ce flegme,* (virgule) *Monsieur,* (virgule) *qui raisonne si bien,* (virgule) *ce flegme,* (virgule) *pourra-t-il,* etc.

Ces virgules répétées ne sont-elles pas comme autant de signes d'impatience? n'entendez-vous pas, en le lisant, l'accent de colère d'Alceste? Ne portent-elles pas l'intonation des mots qu'elles séparent? Faites donc attention, en lisant les auteurs dramatiques, à leurs signes ponctuatifs : car, comme ils écrivent pour être lus tout haut, ils *entendent* ce qu'ils écrivent, et leurs virgules, leurs points et virgules, leurs points d'exclamation, sont des indications de diction.

Je vous ai dit que la ponctuation reflétait le génie même des écrivains.

Prenons pour exemple Fénelon et Pascal.

Fénelon est un génie essentiellement fluide; paroles et

FÉNELON.

pensées s'écoulent de sa plume avec le mouvement calme
et continu de l'eau d'une source; pas de points d'arrêt, pas
de heurts, pas de chocs d'idées, pas de contrastes violents,
pas d'efforts; donc peu de ponctuation. Il faut le lire comme
il écrit, et mettre dans la reproduction des signes ponctuatifs, la sobriété qu'il met dans leur emploi.

Lisez ces admirables lignes de *Télémaque* sur les champs Élysées :

Une lumière pure et douce se répand autour des corps de ces hommes justes et les environne de ses rayons comme d'un vêtement. Cette lumière n'est pas semblable à la lumière sombre qui éclaire les yeux des misérables mortels, et qui n'est que ténèbres ; elle pénètre plus subtilement les corps les plus épais que les rayons du soleil ne pénètrent le plus pur cristal ; elle n'éblouit jamais, au contraire elle fortifie les yeux et porte dans le fond de l'âme je ne sais quelle sérénité.

Examinez cette phrase et remarquez avec quelle mesure les signes ponctuatifs y sont espacés. Imitez cette mesure. Le lecteur qui mettrait une virgule après *cette lumière* de la seconde phrase, ou après *les corps les plus épais* de la troisième, ou après *elle fortifie les yeux*, détruirait tout le charme de cette incomparable effusion de langage.

Voici maintenant un passage de Pascal, dans la *Provinciale sur l'homicide :*

Concevez donc que, pour être exempt d'homicide, il faut agir tout ensemble, et par l'autorité de Dieu, et selon la justice de Dieu, et que, si ces deux conditions ne sont jointes, on pèche, soit en tuant avec son autorité, sans sa justice, soit en tuant avec justice, mais sans son autorité. De la nécessité de cette union, il arrive, selon saint Augustin, que celui qui sans autorité, tue un criminel, se rend criminel lui-même, par cette raison principale, qu'il usurpe une autorité que Dieu ne lui a pas donnée, et que les juges, au contraire, qui ont cette autorité, sont néanmoins homicides, s'ils font mourir un innocent contre les lois qu'ils doivent suivre.

Que de virgules ! que de temps d'arrêt ! Que de signes qui vous disent : N'allez pas trop vite. Le lecteur doit bien se garder d'en omettre un seul. Chacun a sa valeur et sa fonction dans la puissante construction de cette phrase. Deux mots la dominent; le mot justice et le mot autorité; ils se répètent, l'un six fois, l'autre trois fois, en huit lignes; eh bien! il faut chaque fois les remettre en relief, non seulement par l'accent, mais par la ponctuation. Le lecteur qui croirait alléger la phrase, en supprimant quelque temps d'arrêt, lui ôterait toute sa force et toute sa clarté.

Je vous ai dit que la poésie a sa ponctuation particulière. Souvent cette ponctuation est toute de sentiment; l'auteur ne la marque pas; c'est au lecteur à la trouver, en consultant le rythme et la rime.

Prenons ces vers de Lamartine :

> Ainsi tout change, ainsi tout passe,
> Ainsi nous-mêmes nous passons,
> Hélas! sans laisser plus de trace,
> Que cette barque où nous glissons,
> Sur cette mer où tout s'efface.

Supposez cette phrase en prose; évidemment vous ne mettrez pas de virgule après « plus de trace », vous en mettrez une après « cette barque », vous direz :

« Ainsi nous-mêmes nous passons, hélas! sans laisser plus de trace que cette barque, où nous glissons sur cette mer où tout s'efface. »

Voilà la véritable ponctuation correcte et grammaticale. Mais la poésie a sa grammaire à elle, et vous vous arrêtez, en lisant, après *trace*, après *glissons*, pour laisser au vers sa délicieuse harmonie qui naît de l'entrelacement des rimes.

Je vous ai dit que la ponctuation se modifiait selon les époques. Les petits points sont inconnus au dix-septième siècle. Que représentent les petits points? Une phrase inachevée. Qu'expriment-ils? Plusieurs sentiments divers. Ce

LAMARTINE.

qu'on hésite à dire, ce qu'on rougit de dire, ce qu'on redoute de dire, ce qu'on n'ose pas s'avouer soi-même, ce dont on ne se rend pas compte, ce qu'on veut laisser deviner, se rend à merveille par les petits points. Les petits points vont bien au balbutiement de la colère, au bégayement de la peur, au trouble de la passion, à la menace contenue. Le

Quos ego.... de Virgile, nous en offre un admirable exemple. C'est surtout dans le dialogue dramatique qu'ils trouvent place. Diderot est le premier que je vois en faire usage, et abus. Le *Père de famille* en est rempli, c'était chez lui parti pris et système. Laharpe disait : « Diderot multiplie les petits points dans le dialogue écrit, pour qu'il représente plus au naturel le dialogue parlé. » Scribe, de notre temps, a été le grand inventeur des petits points. Ils correspondent à la nature de son esprit et au caractère de son théâtre. Sa préoccupation principale est d'aller vite. Il a toujours peur de laisser languir l'action, et de faire languir le spectateur. La crainte d'impatienter le rend impatient. Un jour que je lui reprochais une tournure trop elliptique : « Oh! mon cher ami, je n'ai pas le temps, il faut que je marche, l'action me presse ; c'est ce que j'appelle le style économique. » Or, les petits points sont ce qu'il y a de plus économique en fait de langage, puisqu'ils suppriment les mots. La comédie de Scribe, courante et toute d'action, en dit le moins qu'elle peut. Elle est pleine de sous-entendus. Elle compte sur le jeu de l'acteur, pour compléter la pensée ; parfois même, les petits points ne sont qu'une habitude de sa plume. Lisez ce passage dans le quatrième acte de la charmante comédie de *Bertrand et Raton.*

RATON (seul).

Cela ne fera pas mal!... Je ne serai pas fâché de savoir ce que j'ai à faire !... Car tout retombe sur moi et je ne sais auquel entendre... Maître, où faut-il aller? Maître, qu'est-ce qu'il faut dire?... Maître, qu'est-ce qu'il faut faire? Est-ce que je sais? Je leur réponds toujours : Attendez ! Je ne risque rien d'attendre... il peut arriver des choses... Tandis qu'en se pressant...

Hé bien, ôtez tous ces petits points, sauf peut-être les derniers, et le sens de la phrase n'en sera pas moins clair, la phrase elle-même n'en sera pas moins vive. Ils n'expriment que l'ardeur naturelle de l'esprit de l'auteur. Aujourd'hui où l'on lit beaucoup de comédies dans les réunions de famille, il faut tenir grand compte des petits points. Ils offrent parfois d'heureuses ressources au lecteur. Ils l'aident à exprimer l'inexprimable. Chose singulière, il est même bon de temps en temps, en poésie, de convertir les virgules en petits points.

Permettez-moi de vous en citer un curieux exemple. Je l'emprunte à un passage adorable d'André Chénier.

> Parfois, las d'être esclave et de boire la lie
> De ce calice amer que l'on nomme la vie,
> Las du mépris des sots qui suit la pauvreté,
> Je regarde à la tombe, asile souhaité !
> Je souris à ma mort volontaire et prochaine,
> Je me prie, en pleurant, d'oser rompre ma chaîne ;
> Le fer libérateur qui percerait mon sein,
> Déjà frappe mes yeux et frémit sous ma main ;
> Et puis mon cœur s'écoute et s'ouvre à la faiblesse ;
> Mes écrits imparfaits, mes amis, ma jeunesse,
> L'avenir incertain, car à ses propres yeux
> L'homme sait se cacher d'un voile spécieux ;
> A quelque noir chagrin qu'elle soit asservie,
> D'une étreinte invincible il embrasse la vie,
> Et va chercher bien loin, plutôt que de mourir,
> Quelque prétexte ami pour vivre et pour souffrir.

Voilà certes un délicieux morceau. Mais croyez-vous que dans ces vers, *mes écrits, ma jeunesse, l'avenir incertain*, croyez-vous que les virgules placées entre ces trois mots suffisent à en marquer le caractère suspensif? Non ! Il y

ANDRÉ CHÉNIER.

faut les petits points ; s'ils ne sont pas écrits dans le texte,
c'est au lecteur à les y introduire. Le lecteur est un traducteur. Or les virgules, les points, les points et virgules, ont
quelque chose de sec et de positif. C'est une série de petites
barrières posées sur la route. Mais les petits points ne se
contentent pas de suspendre le mot, ils prolongent le son !

Ce son, modifié par eux, exprime musicalement les sentiments cachés dans les mots. Ayez donc bien soin, si vous lisez tout haut ces vers de Chénier, de mettre des petits points au commencement du neuvième vers... après :
« Et puis mon cœur, etc. »

Mettez-les entre tous ces mots :

« Mes écrits imparfaits,... mes amis,... ma jeunesse,... l'avenir incertain,... »

Enfin, ne les oubliez pas après :

« Quelque prétexte ami... pour vivre... et pour souffrir. »

Ajoutons bien vite que les petits points, dans le style, ne doivent être employés que par exception et avec une grande mesure. Multipliés, ils ressemblent à une prétention ou à une négligence ; ils ôteraient au langage, toute sa solidité, et toute sa gravité.

Vous trouveriez peut-être quelque intérêt à voir, comme il est impossible, sans la ponctuation, de mener à bien la lecture de quelqu'une de ces longues phrases de Montaigne, tout enchevêtrées d'incidences et toutes bourrées de citations. Mais j'en ai assez dit pour vous faire sentir que la règle de la ponctuation ne saute pas seulement aux yeux, qu'elle va jusqu'à l'esprit et jusqu'au cœur. Nous finirons ce chapitre par deux exemples assez piquants de son importance.

Dans l'un ce sont deux amants réconciliés par un point d'exclamation, et dans l'autre, c'est un duel empêché par une virgule. *L'homme à bonnes fortunes* est une comédie célèbre de la fin du dix-septième siècle. Baron, l'élève de Molière, en était l'auteur et y jouait le premier rôle. Au

second acte, un billet écrit par lui à Araminte, est remis
perfidement par elle, à Lucinde, dont Moncade, l'homme à
bonnes fortunes, recherchait la main. Armée de cette lettre
écrite à sa rivale, Lucinde arrive à lui, furieuse.

LUCINDE.

Voyons comme tu feras, pour tourner à mon avantage, tout le mépris qui paraît pour moi, dans ce billet.

MONCADE.

Du mépris pour vous !

LUCINDE.

Oui, cruel, et dans toute son étendue. Écoute. (*Lisant.*) « Je suis
à la campagne depuis deux jours, et j'y suis sans Lucinde. La complaisance que je suis obligé d'avoir pour une tante malade, me fait
rester ici dans une étrange solitude. N'essaiera-t-on point de me la
rendre supportable? Si vous ne vous chargez de ce soin, Lucinde,
toute la terre ensemble n'en viendrait pas à bout. Je n'aimerai et
n'adorerai que vous de ma vie. Adieu. »

La position est embarrassante, la trahison palpable!
comment va-t-il se tirer de là? En disant qu'on a contrefait son écriture? Mauvais moyen! Il en emploie un autre,
plus simple, et très propre à faire voir le talent de l'acteur.
Baron, après avoir soutenu à Lucinde que cette lettre était
pour elle, la prenait, et la lisait tout haut à son tour, sans
y changer un mot, elle s'en serait aperçue, mais en modi-
fiant dans le débit un signe ponctuatif, chose fort facile,
et fort naturelle, dans un temps où la ponctuation était
moins rigoureuse, et dans une lettre, c'est-à-dire dans un
genre d'écrit où l'on ne ponctuait quasi pas.

MONCADE.

Donnez-moi ce billet, madame, je vous prie. (*Lisant.*) « Je suis

11

la campagne depuis deux jours, et j'y suis sans Lucinde! (*Point d'ex-clamation.*) La complaisance que je suis obligée d'avoir pour une tante malade, me fait rester ici dans une étrange solitude! N'essaiera-t-on point de me la rendre supportable? Si vous ne vous chargez de ce soin, Lucinde! (*Second point d'exclamation.*) toute la terre ensemble n'en viendrait pas à bout. Je n'aimerai et n'adorerai que vous de ma vie. Adieu. » (*Après avoir lu.*) Ce billet est rempli de mépris pour vous?

LUCINDE.

Ah! Moncade, Moncade, vous avez bien des ennemis, ou je suis bien faible.

Vous le voyez! Qui a renversé tout ce grand échafaudage d'accusation? Qui a dissipé subitement toute cette colère? Un point d'exclamation, mis deux fois à la place d'une virgule. Ajoutons que Lucinde avait probablement grande envie d'être convaincue d'injustice.

Voici le second exemple :

Sous la Restauration, un homme d'esprit, qui aspirait à passer pour un homme de talent, M. A. de C..., fut décoré, pour des ouvrages, assez anonymes quoique signés. Le jour même de sa décoration, il s'empressa d'aller se montrer au foyer des acteurs de la Comédie française, mais comme il était à la fois très fier et un peu honteux de cette distinction, le ruban rouge fleurit si modestement à sa boutonnière, il en dépassa si peu le bord, que le nouveau chevalier avait l'air de le cacher autant que de le montrer. Sur quoi, un de ses confrères fit ce distique :

> Votre ruban, Chazet, est trop étroit, d'honneur,
> On le prend pour une faveur.

Chazet se fâcha, et demanda raison au mauvais plaisant.

« On ne se bat pas pour une épigramme, répondit l'autre.
— Je ne me fâcherais pas pour une épigramme! Mais je
ne permets pas qu'on touche à mon honneur. Votre... *trop
étroit d'honneur* est une injure. — Du tout! répondit
l'autre. Vous ponctuez mal! Il y a une virgule après étroit,
trop étroit, (virgule) d'honneur! — Oh! s'il y a une virgule, reprit Chazet, c'est différent! » Et ils ne se battirent
pas. Vous le voyez, cette virgule a peut-être sauvé la vie à
un homme!

CHAPITRE XI

DE LA POÉSIE DANS LA DICTION

LA FONTAINE — MOLIÈRE

Les Fables de La Fontaine sont le grand livre de récitation et de lecture. On les enseigne aux plus petits enfants; jeunes garçons et jeunes filles y trouvent un sujet d'études et de récompense; des hommes mûrs se plaisent à y montrer leur talent de diseurs; des vieillards en citent souvent quelques fragments à l'appui de leurs conseils; enfin les artistes dramatiques les plus célèbres choisissent volontiers l'occasion de quelque concert, de quelque séance publique, pour faire parler le chat, le lapin ou la fourmi, de cette même voix, qui interprète Clitandre, Arnolphe ou Horace. Il semble donc qu'il n'y ait plus rien à dire sur la façon de lire La Fontaine; tous les secrets d'interprétation de son génie paraissent découverts, et un téméraire seul peut prétendre y trouver un petit coin nou-

DU PALAIS D'UN JEUNE LAPIN. . .

veau. Je crois pourtant qu'il y en a un. Tout ce que La
Fontaine a de finesse, de grâce, de sensibilité, de bon
sens, de talent dramatique, de candeur même, est merveilleusement rendu par les interprètes. Mais La Fontaine n'est pas seulement un fabuliste, un moraliste, un
dramatiste, il est encore poète et peintre. Hé bien, c'est
précisément ce côté poétique et pittoresque qui disparaît
souvent dans les fables lues; les plus habiles y sont
parfois trompés, par une règle fort juste en soi, mais
d'application délicate. Les fables, disent-ils, doivent être
lues simplement. Sans doute, mais il y a bien des sortes de
simplicité. La simplicité peut être nue, froide, plate, ou
expressive, imagée, pathétique. Or, puisque La Fontaine
a trouvé le moyen d'être grand poète et grand peintre, tout
en restant dans la vérité et la simplicité, votre devoir, à
vous lecteur, est d'être poétique et pittoresque, sans cesser
d'être simple et vrai.

Prenons quelques exemples :

> Du palais d'un jeune lapin,
> Dame belette, un beau matin,
> S'empara... C'est une rusée!
> Le maître étant absent, ce lui fut chose aisée.
> Elle porta chez lui ses pénates, un jour
> Qu'il était allé faire à l'aurore sa cour,
> Parmi le thym et la rosée.

J'ai entendu dire cette fable par un homme qui a porté
l'art de la diction jusqu'au génie, par M. Samson. Hé bien,
il m'a semblé que M. Samson se trompait un peu dans ce
passage.

Il disait *Du palais*, comme s'il y avait *du logis*, *Dame belette,* comme s'il y avait *la belette. Elle porta chez lui ses pénates,* comme s'il y avait *s'installa,* et il *était allé faire à l'aurore sa cour,*

> *Parmi le thym et la rosée,*

comme s'il y avait *qu'il était allé brouter le thym dans la rosée.* Pour mieux rester dans le naturel et la vérité, il dissimulait la poésie de ces mots... *palais... pénates... faire à l'aurore sa cour,* il demandait pour ainsi dire grâce pour eux, il les noyait dans le cours de la diction. J'ose penser contre lui qu'il faut les faire valoir. L'art de La Fontaine a été précisément de mettre côte à côte et sans dissonance, dans ce court passage, des vers de pure comédie, comme *s'empara... c'est une rusée;* des vers de simple récit comme :

> *Le maître étant absent, ce lui fut chose aisée,*

et les plus fraîches images poétiques. Puisque ces contrastes font si bon ménage dans sa fable, arrangez-vous pour qu'ils se marient aussi heureusement dans la diction. Soit ! direz-vous, mais comment? le moyen est bien simple. Prononcez ces mots, *palais... pénates... faire à l'aurore sa cour,* avec une petite emphase ironique, ayez l'air, par votre intona-tion, de vous moquer un peu vous-même de ces mots; ils garderont leur effet et perdront leur apprêt ; La Fontaine les a écrits en souriant, souriez en les disant.

Un autre exemple :

> Un pauvre bûcheron tout couvert de ramée;

Beaucoup de lecteurs disent ce vers comme s'ils parlaient seulement d'un pauvre homme qui a une lourde charge de bois sur le dos ; *ils le plaignent, ils ne le peignent pas ;* le mot *ramée* devient un mot masculin, ils ne prononcent pas l'*e* muet et cet admirable vers n'est plus que le récit d'un fait ; chez La Fontaine c'est un fait et un tableau ! Loin de simplifier ce vers par la diction, il faut pour ainsi dire l'allonger ! loin de supprimer l'*e* muet, il faut le prolonger ! on prolongera ainsi la ramée elle-même ! J'ai besoin de voir, en vous entendant, ce pauvre vieux, enfoui, enseveli au centre d'un amas de branchages qui déborde de tous les côtés. Hé bien, étoffez la voix sur le mot *couvert*, mettez deux *e* muets à *ramée*, et au lieu d'un simple détail de narrateur, vous aurez ce qui est dans La Fontaine, un grand vers de poète et de peintre.

Autre exemple :

> Les alouettes font leur nid
> Dans les blés quand ils sont en herbe,
> C'est-à-dire environ le temps
> Que tout aime et que tout pullule dans le monde !

Nous tenons là en plein relief, un des caractères du génie de La Fontaine. Trois premiers vers, très simples, terre à terre, presque prosaïques, aboutissant tout à coup à un grand vers à la Lucrèce, un vers superbe de tournure et d'énergie, et qui saute par-dessus la règle de césure, pour s'épandre plus largement. Or, savez-vous quelle faute se commet presque toujours ? on récite ces quatre vers sur le même ton ; de façon qu'il va se perdre, se noyer dans la simplicité des trois premiers vers, ce splendide quatrième vers qu'il faut lancer à plein vol, les ailes étendues, comme un oiseau éclatant qui se lève tout à coup d'un buisson, et vous éblouit en s'envolant.

Autre exemple tiré de *l'Ours et l'Amateur des jardins* :

> Non loin de là, certain vieillard
> S'ennuyait aussi de sa part,
> Il aimait les jardins, était prêtre de Flore,
> Il l'était de Pomone encore ;
> Ces deux emplois sont beaux, mais j'y voudrais parmi
> Quelque doux et discret ami.

Sentez-vous le contraste entre ces deux premiers vers, si modestes d'allure, et la tournure poétique des quatre autres ! Oui ! Eh bien faites le sentir ! Il est surtout un mot que je vous recommande, c'est le mot *parmi*. Tel grammairien vous dira qu'il y a une faute grammaticale dans ce mot ainsi employé : *Parmi* est une préposition, il doit toujours être suivi d'un régime. Or, La Fontaine l'emploie absolument comme un adverbe. Mais avec quelle grâce touchante ! Ce terme, ainsi jeté tout seul à la fin du vers, a quelque chose d'inachevé, d'inexprimé qu'il faut tâcher de rendre par la voix. Arrêtez-vous sur la voyelle finale, trouvez moyen, par la douceur du ton, de peindre dans ce mot si court, le double charme de ce que possède ce vieillard et de ce qui lui manque, faites-moi rêver ! Je pourrais multiplier les exemples à l'infini ; ceux-ci suffisent pour rendre ma pensée, que je résume dans ce conseil : Quand vous trouvez dans un vers, un grain de poésie, recueillez-le précieusement, comme une parcelle d'or, et encadrez-le dans le cours de la phrase, il éclairera tout le reste.

MOLIÈRE.

Le nom de La Fontaine appelle le nom de Molière, et ce que je dis de l'un, je le dis de l'autre. Molière aussi n'est pas seulement un moraliste, un observateur, c'est un poète. Les acteurs l'oublient trop. Quelques-uns finiraient par me faire haïr ces beaux mots de naturel et de vérité, à force de s'en servir pour en étouffer un qui les vaut bien, c'est le mot poésie. Vous souvenez-vous des premiers vers de l'*École des maris*?

> Ne voudriez-vous point, par vos belles sornettes,
> Monsieur mon frère aîné, car, Dieu merci, vous l'êtes
> D'une vingtaine d'ans, à ne vous rien celer,
> Et cela ne vaut pas la peine d'en parler ;
> Ne voudriez-vous point, dis-je, sur ces matières,
> De nos jeunes muguets m'inspirer les manières ?
> M'obliger à porter de ces petits chapeaux,
> Qui laissent éventer leurs débiles cerveaux ;
> Et de ces blonds cheveux de qui la vaste enflure,
> Des visages humains offusque la figure ?
> De ces petits pourpoints, sous les bras se perdants,
> Et de ces grands collets jusqu'au nombril pendants ?
> De ces manches, qu'à table on voit tâter les sauces,
> Et de ces cotillons appelés hauts-de-chausses ?
> De ces souliers mignons, de rubans revêtus,
> Qui vous font ressembler à des pigeons pattus ?
> Et de ces grands canons où, comme en des entraves,
> On met tous les matins ses deux jambes esclaves,
> Et par qui nous voyons ces messieurs les galants,
> Marcher écarquillés ainsi que des volants ?

Hé bien, j'ai vu des artistes très éminents se contenter, dans ce passage, d'être spirituels, mordants, sarcastiques. Je ne pouvais pas m'empêcher de leur dire par la pensée : « Mais au nom du ciel ! soyez donc peintres aussi ! Molière dans ces vingt vers a jeté sur le papier cinq ou six personnages, vivants comme s'ils sortaient du crayon de Callot, et tout étincelants, comme s'ils sortaient du pinceau de

SCÈNE DE L'ÉCOLE DES MARIS.

Rubens! Le visage, les cheveux, le chapeau, le manteau,
les souliers, les canons, les collets, les manches, tout cela
vit, remue, éclate, miroite, papillote!... faites donc entrer
dans votre débit tout ce tapage de couleurs! Que votre parole aussi étincelle et flamboie!... Votre force de sarcasme
comique s'en accroîtra d'autant. Tous les traits railleurs
sortiront d'autant plus aigus de la bouche de Sganarelle,

que ce seront des silhouettes vivantes, et non de froides observations de moraliste ! » Je m'arrête parce que je ne m'arrêterais pas.... et je finis en disant : La poésie est dans l'art ce qu'est un tabernacle dans un temple, ne passez jamais devant elle sans vous incliner !

CHAPITRE XII

UNE RÈGLE QUI NE SAUTE PAS AUX YEUX

LE MOT DE VALEUR. — SON IMPORTANCE
SON CARACTÈRE. — SOUVENIR DE L'ACADÉMIE

Voici une règle presque aussi importante que la règle de la ponctuation, mais, au lieu de sauter aux yeux, elle s'y cache. Aucun signe matériel ne la signale ; il faut aller la chercher dans tous les coins de la phrase ; tantôt elle est au commencement, tantôt à la fin, tantôt au milieu ; elle porte tour à tour sur un adjectif et sur un substantif ; sur un verbe et sur une préposition ; elle repose, je ne dirai pas indifféremment, mais successivement, sur un mot éclatant ou sur un mot obscur, visible seulement, *to the mind's eye*, comme dit Shakespeare, à l'œil de l'esprit.

Cette règle est la règle du mot de valeur.

Talma disait : « Il y a dans tout rôle bien fait, un vers, un cri, une parole, qui résume le rôle tout entier. Quand j'étudie une pièce, mon premier soin est de découvrir ce

vers révélateur, au milieu des trois ou quatre cents que je
dois débiter, et une fois ce vers trouvé, je m'applique à y
conformer pour ainsi dire tous les autres ; je veux que mon
personnage entier lui ressemble. Ainsi, dans *Oreste*, au
troisième acte, dans la scène entre Pylade et Oreste, se
trouve un alexandrin qui prépare le meurtre, qui peint la
fatalité descendue sur ce malheureux, et raconte tous les
orages de cette âme dévouée à la fois à la passion et au
crime...

> Mon innocence enfin commence à me peser !

« Pour bien jouer Oreste, il faut porter ce vers écrit sur
le front. »

Or, ce qui est vrai pour les rôles est vrai pour la plupart
des phrases. Il y a dans la plupart des phrases bien faites,
je pourrais presque dire dans toutes, un mot où se résume
le sens entier de la phrase, la pensée de l'auteur, c'est le
mot de valeur. La difficulté est de le trouver, et une fois
trouvé, l'important est de le mettre en lumière par la diction, de le distinguer des autres mots, de l'élever pour ainsi
dire au milieu d'eux, comme un phare qui éclaire tout ce
qui l'entoure. Il est bien entendu que cette mise en relief
doit être proportionnée à l'importance du mot et à l'importance de la phrase elle-même. Tous les mots de valeur n'ont
pas la même valeur ; mais, éclatants ou à demi voilés, simples ou extraordinaires, ils jouent, dans toute proposition,
un rôle qui, bien compris et bien rendu par le lecteur,
donne à son débit une clarté et une force singulières.

Rien de tel que les exemples comme preuves. Citons

donc quelques passages d'auteurs connus et commençons par les plus simples :

> Sous le nom de liberté, les Romains se figuraient un état, où les hommes ne sont esclaves que de la loi, et où la loi est plus puissante que les hommes.

Quel est le mot de valeur de ces quelques lignes? Il y en a deux: *liberté* et *loi*. Ce sont comme les deux pôles de cette phrase ; c'est sur eux qu'elle repose. Il faut donc prononcer ces deux mots avec un accent plus marqué que les autres, les placer en vedette, si je puis m'exprimer ainsi. Autrement votre phrase pourra être claire, mais elle ne dira pas tout ce qu'elle veut dire. Elle ne se gravera pas fortement dans l'esprit de l'auditeur.

Je lis dans Fénelon :

> Il n'est pas naturel de remuer toujours les bras en parlant ; il faut remuer les bras parce qu'on est animé, mais il ne faudrait pas les remuer pour paraître animé.

Quel est le mot de valeur de cette phrase? C'est *paraître*. Car que veut prouver Fénelon? Que les gestes de l'orateur ne sont bons qu'à la condition d'être sincères, c'est-à-dire en accord avec ses sentiments réels. Hé bien, accentuez le mot *paraître*, et soudain la pensée de l'auteur se manifeste dans toute son évidence.

La Bruyère fait ce portrait d'un riche imbécile :

> L'or éclate, dites-vous, sur les habits de Philémon? Il éclate de même chez les marchands. Il est habillé des plus belles étoffes? Le sont-elles moins, toutes déployées dans les boutiques ou à la pièce?

Quel est le mot de valeur de cette phrase, le mot qui

résume l'idée de La Bruyère? Vous me direz peut-être que c'est *l'or éclate*, car La Bruyère se propose de peindre la magnificence des habits de Philémon ; sans doute ; mais il se propose autre chose : *l'or éclate* est un des mots de valeur de la phrase, mais ce n'est pas le mot caractéristique. — C'est peut-être : *toutes déployées dans les boutiques?* — Non ! Sans doute, là encore, il faut un certain déploiement de voix ; mais *l'accent, l'intonation* dominante doit porter ailleurs. — Où donc? — Sur... *de même* et sur... *moins.* Voilà où est cachée l'idée de La Bruyère. Son dessein n'est pas de peindre un homme bien habillé, mais un sot dont la personne n'est que le portemanteau de ses habits, et il assimile cette personne au comptoir du marchand et à la table d'une boutique. Seulement, au lieu d'élever la voix sur *de même*, et sur *moins*, il faut l'abaisser, prendre un ton très simple, car il s'agit de rabattre la vanité de ce richard imbécile.

Je me rappelle quatre vers d'Alfred de Vigny[1], très beaux et très caractéristiques au point de vue *du ton* qu'on doit mettre au mot de valeur :

> Pleurer, gémir, prier, est également lâche !
> Fais énergiquement ta dure et lourde tâche
> Dans la voie où le sort a voulu t'appeler,
> Puis après, comme moi, souffre et meurs sans parler.

Le mot de valeur est évidemment *sans parler*. Faut-il le marquer en élevant la voix ? non, car le mot ainsi prononcé aurait un air de forfanterie, ce qui est le contraire du stoï-

---

[1] Poème de la Mort du Loup.

ALFRED DE VIGNY.

cisme. Le stoïque est calme. Il faut dire *sans parler*, dans le bas de la voix, et le marquer fortement mais simplement.

La Fontaine, dans son admirable fable « le Lion », met dans la bouche du renard consulté par le léopard :

En vain nous appelons mille gens à notre aide,

13

> Plus ils sont, plus il coûte ; et je ne les tiens bons
> Qu'à manger leur part de moutons.
> Apaisez le lion ! seul il passe en puissance
> Ce monde d'alliés, vivant sur notre bien.

Quel est le mot de valeur ? Est-ce… *plus ils sont, plus il coûte ?* Non. Est-ce *manger leur part de moutons*, qui peignent si·bien la gourmandise des parasites ? Non. Est-ce ce beau vers :

> Seul il passe en puissance
> Ce monde d'alliés vivant sur notre bien ?

— Non. — Qu'est-ce donc ? — C'est *apaisez !* Que se propose le renard ? Que conseille-t-il ? La prudence, voire même un peu de platitude. *Apaisez le lion.*

Encore une citation bien caractéristique dans *Britannicus*, acte IV, scène d'Agrippine et de Néron :

> Vous régnez ! Vous savez combien votre naissance,
> Entre l'empire et vous, avait mis de distance ;
> Les droits de mes aïeux, par Rome consacrés,
> Étaient même, sans moi, d'inutiles degrés.

Quel est le mot de valeur de ces quatre vers ? C'est : *sans moi*. Il résume non seulement cette phrase, mais tout le discours d'Agrippine, qui n'a pas moins de quatre-vingts vers ; car pendant cette longue récrimination, elle ne prononce pas une syllabe où elle ne dise à Néron : Tu me dois tout. Ce mot, *sans moi*, détaché avec une grande force, éclairera donc la scène tout entière.

Je pourrais multiplier les exemples. J'aime mieux vous laisser le soin et le plaisir de les trouver vous-même. Car il n'y a pas de travail plus intéressant et plus profitable.

Cette recherche vous donne des yeux de lynx, pour fouiller du regard dans tous les coins de la phrase. Vous voilà forcé de scruter la pensée de l'auteur, de peser toutes ses paroles. Autant de voyages de découvertes, très fructueux ! Puis les mots de valeur une fois trouvés, vous verrez comme les accents ainsi répandus sur les paroles caractéristiques, étoilent la phrase, et donnent de grâce, de variété et de vérité au débit ! Quelquefois cette lumière jette sur une pensée un jour inattendu.

Il y a quelques semaines, à l'Académie, nous travaillions au Dictionnaire historique [1]. Nous nous occupions du mot *artistes ;* on énumérait toutes les significations de ce mot au xviiie siècle. Arrive cette citation tirée de Voltaire : « Il est rare qu'un homme puissant, quand il est artiste, favorise les bons artistes. » La phrase, lue à haute voix, plut médiocrement à l'assemblée. Cette répétition du mot artiste parut lourde, et l'on ne parlait pas moins que de biffer ces deux lignes ; je me permis alors de dire à mes confrères : « La faute n'est peut-être pas à la phrase, mais à la façon dont elle a été lue.

— Comment cela ?

— Mettez en relief, par l'accent, le mot de valeur, et vous verrez que la phrase est signée de l'esprit de Voltaire comme de son nom.

---

[1] Le *Dictionnaire historique* est différent de ce qu'on appelle le *Dictionnaire de l'Académie ;* en ce sens que celui-ci est le dictionnaire d'aujourd'hui, et que l'autre est le dictionnaire d'autrefois. L'un constate le sens, l'usage actuel des mots ; l'autre s'occupe de leur histoire, de leur biographie ; il marque à quelle époque ils sont entrés dans la langue, les diverses acceptions qu'ils ont prises successivement, et cela, au moyen de citations chronologiques qu'on emprunte aux divers écrivains de tous les temps.

RICHELIEU.

— Quel est donc le mot de valeur?

— C'est *bons*. Qui a inspiré, en effet, cette réflexion à Voltaire? C'est le cardinal de Richelieu, et sa sévérité à l'égard de Corneille. L'auteur de *Pyrame* ne pouvait pas pardonner à l'auteur du *Cid*. Eh bien, la jalousie du cardinal et la malice de Voltaire sont écrites dans le mot *bons*.

Faites-le valoir, marquez-en fortement le sens moqueur, et la phrase aura tout son prix. » Ma remarque parut juste, et la citation fut maintenue.

Le lecteur ne trouve pas de pareilles bonnes fortunes dans toutes les phrases, et il y aurait autant de puérilité que d'affectation à vouloir clouer des accents intentionnels sur des mots insignifiants. Mais voulez-vous, pour l'application de cette règle, un guide sûr, infaillible? Ecoutez parler les enfants. Pourquoi? A cause de leur vérité d'accent. Ce ne sont pas eux qui laissent échapper le mot de valeur. Ils tombent dessus avec une justesse et une audace d'intonation qui m'émerveillent toujours. C'est en les écoutant que que je me suis rendu compte de cette règle. Les enfants sont les premiers maîtres de lecture du monde... quand ils ne lisent pas.

CHAPITRE XIII

UNE LECTRICE DE QUATORZE ANS

Voici un fait dont j'ai été témoin, et qui, dans sa simplicité rustique, montre, sous une forme vivante, *la lecture en famille.*

J'habite un petit village voisin de la Seine. Il y a quelques années, allant de Croix-Fontaine à Sainte-Assise, je vis un paysan, déjà vieux, assis sur le talus d'un fossé, immobile, la tête penchée sur ses genoux, et un bâton entre les jambes. Je fus frappé de l'attitude de cet homme, je sentis je ne sais quoi de sinistre dans son immobilité, et rencontrant à quelques pas de là une paysanne de ma connaissance, qui travaillait à sa vigne : « Qui est donc ce pauvre diable, lui dis-je, qui est assis là-bas sur le rebord du fossé ?

— Vous ne le connaissez pas, monsieur ? c'est Pierre, l'ancien passeur.

— Ah ! oui, je me rappelle. Avant l'établissement du chemin de fer, quand les bateaux à vapeur marchaient

encore, c'était Pierre qui nous y conduisait sur sa barque…
et même, je m'en souviens, il était très adroit pour
aborder.

— Je crois bien. Les matelots des bateaux à vapeur
disaient que c'était le premier batelier d'ici à Montereau.

— Mais, repris-je, le passeur que je me rappelle était
maigre, sec, brûlé du soleil, et l'homme qui est assis là-
bas est gras, joufflu, blafard, ses jambes remplissent son
pantalon jusqu'à le gonfler.

— C'est le chagrin, monsieur.

— Comment ! c'est le chagrin qui l'a engraissé ?

— Oui, monsieur.

— D'où lui est venu ce chagrin ?

— D'un grand malheur. Oh ! le pauvre homme ! il n'a
pas eu de chance ! Vous rappelez-vous qu'il était borgne,
monsieur ?

— Oui, je m'en souviens.

— Il avait attrapé cet éborgnement-là vingt-cinq ans
auparavant : un soir, en traversant un bois fourré d'épi-
nes, il lui en était entré une dans l'œil gauche, et elle le lui
avait crevé. Eh bien, monsieur, plus de vingt ans après, au
moment de la moisson, comme il travaillait dans son
champ, car c'était un ouvrier !… il se baisse un peu trop
fort, et il rencontre un chalumeau de paille qui lui crève
l'œil droit !

— Oh ! le malheureux !

— Il lui a fallu tout laisser, son bateau, son passage,
sa bêche !… Et *il est tombé à rien faire !* Il faut être comme
nous autres paysans, pour savoir ce que ce mot-là veut dire.
Ainsi me voilà, moi, monsieur. Mes parents m'appellent

une vieille avare, parce que je pourrais faire faire mon bien
par des ouvriers, et que je le fais moi-même ; mais c'est
de le faire qui m'amuse. Je suis terrassière dans l'âme !
J'ai ça dans le sang ! Certainement je suis contente de
récolter du vin, de moissonner du blé, et de ramasser des
légumes. Mais ce que j'aime encore mieux que les légumes,
que le blé, et que le vin, c'est de les faire pousser. Quand
je suis là, dans ma vigne, à piocher la terre, à planter
mes échalas, à coucher mes ceps, à respirer le bon air,
toute seule, au milieu des champs, je suis heureuse ! C'est
dur, et on a les reins un peu cassés le soir, mais c'est la
peine qui est le bon. On m'apporterait le meilleur fricot du
monde, à moi bien assise au coin du feu, dans un fauteuil
dont je ne pourrais pas bouger, j'en mourrais de chagrin.
C'est ce qui est arrivé au pauvre Pierre ! Cela le ronge de
ne rien faire ! Vous le trouvez engraissé... il est bouffi !
Tant que le vapeur a marché, il allait s'asseoir sur la berge,
à l'heure où le bateau passait... Oh ! il n'avait pas besoin
de montre pour la savoir, cette heure-là... et il l'écoutait
venir, il l'écoutait passer, il l'écoutait s'en aller, et cela
lui coupait la journée. Mais quand le chemin de fer de
Lyon a eu tué le vapeur, alors le pauvre Pierre est devenu
encore plus aveugle. C'était comme une nuit plus noire qui
lui tombait sur les yeux. Auparavant, toutes les fois qu'il
entendait le bateau, il revoyait l'abordage, la rivière, les
passagers, il écoutait de loin les mots jetés par les matelots du bord au batelier, enfin, il vivait encore un peu dans
son autrefois ! Mais le bateau à vapeur ne venant plus, le
pauvre Pierre a tout perdu. Alors il a pris l'habitude de
venir s'asseoir sur ce fossé... Savez-vous pourquoi, mon-

sieur? Parce que les ouvriers passent par là le matin et le soir pour aller à leur ouvrage et pour en revenir, et cela le distrait d'entendre leurs pas, le bruit de leurs outils et de causer un peu avec eux. Et cependant, quand on lui parle et qu'il vous répond, il se met à pleurer. Il pleure toujours. Sa femme dit qu'elle ne sait plus qu'en faire. C'est un homme fini! Il est capable de mourir de chagrin. Le médecin dit que sa mauvaise graisse le prouve. Il peut tomber un de ces jours, pris des bras et des jambes.... car, il y a autre chose encore! Il est humilié, cet homme! Avant son malheur, on se faisait honneur de lui dans le pays, ça le flattait. Aujourd'hui, il n'est plus rien du tout! Tenez, monsieur, en vous en allant, parlez-lui; il pleurera, et pourtant cela le soulagera un peu tout de même... »

Je quittai ma vigneronne, m'émerveillant pour la centième fois de ce qu'il y a d'énergie, de bon sens et de bon cœur dans ces rudes campagnards, dans *ces fils de la terre, qui se défrichent, se labourent, et s'ensemencent si bien eux-mêmes* en la travaillant. Je retournai aussitôt à l'endroit où je venais de voir le passeur assis, mais quand j'arrivai, il était parti.

Huit ou dix mois plus tard, je me dirigeai un matin de nouveau vers cette route qui longe la Seine, dans l'espoir de rencontrer Pierre, et de causer avec lui. Je le vis, en effet, mais de loin, et s'en allant appuyé sur une fillette de quatorze ou quinze ans. Autant que je pus en juger à distance, sa démarche me parut moins lourde, il semblait moins abattu, moins triste de physionomie. Je crus même l'entendre rire.

Je courus chez ma vigneronne : « Hé bien ! lui dis-je, et Pierre? — Oh ! monsieur !... Pierre ! c'est un miracle ! Il n'est pas guéri, le pauvre malheureux... les yeux, ça ne se retrouve pas ! mais il va mieux. Il ne pleure presque plus. Le médecin dit qu'il s'en tirera.

— Que lui est-il donc arrivé?

— Un coup du ciel, comme on dit !... Ah ! vrai, le bon Dieu lui devait bien ça ! Il a une fille qui est dans ses quatorze ans.

— Je viens de le voir accompagné par elle.

— Cette petite fille-là, c'est son portrait ! Pas beaucoup plus belle que lui... Et il n'était pas joli, le pauvre Pierre, même avec ses deux yeux ! Mais cette enfant-là, c'est ce qu'on appelle : une tête. Cette année, à la distribution des prix, elle les a eus tous. La voilà donc revenue à la maison. Mais le chagrin de son père lui fit un drôle d'effet. Elle pleura d'abord en le voyant pleurer, et puis elle se fâcha, elle l'appela *plaignard !* Elle le bourra... par amitié, parce que cela lui faisait trop de mal qu'il se fît tant de peine. Et lui, ça le remontait d'être secoué par elle, et il se disait tout bas en riant : « Elle me ressemble ! » Enfin, un jour, elle s'est fourré dans la cervelle de le consoler. Savez-vous ce qu'elle fait? Tout le temps qu'elle ne travaille pas pour son apprentissage, car ça fera bientôt une fière blanchisseuse !... elle lui lit tout haut les livres qu'elle a reçus en prix. Dame ! c'est qu'elle lit très bien, cette gamine-là ! On entend tout ce qu'elle lit ! On voit qu'elle comprend... et elle vous fait comprendre ! Ça retournait le père ! Il était si content de l'entendre lire dans les livres qu'elle avait gagnés ! Et puis c'étaient de

V

ON ENTEND TOUT CE QU'ELLE LIT.

beaux... beaux livres très bien reliés !... Et des histoires très amusantes !... de grands voyages ! des choses très intéressantes sur la France ! on parle de Jeanne d'Arc, d'un nommé Duguesclin, des guerres d'autrefois avec les Anglais. Et comme cette gamine-là les sait par cœur, toutes ces belles choses, elle les lui racontait autant qu'elle les lui lisait !... Et elle le forçait à les lui raconter après... c'était à mourir de rire ! Il tremble devant elle ! C'est sa maîtresse d'école, quoi ! Quand il ne répond pas bien, elle l'appelle paresseux !... Tant il y a, que tout ça lui a donné autre chose à manger que son chagrin, à ce pauvre homme. Quand il rumine tout ce que sa fille raconte, il ne pense pas à ses yeux. »

Touché de ces paroles, j'allai droit à la maison du passeur. Je voulais voir à l'œuvre cette lectrice de quatorze ans. Quand j'arrivai, elle lisait à son père un récit de voyage maritime. C'était encore de la navigation pour le passeur, et la mer lui rappelait la rivière. Ma venue ne la troubla pas trop, et je fus frappé de la netteté de sa prononciation. Il semblait qu'elle comprît qu'une lecture faite à un aveugle a besoin d'être lente pour être claire, tant elle prenait soin de ne pas précipiter son débit, et de faire arriver les mots avec plus de force à son oreille, son oreille étant le seul chemin qui conduisît à son intelligence. Certes, je ne prétends pas que cette jeune fille se rendît exactement compte de ce qu'elle faisait. C'était chez elle pur instinct ; mais son intention, toute confuse qu'elle fût, n'en était pas moins réelle. Tout lecteur intelligent accommode, proportionne sa diction à celui qui l'écoute, et c'est ainsi que se réalise, sous une forme nouvelle, cette éducation perpétuellement mutuelle qui sort de tous les rapports sympathiques des hommes entre eux. Qui donne, reçoit ; qui instruit, s'instruit.

La bonne œuvre de cette jeune fille ne s'arrêta pas là ; à la dernière Exposition générale, elle alla passer quelques jours à Paris chez une de ses tantes ; elle revint métamorphosée. Ces dix jours l'avaient mûrie de deux ans. L'imagination et la mémoire toutes pleines de tant de merveilles, elle accourut radieuse de partager avec son père sa petite cargaison de connaissances. Elle lui racontait tout, elle le faisait assister à tout, elle lui ouvrait des yeux intérieurs. Bientôt, nouvelle idée, nouveau progrès : sur son gain de blanchisseuse elle l'abonna à un petit journal qui rendait compte de l'Exposition. Alors recommencèrent les lectures, non plus sur les événements et les hommes d'autrefois, mais sur les choses et les gens dont elle pouvait dire : Je l'ai vu ! L'aveugle, tout émerveillé de ce qu'il entendait, allait le raconter à son tour à ses voisins. Il devint un petit journal vivant ; on ne se contentait plus de le plaindre, on l'écoutait, on l'attendait, on le recherchait. Il se releva aux yeux des autres ; il était redevenu quelqu'un dans le village, et je ne puis mieux terminer ces pages consacrées à la lectrice de quatorze ans que par un mot de ma vigneronne : « Voyez-vous, monsieur, me disait-elle, Pierre a donné la vie à sa fille, c'est vrai ; mais elle le lui a bien rendu : elle est la mère de son père ! »

CHAPITRE XIV

ESPRIT ET ORDONNANCE D'UN MORCEAU

Un des plus grands avantages de la lecture à haute voix, est de nous fournir un excellent moyen de critique littéraire. Apprendre à lire un morceau, c'est apprendre à le juger. L'étude des intonations devient forcément l'étude des intentions. On ne peut arriver à bien exprimer la pensée d'un auteur, qu'en s'en pénétrant profondément, et l'on s'en pénètre d'autant plus, qu'on cherche à la bien exprimer. Il y a des beautés cachées, qui ne se révèlent qu'à celui qui veut les traduire par les sons; les sons donnent une vie nouvelle aux mots, et la voix les revêt comme d'une lumière qui les fait mieux voir. Souvent aussi, votre étude vous aide à découvrir des défauts inaperçus; tel passage qui vous avait séduit, telle expression qui vous avait ébloui, vous apparaît déclamatoire ou fausse à cette décisive épreuve. Deux exemples vous montreront comment la lecture à haute voix nous initie à l'esprit, à la composition, à l'ordonnance d'un morceau.

Quel est le premier devoir du lecteur? De rechercher avant tout le dessin général du fragment qu'il veut lire, ce que j'appellerai son architecture intérieure; il doit voir quel plan l'auteur a adopté, dans quel ordre les idées se sont présentées à lui, et comment il a réalisé cet ordre de façon à donner à sa pensée toute sa force et tout son éclat. Pensez-y bien, l'ordre n'est pas seulement la clarté, il est aussi la progression, c'est-à-dire le mouvement et l'intérêt.

En voici deux exemples frappants :

RACINE. — *Athalie.*

Le quatrième acte d'*Athalie* contient un passage très admiré, souvent cité, et dont cependant, selon moi, on n'a pas mis en lumière toute la beauté; c'est l'allocution de Joad à Joas au moment où il lui remet la couronne.

Joad réunit en lui, à ce moment, trois caractères. Il est *père* et *éducateur*, il est *grand prêtre*, il est *prophète*. Joas est à la fois, pour lui, un enfant, un élève et un roi. De là, dans son langage, un singulier et nécessaire mélange de tendresse, de respect, de gravité, et j'ajoute, de crainte. Car, ne l'oublions pas en étudiant ce morceau, Joad n'interroge pas seulement l'avenir avec les yeux de la prévoyance paternelle, il a l'œil du devin, il voit ce qu'il prévoit, confusément sans doute, mais cette obscurité même ajoute à son pressentiment une terreur mystique. Figurez-vous donc bien ces traits si divers de la figure de Joad, puis voyez quelle progression Racine a suivie pour

rendre la poétique complexité de ces sentiments, et après
cette étude, commencez la lecture à haute voix.

> O mon fils! de ce nom j'ose encore vous nommer!
> Souffrez cette tendresse, et pardonnez aux larmes
> Que m'arrachent pour vous de trop justes alarmes.
> Loin du trône nourri, de ce fatal honneur
> Hélas! vous ignorez le charme empoisonneur,
> Du pouvoir absolu vous ignorez l'ivresse,
> Et des lâches flatteurs la voix enchanteresse.

C'est le *père*, dans ce début, qui parle. Que votre voix
soit familière, votre ton affectueux, comme lorsqu'on
s'adresse à un petit enfant, avec un mélange de déférence,
comme quand on parle à un souverain.

> Bientôt ils vous diront que les plus saintes lois,
> Maîtresses du vil peuple, obéissent aux rois;
> Qu'un roi n'a d'autre frein que sa volonté même,
> Qu'il doit tout immoler à sa grandeur suprême;

> Qu'aux larmes, au travail le peuple est condamné,
> Et d'un sceptre de fer veut être gouverné;
> Que, s'il n'est opprimé, tôt ou tard il opprime!

Ici l'*éducateur* joint sa voix à celle du père. Ces paroles ne sont que la continuation des leçons qu'il a déjà données à Joas. Le ton doit être grave, et mettre en relief par l'amertume de l'accent, la cynique et cruelle morale des courtisans.

> Ainsi de piège en piège et d'abîme en abîme,
> Corrompant de vos mœurs l'aimable pureté,
> Ils vous feront enfin haïr la vérité,
> Vous peindront la vertu sous une affreuse image.
> Hélas! ils ont des rois égaré le plus sage.

Le *prophète* entre en scène. Il prévoit vaguement que Joas sera un tyran; son accent doit être celui de la crainte, de l'indignation, et le dernier vers veut être dit avec une explosion de douleur.

> Jurez donc sur ce livre et devant ces témoins,
> Que Dieu fera toujours le premier de vos soins;
> Que, sévère aux méchants, et des bons le refuge,
> Entre le peuple et vous, vous prendrez Dieu pour juge;
> Vous souvenant, mon fils, que, caché sous le lin,
> Comme eux vous fûtes pauvre, et comme eux orphelin.

Ici, changement complet de ton. C'est le *grand prêtre* qui parle, et c'est un serment solennel qu'il requiert. Autorité, gravité pleine de force, voilà le ton nécessaire, mais sans oublier un accent de douceur compatissante sur les deux derniers vers.

Vous le voyez, ces diverses indications ne sont que le décalque des quatre caractères de Joad dans cette scène;

mais pour le bien dire, il ne suffit pas de reproduire ces quatre aspects. Talma, qui était sublime dans cette scène, faisait sentir ces contrastes, mais il les noyait dans une effusion générale, à la fois paternelle et religieuse, qui ajoutait la beauté de l'harmonie à la puissance de l'expression. Voilà où il faut tendre.

★

Passons maintenant à une pièce de vers très célèbre d'un poète moderne, M. Sully-Prudhomme. C'est le *Vase brisé*. Nous y trouverons, je crois, la matière d'une excellente leçon sur le même sujet.

LE VASE BRISÉ

Le vase où meurt cette verveine,
D'un coup d'éventail fut fêlé ;
Le coup dut l'effleurer à peine,
Aucun bruit ne l'a révélé.

Mais la légère meurtrissure,
Mordant le cristal chaque jour,
D'une marche invisible et sûre
En a fait lentement le tour.

Son eau pure a fui goutte à goutte,
Le suc des fleurs s'est épuisé ;
Personne encore ne s'en doute,
N'y touchez pas, il est brisé ! !

Ainsi parfois la main qu'on aime,
Effleurant le cœur, le meurtrit !
Puis le cœur se fend de lui-même,
La fleur de notre amour périt !

15

> Encore intact aux yeux du monde,
> Il sent croître et pleurer tout bas
> Sa blessure fine et profonde...
> Il est brisé... n'y touchez pas !...

Ce charmant morceau se récite partout. Je l'ai entendu dire en public par des lecteurs habiles ; hé bien, faut-il l'avouer, aucun d'eux ne m'a satisfait complètement. Il m'a semblé que, faute d'avoir recherché l'ordonnance générale du morceau, ils tombaient tous dans la même erreur. Entraînés par le charme poétique répandu sur toute la pièce, ils enveloppent ces cinq strophes dans la même harmonie mélancolique ; or c'est enlever à ce morceau son principal caractère, le contraste. Rien de plus différent que la première partie et la seconde, que les trois premières strophes et les deux dernières, et l'effet est précisément dans l'imprévu de la comparaison. De quoi s'agit-il en effet dans les premières strophes ? D'un vase fêlé. Il n'y a pas là de quoi s'attendrir.

Ce qui convient dans les quatre premiers vers, c'est donc le ton simple du récit. La seconde strophe est une description, une description pleine de pittoresque et de relief. Peignez avec la voix, ne craignez pas dans ces deux vers :

> Mais la légère meurtrissure,
> Mordant le cristal chaque jour,

ne craignez pas, dis-je, de faire sentir discrètement l'harmonie quelque peu stridente de cette accumulation d'*r*, meurtrissure, mordant, cristal. Il y a, là-dessous, je ne sais quel petit grincement de scie qu'il faut laisser deviner. Au contraire, dans les deux suivants :

> D'une marche invisible et sûre
> En a fait lentement le tour,

ayez bien soin d'exprimer, par la souplesse de la voix, par le déroulement sinueux de la phrase, la marche de la fêlure ; ne vous arrêtez pas après *sûre*, ne faites qu'un vers de ces deux vers, c'est un enlacement.

Quant à la troisième strophe, nous rentrons dans le ton du récit, relevé par une petite pointe de poésie, et terminé familièrement par la crainte de briser un joli petit meuble.

Arrive la quatrième strophe. Changement complet ! Nous entrons dans le domaine du sentiment et de l'émotion. La voix, l'accent, tout se transforme. Plus de ces notes brillantes et claires, propres au pittoresque; c'est au médium qu'il faut avoir recours. C'est le médium, avec ses timbres profonds et un peu voilés, qui seul peut exprimer ces vers si émus :

> Ainsi parfois la main qu'on aime,
> Effleurant le cœur, le meurtrit !
> Puis le cœur se fend de lui-même,
> La fleur de notre amour périt !

Chacun de ces mots doit être senti, touchant; chacune de ces syllabes doit pleurer. Mais ce sont les trois derniers vers qui demandent toute votre intensité d'expression !

> Il sent croître et pleurer tout bas
> Sa blessure fine et profonde...
> Il est brisé... n'y touchez pas !...

Remarquez-vous cette différence entre le dernier hémistiche de la troisième strophe et celui de la cinquième. Dans la troisième, il finit par *il est brisé !* dans la cinquième, par

n'y touchez pas! C'est une leçon de lecture, que ce changement. Liez donc ensemble la fin de l'avant-dernier vers et
le commencement du dernier. Dites : *il est brisé!* avec un
véritable accent de douleur ; puis vous arrêtant tout à coup,
changez de ton et prenez la voix de la prière pour : *n'y
touchez pas!*

CHAPITRE XV

LECTEURS ET COMÉDIENS. — SOUVENIR
DU PÈRE LACORDAIRE

Je rencontrai hier un homme fort versé dans les questions d'enseignement. Il me dit :

« Vous travaillez ardemment à faire introduire dans l'éducation publique et privée la lecture à haute voix ?

— Oui.

— Vous avez demandé et obtenu, dans le département de la Seine, la création de cours de lecture pour les instituteurs primaires et de concours, à la fin de l'année, pour les élèves ?

— Oui, et j'ajoute que plusieurs autres départements suivent l'exemple de Paris, et que le conseil supérieur de l'instruction publique a mis la lecture expressive sur tous les programmes d'études.

— Voilà certes des résultats importants ; mais êtes-vous bien sûr que ce que vous appelez un progrès ne soit pas un danger ?

— Comment ?

— Ne craignez-vous pas qu'en voulant faire de nos élèves des lecteurs, vous n'en fassiez des comédiens ?

— Des comédiens ?

— J'appelle comédiens, des lecteurs qui transportent, dans la lecture à haute voix, des habitudes de déclamation, d'emphase, de gesticulation théâtrale, qui les font ressembler à des comédiens.

— Qui vous inspire cette crainte ?

— L'expérience.

— Quelle expérience ?

— Vous avez assisté comme moi à des distributions de prix dans les écoles ou les institutions privées. Pour célébrer la fête, paraît sur une estrade un petit garçon ou une petite fille qui vient réciter quelque morceau de poésie, ou parfois un dialogue à deux personnages. Quels défauts avez-vous remarqués dans le débit et la tenue de ces enfants ? Est-ce de la gaucherie ? de l'inexpérience ? de la timidité ? Non, c'est de l'assurance, de l'emphase, de la convention. Ils ont souvent des éclats de voix ridicules, des jeux de physionomie exagérés ; ils multiplient presque toujours les mouvements des bras et des jambes, ils lèvent les yeux au ciel ; ce ne sont plus des enfants, ce sont de mauvais comédiens. Même observation dans les fêtes de famille où les enfants figurent à l'état de petits acteurs, débitant des fables ou des pièces de vers. J'en dirai presque autant de plusieurs des séances de lectures publiques, où j'ai assisté ; j'y retrouve, je ne dis pas toujours, mais trop souvent, ce ton déclamatoire dans le débit et cette exagération dans les gestes, qui me font dire malgré moi : Encore des comédiens ! Or, la création de ces cours va multiplier les concours, multiplier les séances publiques de lecture, et, par conséquent, généraliser un mal partiel et exceptionnel. Nos enfants psalmodiaient, ânonnaient et étaient gauches; ils vont déclamer et gesticuler. Mal pour mal, je ne sais pas si je n'aime pas mieux leur voir des défauts d'enfants que des défauts de comédiens. Voilà mon objection. Qu'y répondez-vous.

— Un seul mot. C'est que l'enseignement de la lecture aura précisément pour but et pour résultat de corriger les défauts que vous l'accusez d'entretenir.

— Voilà une réponse qui me semble reposer sur un paradoxe.

— Du tout, c'est votre objection qui repose sur une confusion de termes. Vous mêlez deux choses absolument distinctes : la lecture à haute voix et la récitation publique.

— Ne sont-ce pas deux formes du même art? Ne font-elles pas toutes deux partie de l'étude de la diction ?

— Sans doute, mais à une place et à un degré différents. L'une en est le couronnement, l'autre la base. Voulez-vous voir disparaître une partie des défauts que vous signalez dans les récitations publiques, n'y arrivez qu'après l'étude pratique, régulière, méthodique des principes de l'art de la lecture. Les récitateurs ne sont, la plupart du temps, déclamateurs et comédiens, que parce qu'ils ne sont pas lecteurs.

— Démontrez-moi cela.

— Le seul portrait des deux personnages vous le démontre.

Le récitateur est debout, le lecteur est assis.

Le récitateur a les yeux libres et promène ses regards autour de lui ; le lecteur a les yeux fixés sur la page.

Le récitateur a les bras libres comme les yeux ; le lecteur a une main occupée à tenir le livre, et l'autre à tourner les feuillets.

Le récitateur doit songer non seulement à ce qu'il prononce et à la façon dont il le prononce, mais à son attitude, à sa position, à sa physionomie : Elles font partie de son débit, elles sont pour quelque chose dans l'émission de sa voix et dans l'effet qu'il produit sur son auditoire. Ses jambes mêmes, quoiqu'elles ne fassent rien, le préoccupent ; il sait qu'on les voit, qu'on les regarde. Se sentir ainsi tout debout, tout entier en face d'hommes assemblés, vous cause une sorte d'embarras qui ressemble à la pudeur ; c'est comme une espèce de nudité. La personne joue donc un grand rôle dans la récitation publique ainsi que dans les représentations théâtrales, et le récitateur peut d'autant plus être tenté de se rapprocher du comédien que, comme lui, il a pour but l'applaudissement, et pour mobile la vanité.

— Rien de plus exact que ce portrait, mais il me semble qu'il confirme mes craintes.

— Nullement, car vous ne voyez rien de pareil dans l'élève qui lit sa leçon, en ayant pour seuls auditeurs ses camarades, et pour seul juge son maître. Là, tout est pratique, sérieux, modeste. Le lecteur ne se sert que de sa voix pour exprimer ce qu'il lit ; il ne s'agit pas pour lui d'être applaudi, mais d'être approuvé ; il ne s'agit pas de lire à l'effet, mais de lire juste, correctement : une intonation emphatique, un geste théâtral choqueraient comme une dissonance ou feraient rire comme une prétention ; le caractère même des morceaux lus, qui devront être presque toujours des morceaux simples ou même techniques, fera de la leçon de lecture une leçon de simplicité et de vérité.

— Continuez, continuez, votre opinion me gagne.

— Eh bien ! supposez qu'un élève ne passe au rôle de récitateur qu'après s'être longtemps exercé au rôle de lecteur, nul doute qu'il ne transporte dans l'un, les qualités qu'il aura acquises dans l'autre. L'habitude qu'il aura prise de ne compter que sur la voix comme moyen d'expression, le préservera de l'abus des gestes, lui en rendra l'emploi moins utile, et, du même coup, lui fera éviter le ton déclamatoire.

— A moins, cependant, dit mon ami en m'interrompant, que le morceau même ne l'y pousse. Voilà, mon cher ami, un de mes grands griefs contre les récitations publiques et contre les concours de lecture : c'est le choix des morceaux. On ne cherche que des compositions à effet ! On fait exprimer aux enfants, aux jeunes gens, des sentiments, des idées supérieures ou étrangères à leur âge, à leur intelligence. Je voudrais pour première règle, dans ces séances de récitation, que le récitateur ne dût jamais dire que ce qu'il sait, ce qu'il sent, ou ce qu'il comprend.

— J'accepte votre amendement, repris-je, et j'ajoute que, ainsi corrigée, ainsi préparée, ainsi remise à son rang, la récitation publique offre d'immenses avantages et donne lieu à une très intéressante observation.

La récitation publique fortifie la mémoire : il faut savoir un morceau beaucoup plus imperturbablement pour le dire dans une assemblée que dans une classe.

Elle fortifie la voix : une grande salle demande au diseur une dépense de son beaucoup plus considérable qu'un petit auditoire.

Elle développe les qualités de prononciation : il faut mieux articuler, mieux ponctuer, mieux respirer, pour être entendu de trois cents personnes que de vingt.

Elle développe le goût : le désir de plaire, d'émouvoir, d'amuser, qui est un des devoirs du récitateur, l'oblige à se pénétrer plus profondément des beautés d'un morceau, pour les rendre sensibles au public.

Il n'est pas jusqu'à cette nécessité d'établir un accord harmonieux entre les gestes et la voix, entre la physionomie et les paroles, qui ne soit un excellent exercice de tenue, d'élégance, et qui ne rentre heureusement dans l'ensemble d'une éducation complète.

Enfin voici un dernier résultat assez inattendu de la pratique intelligente de la récitation publique, c'est que, au lieu d'induire le diseur à se rapprocher du comédien, elle doit le conduire à s'en distinguer tout comme le lecteur.

— Ha ! ha ! reprit en riant mon ami, voilà une conclusion qui me surprend un peu.

— Elle n'est cependant que logique. Qu'est-ce qu'un comédien ? Un homme qui cesse d'être lui-même, qui entre pour ainsi dire dans un personnage étranger, et s'efforce de le figurer. Est-ce là la définition d'un habile

récitateur? Nullement. Il est, lui, remarquez bien la différence, un traducteur, un interprète de la pensée d'un
écrivain ; c'est l'écrivain qui est en scène, ce n'est pas lui.
Le comédien fait métier de diction ; le récitateur est ou
un enfant, ou un jeune homme, ou un homme qui exerce
passagèrement, en amateur, un art qui n'est pas le sien,
et son mérite, je dirais son charme particulier, est précisément de ne point ressembler à un homme du métier. Il
y a là une nuance fort délicate, mais marquée; c'est presque
une affaire de dignité personnelle. Le jeune homme ou
l'homme du monde, qui, en récitant, a les gestes, les jeux
de physionomie du comédien, nous choque, nous embar-
rasse ; il semble qu'il se manque à lui-même. Le but du
récitateur est donc tout autre que celui de l'artiste dramatique, je dirais presque que son art est différent. En voulez-vous la preuve? Écoutez quelqu'un de nos grands acteurs
réciter une pièce de poésie dans le monde. Qu'essaye-t-il?
De ressembler à un homme du monde. Il met dans l'ombre
ses habitudes théâtrales : gestes, physionomie, attitude,
son de voix, il adoucit tout, il approprie tout à ce cadre
nouveau, et mêle à ses plus vifs effets je ne sais quelle
réserve, quelle mesure, qui l'assimilent à un amateur.

Je me résume : 1° l'exercice de la lecture est un exercice
de classe de grammaire; la récitation publique est un exercice de rhétorique; il faut faire ses classes de grammaire
avant la rhétorique; 2° une des premières règles à donner
au récitateur est celle-ci : « *Pas de gestes!* » Prenez
modèle sur les jeunes filles ou les jeunes femmes qui
chantent un morceau de musique; leur chant est d'autant
plus expressif qu'elles ne s'expriment qu'avec la voix. Pour

faire un bon récitateur, il faut un lecteur, et jamais un comédien.

Du reste, je ne puis guère mieux terminer ce chapitre important que par un frappant exemple, où vous verrez quelle différence doit séparer le lecteur, du récitateur et du comédien.

Il y a une quinzaine d'années, le père Lacordaire fut élu membre de l'Académie française : son discours de réception achevé, il le lut, selon la coutume, à une commission de sept membres, chargés de l'entendre d'abord. Je faisais partie de cette commission. M. Lacordaire arriva, revêtu de sa robe blanche de dominicain, et avec une gravité de physionomie et d'attitude qui allait bien avec son costume. Quand le moment de lire fut venu, il tira de sa poche non pas un binocle, mais une paire de lunettes, — remarquez bien la différence, — le binocle témoigne encore d'un reste de prétention, c'est une étape vers la vieillesse, mais c'est la première ; on n'est plus jeune mais on ne s'avoue pas encore vieux ; les lunettes, c'est la grande déclaration de l'extrait de naissance ; on abdique. Le père Lacordaire mit donc bravement ses lunettes sur son nez, et lut son discours avec une simplicité pleine de force qui nous charma tous ; on lui prédit unanimement un grand succès. Arrive la séance publique. Il entre, il commence : changement complet ! d'abord plus de lunettes ; il avait eu peur d'éteindre derrière ces deux verres l'éclat célèbre de ses yeux ; il comptait faire des effets de regard. Cette coquetterie mondaine ne me plut qu'à demi dans un prédicateur, et l'amoindrit quelque peu à mes yeux ; le reste acheva ma désillusion. Évidemment il avait appris son discours par cœur, mais il

l'avait mal appris, et il voulait avoir l'air de ne l'avoir pas
appris du tout. Il commença donc par lire sur son manuscrit, mais c'est là que les lunettes dédaigneusement écar-
tées, prirent leur revanche. Il suivait les lignes avec peine,
et comme il relevait de temps en temps la tête pour per-
mettre à ses yeux de lancer quelques éclairs sur l'auditoire,
il ne retombait pas toujours juste sur le mot à dire; son
doigt placé sur la ligne, et qui était chargé de servir de
guide à son œil, ne lui indiquait qu'à peu près le passage;
de là des hésitations désagréables dans son débit, des er-
reurs fâcheuses dans sa prononciation; ajoutez que, ne
voulant perdre aucun de ses avantages physiques, il avait
transporté dans cette salle d'académie, toute la mimique
de la chaire; et ces gestes déclamatoires, ces physionomies
propres à terrifier le pécheur, qui peut-être se justifiaient
à Notre-Dame par la grandeur du lieu et la véhémence de
l'improvisation, produisaient le plus singulier effet, derrière
ce petit pupitre, avec le verre d'eau sucrée, et à propos
d'une simple lecture. En l'écoutant, je pensais malgré moi
à un acteur de mélodrame, de sorte que ce discours qui
eût paru bon s'il l'avait lu, ennuya parce qu'il voulut le
jouer.

CHAPITRE XVI

L'ART POÉTIQUE D'AUTREFOIS ET L'ART POÉTIQUE D'AUJOURD'HUI

BOILEAU — VICTOR HUGO

On n'apprend pas à lire Victor Hugo en lisant Corneille, ni à lire Lamartine en lisant Racine, ni à lire Alfred de Musset en lisant tel poète d'autrefois que vous voudrez, fût-ce André Chénier ou La Fontaine. Les règles de la lecture changent avec les règles de la poésie. Or, le nouveau code de la versification est bien plus révolutionnaire qu'on ne se l'imagine. Ce n'est pas seulement le dictionnaire poétique qui s'est étendu, les images poétiques qui se sont renouvelées ou agrandies, les sentiments poétiques qui ont pris pour domaine l'âme tout entière, les sujets poétiques qui se sont mis à pousser dans tous les coins de la vie et du monde, l'imagination poétique qui n'a plus rien trouvé ni de trop grand ni de trop petit pour elle... non ! La révolution a porté sur la constitution même du vers français, et surtout du vers alexandrin. La manière dont il fonctionne, dont il vit, dont il marche, sa physiologie et son anatomie, sa structure et son allure, tout est modifié.

De tous les principes prosodiques de l'alexandrin d'autrefois, on n'a laissé debout que le nombre de pieds, l'alternance des rimes masculines et féminines, et une règle, la plus absurde de toutes, la règle de l'hiatus. Quel est le grammairien obtus, quelle est l'oreille doublée de cuir, qui s'est imaginé de déclarer cacophonique l'alliance des voyelles? Comment la plume de Boileau ne s'est-elle pas révoltée en écrivant cette loi?

> Gardez qu'une voyelle à courir trop hâtée
> Soit d'une autre voyelle en son chemin heurtée.

Et pourquoi donc faut-il que je m'en garde? Quoi de plus doux que les mots *camélia, miette, suave, fluide, ébloui, joyeux?* Ces mariages des voyelles dans le sein des mots ne donnent-ils pas lieu à de charmantes harmonies? Qu'on m'explique donc alors comment, dès que les mots sont séparés, ces rencontres deviennent cacophoniques, surtout lorsqu'en réalité, dans le débit, il y a très peu de séparations de mots absolues, et que le cours de la diction unit les termes les uns aux autres presque aussi étroitement que les syllabes entre elles.

Je regretterai toujours que Victor Hugo, dans sa refonte du vers alexandrin, dans sa puissante création de rythmes lyriques, n'ait pas jeté bas cette règle pédantesque, aussi contraire aux lois de l'harmonie qu'aux traditions de la poésie du seizième siècle.

Ce regret exprimé, rendons-nous un compte précis des modifications introduites dans le vers alexandrin, et pour ce faire, mettons en présence dix-huit vers de l'*Art poétique* de Boileau et une trentaine de vers des *Contemplations*. Le parallèle d'un article du code civil et d'un chapitre du droit coutumier, ne marquerait pas mieux la différence de la législation d'autrefois et de celle d'aujourd'hui :

> Pendant les premiers ans du Parnasse françois,
> Le caprice tout seul faisait toutes les lois.
> La rime, au bout des mots assemblés sans mesure,
> Tenait lieu d'ornement, de nombre et de césure.
> Villon sut le premier, dans ces siècles grossiers,
> Débrouiller l'art confus de nos vieux romanciers ;
> Marot, bientôt après, fit fleurir les ballades,
> Tourna des triolets, rima des mascarades,
> A des refrains réglés asservit les rondeaux
> Et montra pour rimer des chemins tout nouveaux.
>
> . . . .
>
> Enfin Malherbe vint et, le premier en France,
> Fit sentir dans les vers une juste cadence,

> D'un mot mis à sa place enseigna le pouvoir,
> Et réduisit la muse aux règles du devoir.
> Par ce sage écrivain la langue réparée
> N'offrit plus rien de rude à l'oreille épurée,
> Les stances avec grâce apprirent à tomber,
> Et le vers sur le vers n'osa plus enjamber.

Que remarquez-vous dans ce morceau ? Des vers devenus proverbes :

> *D'un mot mis à sa place enseigna le pouvoir.*

Des vers préceptes :

> *A des refrains réglés asservit les rondeaux,*

ou bien :

> *Et le vers sur le vers n'osa plus enjamber.*

Des vers frappés comme des médailles :

> *Et réduisit la muse aux règles du devoir.*

Enfin une grande harmonie générale. En quoi consiste cette harmonie ? dans la régularité du rythme. En quoi consiste ce rythme ? dans le balancement méthodique des deux hémistiches, dans l'observance exacte de la césure au sixième pied, dans la justesse des termes unie à l'élégance des tours. Comment faut-il lire ce morceau ? avec la même correction qu'il est écrit. Tout, dans le débit, doit être pondéré, précis, clair, musical et équilibré.

Laissons maintenant parler Victor Hugo :

> Quand je sortis du collège, du thème,
> Des vers latins, farouche, espèce d'enfant blême

Et grave, au front penchant, aux membres appauvris ;
Quand, tâchant de comprendre et de juger, j'ouvris
Les yeux sur la nature et sur l'art, l'idiome
Peuple et noblesse, était l'image du royaume ;
La poésie était la monarchie ; un mot
Était un duc et pair, ou n'était qu'un grimaud ;
Les syllabes, pas plus que Paris et que Londre,
Ne se mêlaient ; ainsi marchaient sans se confondre
Piétons et cavaliers traversant le pont Neuf ;
La langue était l'État avant quatre-vingt-neuf !
Les mots, bien ou mal nés, vivaient parqués en castes ;
Les uns, nobles, hantant les Phèdres, les Jocastes,
Les Méropes, ayant le décorum pour loi,
Et montant à Versaille aux carrosses du roi !
Les autres, tas de gueux, drôles patibulaires,
Habitaient les patois : quelques-uns aux galères,
Dans l'argot ; dévoués à tous les genres bas,
Déchirés, en haillons, dans les halles ; sans bas,
Sans perruque ; créés pour la prose et la farce ;
Populace du style au fond de l'ombre éparse ;
Vilains, rustres, croquants, que Vaugelas leur chef
Dans le bagne lexique avait marqué d'un F ;
N'exprimant que la vie abjecte et familière,
Vils, dégradés, flétris, bourgeois, bons pour Molière.

Racine regardait ces marauds de travers ;
Si Corneille en trouvait un blotti dans ses vers,
Il le gardait, trop grand pour dire : Qu'il s'en aille !
Et Voltaire criait : Corneille s'encanaille !
Le bonhomme Corneille, humble, se tenait coi.
Alors, brigand, je vins ; je m'écriai : Pourquoi
Ceux-ci toujours devant, ceux-là toujours derrière ?
Et sur l'Académie, aïeule et douairière,
Cachant sous ses jupons les tropes effarés,
Et sur les bataillons d'alexandrins carrés,
Je fis souffler un vent révolutionnaire !
Je mis un bonnet rouge au vieux dictionnaire.
Plus de mot sénateur, plus de mot roturier !
Je fis une tempête au fond de l'encrier,
Et je mêlai, parmi les ombres débordées,
Au peuple noir des mots, l'essaim blanc des idées ;
Et je dis : Pas un mot, où l'idée au vol pur
Ne puisse se poser, tout humide d'azur !

Ces vers constituent une révolution complète. Vous
l'avez là tout entière en théorie et en action. Au lieu de la
régularité, la liberté. Ce n'est plus la muse qui est réduite
aux règles du devoir, ce sont les règles du devoir qui sont
soumises à la muse. Le poète est maître absolu de tout
l'intérieur du vers, il y dispose les mots à son gré, les
onze premiers pieds de l'alexandrin lui appartiennent,
il n'est esclave que du dernier. Ce n'est pas l'avènement
de l'enjambement et la suppression de la césure; c'est
l'enjambement partout, et la césure partout. Le vers se
coupe tantôt au second pied, tantôt au troisième, tantôt au
quatrième, tantôt au cinquième, tantôt même comme
autrefois, au sixième. Est-ce donc la destruction de l'harmonie? non, c'en est la transformation. Autrefois l'harmonie naissait de l'uniformité du rythme et du pério-

dique retour des mêmes coupes, aujourd'hui elle doit naître de leur diversité. Le maniement de cette diversité étant chose tout arbitraire, les lois de l'harmonie ne sont plus écrites dans un code, elles n'existent que dans la tête du poète. Il est son propre législateur, et par conséquent, cette législation varie avec lui ; autant de poètes, autant de poétiques. C'est le *self government* appliqué à la poésie. Toutes les règles sont condensées dans une seule, la richesse de la rime ; aussi cette règle est-elle absolue. Quand un code se réduit à un article, cet article doit être draconien.

Écoutons M. Théodore de Banville dans son spirituel et souvent profond traité de la poésie française.

« La rime est l'unique harmonie du vers français ; elle est tout le vers. Aussi la rime doit-elle être brillante, exacte, solide, riche, variée, *implacablement variée et riche*, c'est-à-dire accompagnée *toujours* de la consonne d'appui ; la consonne d'appui est la consonne qui, dans les deux mots rimant ensemble, se trouve placée devant la dernière syllabe. Pour rimer avec ja*l*oux, il faut *l*oups ; *l* est la consonne d'appui, *coups* serait une rime incomplète. Pour rimer avec de*v*ise, il faut impro*v*ise ; *v* est la consonne d'appui ; sans consonne d'appui, pas de rythme, par conséquent pas de poésie. Le poète consentirait plutôt à perdre en route un de ses bras, ou une de ses jambes, qu'à marcher sans la consonne d'appui. »

Si paradoxale dans la forme que semble cette théorie, elle est rigoureusement vraie dans le fond, et quand vous aurez joint à ces lignes un autre précepte, également emprunté à M. de Banville, vous posséderez toute la poétique des vers alexandrins modernes. Voici cette phrase :

« Les mots courts appellent des mots longs, qui à leur tour appellent des mots courts ; cette combinaison produit l'harmonie, et les vers librement coupés doivent nécessairement se reposer de temps en temps sur un *grand vers* jailli tout d'une pièce, qui hardiment frappe du pied la terre et s'envole. »

Voici donc les trois points où se résume la loi nouvelle. — Libre arrangement des mots dans le cadre des douze pieds. — Richesse implacable de la rime. — Jaillissement de temps en temps, d'un grand vers qui sert de base à toute la période.

En face de cette poétique et de cette poésie nouvelle, quel est le devoir du lecteur ? Chercher une diction nouvelle. Il ne s'agit pas de soumettre les vers de Victor Hugo à la régularité des vers de Boileau, d'y rétablir la césure, d'en supprimer l'enjambement, non ; en voulant les redresser, on les estropierait. Il faut prendre bravement son parti, oublier l'harmonie classique, s'abandonner à toute la liberté du rythme, tâcher de retrouver et de faire valoir par la diction, la combinaison des mots longs et des mots courts ; surtout, avant toute autre loi, faire vigoureusement et toujours sonner la rime, lui sacrifier même, quand il le faut, les lois de la syntaxe. Qu'on ne l'oublie pas, la rime, dans le déploiement de la phrase poétique, est l'agrafe d'or à laquelle se rattachent sans cesse les plis flottants de ce manteau toujours prêt à tomber et qu'elle relève toujours.

Victor Hugo nous offre à chaque vers la démonstration de cette règle :

> Quand, tâchant de comprendre et de juger, j'ouvris
> Les yeux sur la nature, et sur l'art, l'idiome, etc.

La syntaxe grammaticale vous commande de joindre le verbe au régime et de dire :

> Quand, tâchant de comprendre et de juger,
> J'ouvris les yeux sur la nature et sur l'art.

Oui, la syntaxe le commande, mais la poétique actuelle vous le défend ; vous n'avez pas le droit de lier par la diction *j'ouvris* et *les yeux*, car alors la rime disparaît, et avec la rime, le rythme. Il faut après le mot, *j'ouvris*, laisser un léger temps, plutôt senti que perçu, mais qui suffit pour mettre la rime sur son trône, et faire de *j'ouvris*, l'écho d'*appauvris*.

De même dans ces vers :

> La poésie était la monarchie : un mot
> Était un duc et pair, ou n'était qu'un grimaud.

Que vous commanderait l'ancienne prosodie ? De mettre la césure au sixième pied.

> *La poésie était.*

Ce qui serait horrible. Que vous commande la loi nouvelle ? De mettre la première césure après *la poésie*, c'est-à-dire au quatrième pied, et la seconde après *monarchie*, c'est-à-dire au dixième.

La syntaxe vous oblige à lier *un mot*, et *était un duc et pair*, et par conséquent de dire : *Un mot était un duc et pair*, ce qui détruit absolument le rythme. La poétique actuelle vous ordonne de mettre *un mot* en vedette, comme s'il était en tête de phrase, et de façon à répondre à *Grimaud*

Prenez tous les vers de ce morceau, l'un après l'autre, et vous verrez qu'il faut leur appliquer à tous cette double règle : mettre la césure partout, et subordonner tout à la rime.

Quant aux *grands vers jaillis*, ils se détachent sur le fond de ce style éclatant, comme des pierres précieuses sur l'or d'un diadème.

> La langue était l'État avant quatre-vingt-neuf.
>
> . . . .
>
> Et montant à Versaille aux carrosses du roi.
>
> . . . .
>
> Dans le bagne lexique avait marqués d'un F.
>
> . . . .
>
> Je mis un bonnet rouge au vieux dictionnaire.

Et surtout cet admirable dernier trait :

> . . . Pas un mot, où l'idée au vol pur
> Ne puisse se poser, tout humide d'azur !

Il est impossible de couronner un plus beau morceau par un plus beau vers. Le génie de l'image y éclate avec une grâce incomparable, et il suffit à vous faire comprendre avec quelle largeur la voix du lecteur doit se répandre sur ces *grands vers jaillis*.

Je me suis souvent demandé quel effet un tel morceau. présenté à Voltaire, à Corneille, à Boileau, à Molière, à La Fontaine, aurait produit sur ces illustres représentants du vieil alexandrin. Voltaire est celui qui aurait le plus crié ; il eût trépigné de rage ; lui qui a appelé Shakespeare un barbare frotté de génie, en face de telles énormités, il eût été capable de se signer. Boileau aurait bondi, mais pourtant je m'imagine que son jugement, poussé jusqu'au génie, aurait deviné et admiré cette inconcevable puissance d'exécution. Quant à Molière ou à La Fontaine, ils auraient dit tout bas : « Nous en avons quelquefois fait autant. » Les vers d'Amphytrion défient toutes les poésies modernes en fait de liberté d'allure et de souplesse de rythmes, et je ne vois nulle part plus d'audace d'enjambement que dans le discours de la *Vache* [1].

> Enfin me voilà vieille, il me laisse en un coin,
> Sans herbe ! s'il voulait du moins me laisser paître,
> Mais je suis attachée, et si j'eusse eu pour maître
> Un serpent ! eût-il pu jamais pousser plus loin
> L'ingratitude !

Que conclure ? Que Victor Hugo était contenu dans La Fontaine et dans Molière? Non. Que Victor Hugo est supérieur à Corneille? Non. Que l'auteur des *Contemplations* a déformé le vieil alexandrin? Non. Réformé? Non. Transformé? Non. Il a créé un moule nouveau à côté de l'ancien, et cette création suffit à sa gloire. M. de Banville, dans son traité, nous dit que les poètes du dix-septième siècle ont été grands *malgré* leur instrument poétique, que cet instrument était misérable, mesquin, tronqué? Je réponds à mon cher confrère par les vers d'*Athalie*.

> J'ai mon Dieu que je sers, vous servirez le vôtre ;
> Ce sont deux puissants dieux.

Chacun de ces dieux veut son culte particulier. L'alexandrin du dix-septième siècle est un vers magnifique, dont la forme a enchanté la France pendant près de deux siècles,

[1] L'homme et la couleuvre.

et dont la juste adoration n'est pas près de finir. L'alexandrin du dix-neuvième siècle, tel que Victor Hugo l'a construit, est un instrument nouveau et puissant, mais dont le maniement est plus difficile et pour le poète et pour le lecteur. L'interprète qui cherche à rendre un morceau de Racine ou de Corneille s'appuie sur un rythme précis et réglé ; mais l'interprète des vers de Victor Hugo est souvent forcé de s'en fier à sa propre inspiration ; c'est une œuvre presque personnelle. Ce qui reste incontestable, c'est qu'on ne peut pas plus lire Racine ou Corneille comme Victor Hugo, que Victor Hugo comme Corneille ou Racine, et il faut bien poser comme règle, notre maxime : A poésie nouvelle, diction nouvelle.

CHAPITRE XVII

LA MÉMOIRE : DE SON RAPPORT AVEC LA DICTION
ET LA LECTURE. — SOUVENIR DE M. RÉGNIER.

§ 1.

La mémoire joue un grand rôle dans l'étude de la lecture; car *lire* amène forcément à *dire*, et dire, c'est apprendre par cœur. Hé bien, je voudrais aujourd'hui vous *apprendre à apprendre*, vous donner une leçon de mémoire.

La mémoire, en effet, n'est pas, comme on a trop l'air de le croire, une faculté purement mécanique, une sorte d'appareil de photographie, où les objets s'impriment ou ne s'impriment pas, selon que la plaque est plus ou moins bien préparée; c'est une faculté vivante et capable d'éducation. On dit souvent qu'il faut exercer sa mémoire; soit! mais exercer sa mémoire ne ressemble en rien à exercer ses muscles par la gymnastique. Pour la fortifier,

VI

MNÉMOSYNE.

pour l'assouplir, pour tirer d'elle tout ce qu'elle vaut, il faut l'associer à l'intelligence et au sentiment. N'oublions pas que les anciens en avaient fait une Muse, et dans les danses sacrées que les neuf sœurs exécutaient devant Apollon, Euterpe et Érato figuraient toujours appuyées sur Mnémosyne.

Revenons à la prose.

Bien apprendre, c'est apprendre vite, et retenir longtemps. Comment atteindre ce double but?

Nous voici en face d'une page de prose ou d'un morceau de poésie à apprendre pour le réciter par cœur. Par où commencerons-nous? Allons-nous attaquer tout de suite l'étude de ce morceau, mot à mot, ligne à ligne, vers à vers, et la première phrase ainsi apprise, passerons-nous ensuite à la seconde? Mauvais moyen. C'est le chemin des écoliers, c'est-à-dire le plus long. Le plus court, je vais bien vous étonner peut-être, c'est de débuter par une lecture d'ensemble et tout intellectuelle; ne vous occupez pas d'abord des paroles, rendez-vous compte de la composition du morceau, de la marche des idées; voyez d'où l'auteur part, par où il passe, où il arrive. Imprimez-vous dans l'esprit, si je puis parler ainsi, l'*architecture de cette page*, de façon à ce que les lignes générales se dessinent dans votre mémoire et s'y fixent à l'état de charpente. Sans doute, ce travail préalable à tout apprentissage littéral du texte, prend un certain temps, car il ne s'agit pas d'une lecture courante, mais d'une lecture lente, réfléchie, où l'on s'arrête, où l'on recommence, où parfois l'on retourne en arrière; cependant, loin d'être du temps perdu, ce sera du temps gagné, et votre besogne mnémonique s'en trouvera diminuée de moitié. Comment cela? direz-vous. Parce que, quand vous commencerez l'apprentissage littéral, les phrases et les mots, au lieu de s'entasser au hasard dans votre tête, iront se loger d'eux-mêmes à la place que leur assignera l'enchaînement des idées; c'est comme une sorte de cadre qui les appellera et les retiendra.

Vous avez vu des écoliers apprendre une leçon. Que font-ils? Ils répètent machinalement chaque parole vingt fois de suite, jusqu'à ce qu'ils se la soient enfoncée dans la cervelle comme à coups de marteau. C'est un travail de lèvres, de voix, mais l'intelligence en est absente. Hé, bien, faites exactement le contraire. Que la réflexion, le jugement, la critique, l'admiration, soient les auxiliaires assidus de votre mémoire. En étudiant une phrase, remarquez-en la construction; en étudiant les mots, remarquez-en la place, la valeur, la force, l'accent, le son; car le son fixe à la fois le mot dans l'oreille et dans l'esprit. Si c'est un morceau de poésie que vous travaillez, rendez-vous compte du rythme, des rimes. Êtes-vous frappé de la beauté d'un tour ou d'une expression, que cette beauté, analysée, savourée, attache comme avec un clou d'or cette expression ou ce tour dans votre souvenir. Servez-vous même des défauts d'un morceau pour le retenir. Rien ne nous éclaire plus que l'étude à haute voix, sur les défaillances du style, sur les impropriétés des termes, sur les longueurs d'un développement, sur la fausseté des sentiments exprimés. Que chacune de ces fautes, observée soigneusement, vous serve comme de point de repère dans votre travail; on retient ce qui choque autant que ce qui charme. A ceux qui objectent la longueur de cette étude préliminaire, je réponds par un fait. Je suis né en 1807, voilà donc près de soixante-dix ans que ma mémoire me sert, ce qui ne laisse pas d'user un peu une mémoire. Hé bien, il m'est arrivé quelquefois de parier avec un jeune garçon, intelligent et bien doué, que j'apprendrais plus vite que lui soixante vers, et de gagner mon pari. Pourquoi? Parce qu'il étudiait mécaniquement, et moi méthodiquement, parce qu'il apprenait avec sa mémoire seule, et que si jeune et si souple qu'elle fût, elle était vaincue par ma vieille mémoire, s'appuyant sur ces utiles alliés : le raisonnement et le jugement.

M. Régnier m'a raconté un exemple bien singulier du grand rôle que joue l'ordre dans la mémoire :

Le monologue du cinquième acte du *Mariage de Figaro*, contient cette phrase :

Je broche une comédie sur les mœurs du sérail, à l'instant, un envoyé de je ne sais où, se plaint que j'offense dans mes vers, la Sublime Porte, la Perse, une partie de la presqu'île de l'Inde, toute l'Égypte, le royaume de Barca, de Tripoli, de Tunis, d'Alger et de Maroc.

« Je ne pouvais, me dit M. Régnier, venir à bout de me mettre cette nomenclature dans la mémoire; je mêlais tous les noms, plaçant l'Inde avant la Perse, et le Maroc avant Tripoli. Tout à coup, je m'aperçois que l'auteur, dans cette énumération, a suivi l'ordre géographique : ces États figurent dans sa phrase, à la même place, et dans le même rang que sur la carte; à l'instant, ma mémoire s'approprie cet ordre, et les noms s'y gravent méthodiquement. »

Ainsi m'en arriva-t-il à moi-même, avec la première scène de l'*École des maris*[1].

> Ne voudriez-vous point, dis-je, sur ces matières,
> De vos jeunes muguets m'inspirer les manières ?
> M'obliger à porter de ces petits chapeaux
> Qui laissent éventer leurs débiles cerveaux ;
> Et de ces blonds cheveux de qui la vaste enflure
> Des visages humains offusque la figure ?
> De ces petits pourpoints sous les bras se perdants
> Et de ces grands collets jusqu'au nombril pendants ?
> De ces manches qu'à table on voit tâter les sauces,
> Et de ces cotillons appelés hauts-de-chausses,
> De ces souliers mignons, de rubans revêtus,
> Qui nous font ressembler à des pigeons pattus ?
> Et de ces grands canons où, comme en des entraves,
> On met tous les matins ses deux jambes esclaves,
> Et par qui nous voyons ces messieurs les galants
> Marcher écarquillés ainsi que des volants.

Rien de plus malaisé à apprendre que cette description. Je m'y trompais toujours, j'en confondais sans cesse tous les objets. Un jour je remarque que Molière n'a pas assemblé ces objets au hasard ou selon le besoin de la rime, mais qu'il a placé chacune de ces parties de la toilette, à la place et dans l'ordre qu'elles occupent sur le corps humain, commençant par le chapeau, allant ensuite aux cheveux, descendant au collet, passant au pourpoint, etc. C'en était fait, je savais mon morceau, et je ne l'oubliai plus. Dès que je commençais à le dire, le jeune homme habillé par Molière se dressait devant moi de la tête aux pieds, et ma

---

[1] J'ai déjà cité ce passage, mais à un tout autre point de vue, celui de la poésie dans la diction.

mémoire descendait tranquillement d'un objet à l'autre.
Ne confondez pas ce procédé, avec les artifices mnémoni-
ques que je ne dédaigne pas pourtant ; il y en a de très
ingénieux et de très utiles, mais celui-ci repose sur un
principe, l'ordre.

§ 2.

Retenir est encore plus difficile qu'apprendre. Cependant on cite des mémoires phénoménales et qui semblent
fabriquées en airain, tant ce qui s'y écrit s'y grave. M. Cuvier dit un jour à son secrétaire : « Prenez donc tel volume
sur le cinquième rang de ma bibliothèque, derrière ; je l'ai
lu il y a vingt-cinq ans, et vous trouverez page 10, second
alinéa, un passage que je vous prie de me copier. » M. Pa-
tin m'a raconté souvent que pendant toute une journée il
fut tourmenté, poursuivi, par douze noms de gens parfaitement inconnus pour lui, et qui se représentaient sans
cesse à lui dans un ordre régulier. C'était une liste de douze
jurés, qu'il avait lue la veille dans un journal, et qui
s'était inscrite d'elle-même dans son cerveau. Mais ce sont
là des exceptions qui ne prouvent que la règle ; or la règle,
c'est que l'oubli est le frère du souvenir. Il y a des mémoires heureuses mais infidèles, qui oublient aussi vite
qu'elles apprennent. Il y a des écrivains au style ondoyant,
aux contours indécis, dont les pages flottantes glissent sur la
mémoire, et ne s'y impriment pas. Je disais un jour à Lamartine : « Expliquez-moi comment il se fait que vingt vers
de La Fontaine, une fois entrés dans ma tête, n'en sortent

CUVIER.

pas, et qu'il suffise de quelques mois pour que vingt vers de vous s'échappent de mon souvenir?

— Rien de plus simple, me répondit-il avec une bonhomie charmante, c'est que j'écris avec un pinceau, et La Fontaine avec une plume; je colore, il grave, et les couleurs s'effacent plus vite que les contours. »

Cette ingénieuse réponse ne contenait que la moitié de la vérité ; la fugitivité du souvenir ne tient pas seulement, comme nous le verrons tout à l'heure, au caractère des morceaux appris ; mais l'oubli, quelle qu'en soit la cause, est chose fatale ; il n'est presque personne de nous qui, voulant redire, au bout de quelques semaines ou quelques mois, un morceau récité naguère avec passion, n'en ait été réduit à cet aveu pénible :

« Je ne me rappelle plus. »

Que ferez-vous alors ? Le plus simple est sans doute de recourir au texte, de recommencer votre étude, et j'ajoute qu'une surprise agréable vous attend alors. On réapprend beaucoup plus vite qu'on n'a appris ; les phrases et les mots, à mesure qu'ils arrivent sous vos yeux, ont l'air de vous reconnaître, tant ils s'empressent de rentrer dans votre mémoire, et de revenir sur vos lèvres.

Mais si le texte vous manque ? si le livre n'est plus dans vos mains ? faut-il vous résigner à l'oubli de ce morceau et le regarder comme perdu ? Non.

Ici se produit un fait psychologique très curieux.

Lorsque vous passez subitement d'un endroit clair dans un endroit obscur, quand vous entrez dans une cave par exemple, au premier abord vous ne distinguez rien ; il semble que vous soyez aveugle ; puis peu à peu ces ténèbres deviennent visibles ; les objets enfermés dans cette cave semblent sortir de l'ombre où ils étaient noyés, et se dessinent vaguement devant vos yeux, comme si une blancheur venue du dehors les éclairait peu à peu.

Hé bien, pareil phénomène se produit en face d'une page oubliée.

L'œil de la pensée, à force de la regarder, de s'y attacher, l'oblige pour ainsi dire à reparaître.

Que se passe-t-il donc alors dans notre cerveau? Par quelle force étrange notre attention, en se fixant sur ce morceau qui n'existe plus, le reconstruit-elle? On peut concevoir que les yeux du corps s'habituent à l'obscurité et arrivent à y voir ce qui y est; j'imagine là quelque opération mécanique pareille à ce qui a lieu dans une lorgnette, dont les tubes, en s'allongeant ou en se raccourcissant, la mettent au point, et nous permettent de distinguer des objets existants. Mais cette page, elle est noyée, effacée, ensevelie dans notre souvenir. Comment est-il possible que nous percions les voiles qui la cachent, que nous dissipions la poussière qui la recouvre, que nous donnions un corps à ce qui est dispersé et en débris? Explique ce mystère qui pourra. Mais c'est dans ce mystère qu'éclate le plus victorieusement la supériorité de la mémoire méthodique sur la mémoire mécanique. *La méthode qui vous a aidé à apprendre vous aide à retrouver.* Le raisonnement, le sentiment, l'esprit critique, tous ces auxiliaires de votre premier travail mnémonique, vous facilitent le second ; les grandes lignes renaissent d'abord dans votre esprit ; les détails rentrent peu à peu dans les détails de l'ensemble; l'oreille même, qui se rappelle certaines beautés de son que vous lui avez confiées, vous apporte sa part de souvenirs, et c'est ainsi que le morceau se réédifie dans votre tête, à l'aide de tous ces collaborateurs, comme une maison s'élève avec le concours des ouvriers de tous états.

Le rôle de la mémoire dans la diction donne lieu à une observation très importante.

On dit *la mémoire*, on devrait dire *les mémoires*. Il y en a de toutes sortes : mémoire des faits, mémoire des dates, mémoire des lieux. Ces différentes mémoires s'unissent rarement dans le même individu, et semblent même souvent s'exclure. Tel savant, qui retient imperturbablement toute une série de calculs et de problèmes mathématiques, traverse les pages les plus curieuses d'un livre d'histoire, sans en garder autre chose qu'une vague impression aussitôt effacée que reçue. La mémoire des dates ne concorde pas toujours avec la mémoire des faits. La mémoire des figures est, pour quelques personnes, pour moi entre autres, une mémoire toute spéciale, et qui constitue un véritable tourment. Un visage entrevu une fois par hasard, dans une visite, dans un voyage, et revu quatre ou cinq mois plus tard, me frappe comme un visage connu, avec mille points d'interrogation et mille scrupules : « Où donc ai-je vu cette figure-là ? Appartient-elle à quelqu'un avec qui je suis en relation Dois-je saluer ? » Hé bien, en même temps, le croirait-on ? je suis absolument dépourvu de la mémoire des lieux. Je ne reconnais pas un endroit que j'ai vu vingt fois. Je me perds, au retour, dans un chemin que j'ai parcouru une heure auparavant.

La mémoire littéraire elle-même se fragmente en plusieurs compartiments. Tel écolier apprend plus vite les vers que la prose, tel autre retiendra plus facilement un morceau d'éloquence qu'une narration. Or, la réflexion et mon expérience personnelle m'ont convaincu qu'il y avait là un indice psychologique très précieux. N'y aurait-il pas lieu, de penser, en effet, que notre faculté mnémonique correspond à nos facultés créatrices, qu'il y a un rapport, une proportion chez chacun de nous, d'une part entre se souvenir, et de l'autre, imaginer, concevoir, sentir? Notre mémoire ou nos mémoires ne ressembleraient-elles pas aux protubérances du docteur Gall? Ne sont-elles pas les signes révélateurs de nos goûts, de nos aptitudes; de notre vocation?

Je livre cette observation aux parents et aux instituteurs. Si ce fait est vrai, comme je le crois, quel puissant auxiliaire dans l'éducation! Constater ce qu'un enfant est propre à apprendre, ce serait presque deviner ce qu'il sera propre à faire.

Cette étude sur la mémoire serait incomplète, si après vous avoir enseigné le mécanisme, je ne vous en montrais pas les joies. Savez-vous ce que c'est qu'une mémoire bien garnie? une bibliothèque portative. Nos livres peuvent se trouver loin de nous, la mémoire supplée à leur absence.

Un répertoire de morceaux bien sus forme une anthololologie d'autant plus précieuse qu'elle est notre ouvrage. C'est nous, c'est notre goût, ce sont nos prédilections, qui ont été récoltant de tous côtés la fleur des meilleurs écrits pour en faire moisson, et l'engranger dans notre tête. Composez-vous un pareil trésor, il vous suivra partout et vous servira à tout. J'en parle par expérience. La nuit, suis-je pris d'insomnie? Je me récite des vers, et le sommeil vient. Le jour, suis-je condamné à quelque ennuyeuse attente? Je me récite des vers et le temps passe. En chemin de fer, suis-je engagé dans quelque long parcours? Je me récite des vers et la route s'abrège. L'hiver, suis-je retenu à la chambre par quelque indisposition qui ne me permet pas de lire? Je me récite des vers, et j'oublie mon mal.

Combien de fois m'est-il arrivé, dans les montagnes, en face de quelque paysage grandiose, de doubler pour moi le plaisir de ce spectacle, en me récitant tout haut des vers de Lamartine ou de Victor Hugo. Il me semble que je mets de la musique sur un beau poème ! Enfin je me rappelle qu'il y a quelque cinquante ans, voyageant en Suisse avec un de mes parents, je fus présenté par lui dans une grave famille de Genève ; la perspective d'une soirée de trois ou quatre heures passées dans cette austère maison, paraissait un peu dure à mes vingt-deux ans. Le hasard de la conversation nous ayant amenés à parler des douleurs de l'exil, je citai, comme exemple, les délicieux vers composés par André Chénier pendant son séjour à Londres. On me demanda si je les savais. Je répondis que oui, et sur la prière qui me fut faite, je me mis à les dire :

> Sans parents, sans amis, et sans concitoyens,
> Oublié sur la terre, et loin de tous les miens,
> Par les vagues jeté sur cette île farouche,
> Le doux nom de la France est souvent dans ma bouche.
> Auprès d'un foyer noir, seul, je me plains du sort ;
> Je compte les moments, je souhaite la mort ;
> Et pas un seul ami dont la voix m'encourage,
> Qui près de moi s'asseye, et voyant mon visage
> Se baigner de mes pleurs et tomber sur mon sein,
> Me dise : Qu'as-tu donc ? et me prenne la main.

Il sont vraiment exquis, ces dix vers ! Mais ce n'est que dix vers ! Hé bien, à peine le dernier mot prononcé, c'en était fait, la glace était rompue ! Les physionomies étaient changées ! les cœurs étaient ouverts. On me demanda de dire d'autres morceaux. J'y consentis de grand cœur, et bientôt le salon se remplit d'hôtes non invités, et mieux reçus pourtant que tous les autres : *La Fontaine*, *Béranger*, *Victor Hugo ;* et la soirée s'acheva aux accents de toutes ces voix divines, et quand nous nous séparâmes, à minuit, toute la famille nous dit : à demain ! J'étais entré chez eux comme un étranger, je sortis leur ami ! A qui le devais-je ? A la mémoire et à la récitation.

CHAPITRE XVIII

RACINE — SHAKESPEARE

Racine a été un jour grand comme Shakespeare, en restant grand comme Racine. La scène de Narcisse et de Néron égale et rappelle la scène d'Iago et d'Othello. La situation est la même. Narcisse veut faire de Néron un empoisonneur ; Iago veut faire d'Othello un assassin. Le meurtre d'une femme, le meurtre d'un frère, voilà où les deux tentateurs traînent deux âmes non encore souillées, à travers mille péripéties de lutte, comme on traîne un coupable à l'échafaud. Jamais n'a été peint d'une manière plus grandiose, l'éternel et terrible combat du génie du bien et du génie du mal. Chacun de ces deux grands hommes y porte sa forme de talent ; Shakespeare y reproduit, tressaillement à tressaillement, cri à cri, toutes les tortures d'un cœur déchiré par le soupçon ; c'est une étude pathologique, et faite sur nature ; Racine à la nature ajoute l'art français. Shakespeare développe, Racine condense : Shakespeare épand la vérité à grands flots, Racine la cristallise. L'avouerai-je? s'il fallait choisir entre les deux scènes, je donnerais la préférence à celle de Racine. Iago ne s'attaque qu'à un seul sentiment, la jalousie; Narcisse met toutes les passions humaines en jeu, pour atteindre son but. Il n'y arrive qu'après avoir ruiné en Néron tous les bons instincts et exaspéré tous les mauvais; il ne triomphe qu'après avoir été vaincu quatre fois. Cette bataille est une succession de batailles, où se déploient toutes les ressources de la stratégie du mal. Étudions ce chef-d'œuvre, et si nous apprenons à le comprendre et à le rendre, même imparfaitement, notre peine aura bien sa récompense. Le début est sinistre. Néron est tombé sur un siège, vaincu par les prières de Burrhus, et l'âme encore toute troublée de sa promesse de clémence; il a juré d'épargner Britannicus. Narcissse arrive par derrière, s'approche à pas assoupis, et glisse dans l'oreille de l'empereur ces terribles paroles :

> Seigneur, j'ai tout prévu pour une mort si juste.
> Le poison est tout prêt. La fameuse Locuste
> A redoublé pour moi ses soins officieux ;
> Elle a fait expirer un esclave à mes yeux,
> Et le fer est moins prompt à trancher une vie,
> Que le nouveau poison que sa main me confie.

Quelle sûreté d'exécution dans cet organisateur de meurtre! Comme tout est préparé! Du premier mot il lève les scrupules de Néron:

> Pour une mort *si juste.*

Du second, il lève ses craintes; le coup est certain, ce sera un coup de foudre. Ces six vers veulent être dits à

SEIGNEUR, J'AI TOUT PRÉVU POUR UNE MORT SI JUSTE.

voix basse, et lentement, mais avec une grande fermeté d'articulation ; l'accent doit être net et tranché, comme un arrêt. La terreur tragique naît en partie du mélange de cette faiblesse de son et de cette force de ton. Appuyez sur le mot : *si juste;* c'est le mot de valeur. Peut-être y aurait-il lieu de faire sentir le contraste entre la cynique élégance de ce vers :

A redoublé pour moi ses soins officieux;

et la naïve cruauté du suivant :

Elle a fait expirer un esclave à mes yeux,

mais c'est une affaire de tempérament de lecteur; je ne vous conseille pas cet effet, je vous l'indique ; seulement à l'avant-dernier vers, prononcez fortement le mot *prompt,* pour peindre la rapidité foudroyante de la mort. Narcisse est sous le coup de ce qu'il vient de voir, et c'est avec un sentiment d'admiration qu'il dit le dernier vers :

Que ce nouveau poison que sa main me confie.

Il parle de ce poison en gourmet.

NÉRON *(froidement, avec un calme voulu).*
Narcisse, c'est assez ; je reconnais ce soin,
Et ne souhaite pas que vous alliez plus loin.

NARCISSE *(s'exclamant avec stupéfaction).*
Quoi !... Pour Britannicus votre haine affaiblie
Me défend...

NÉRON *(toujours froidement).*
Oui, Narcisse, on nous réconcilie.

Voilà tout ce savant édifice de meurtre renversé ! Que

s'est-il donc passé? Narcisse se tait un moment et se
recueille. Comment entamera-t-il le combat? par où atta-
quera-t-il le cœur de Néron? Il va d'abord à un des sentiments les plus violents, la peur, à un des côtés les plus
sensibles, l'intérêt :

NARCISSE.

> Je me garderai bien de vous en détourner,
> Seigneur! Mais il s'est vu tantôt emprisonner :
> Cette offense en son cœur sera longtemps nouvelle.
> Il n'est point de secrets que le temps ne révèle;
> Il saura que ma main devait lui présenter
> Un poison que votre ordre avait fait apprêter.
> Les Dieux de ce dessein puissent-ils le distraire!
> Mais peut-être il fera ce que vous n'osez faire.

Remarquez comme il marche avec précaution... Il ne
sait pas encore bien où en est le cœur de Néron. Il n'in-
crimine pas directement Britannicus. Ses accusations ne
sont que des insinuations, des soupçons. Il tâte le terrain :
tout ce couplet doit être dit lentement, en suivant par la
pensée, l'effet de chaque phrase sur le visage de l'empereur.
Trois mots seuls doivent se détacher en vif relief... *Il
saura... Par votre ordre... Il fera...* Toute la force de ces
menaçantes prédictions est condensée dans ces trois mots.

NÉRON (toujours avec une froideur contenue).
> On répond de son cœur, et je vaincrai le mien.

La première attaque a manqué. Il faut frapper ailleurs.
La peur n'a pas répondu, Narcisse s'adresse à l'amour :

NARCISSE.

> Et l'hymen de Junie en est-il le lien?
> Seigneur, lui faites-vous encor ce sacrifice?

En changeant de batteries, il change de ton. Il mêle l'ironie à la gravité. Ayant deviné sans doute à la brièveté même des réponses impériales, que l'empereur n'était pas aussi résolu qu'il veut le paraître, Narcisse pense qu'un peu de sarcasme lui sera pardonné, et que cette petite goutte de corrosif mêlée au poison de la jalousie, en augmentera l'âpre cuisson :

NÉRON (*avec un peu moins de calme, mais avec
tout autant de résolution*).

C'est prendre trop de soin ; quoi qu'il en soit, Narcisse,
Je ne le compte plus parmi mes ennemis.

Narcisse est battu sur l'amour, comme sur l'intérêt personnel. Pas plus de succès avec la jalousie qu'avec la peur. A un autre moyen ! Il s'adresse alors à une petite passion plus puissante sur les petites âmes, la vanité ; et, pour la troisième fois, la forme de l'attaque change comme le fond. L'ironie devient plus amère, le reproche plus direct ; son audace d'assiégeant fait un pas de plus :

Agrippine, Seigneur, se l'était bien promis.
Elle a repris sur vous son souverain empire.

Oh ! cette fois, il a touché juste, la vanité crie :

NÉRON.
Quoi donc ? Qu'a-t-elle dit ? Et que voulez-vous dire ?

Narcisse se garde bien de répondre tout de suite. Il veut d'abord élargir la blessure ; ajouter une dose de sarcasme pour l'envenimer !

Elle s'en est vantée assez publiquement.

NÉRON (*avec colère*).

De quoi?

NARCISSE (*froidement et nonchalamment*).

Qu'elle n'avait qu'à vous voir un moment,
Qu'à tout ce grand éclat, à ce courroux funeste,
On verrait succéder un silence modeste;
Que vous-même à la paix souscririez le premier;
Heureux que sa bonté daignât tout oublier.

Pas un des mots prêtés à Agrippine, qui ne soit une injure pour son fils! Ce *grand éclat*, ce *silence modeste*, ce *daignât tout oublier*, sont autant d'âpres morsures pour l'amour-propre de Néron. Aussi écoutez sa réponse :

Mais, Narcisse, dis-moi, que veux-tu que je fasse?

Cette reprise de tutoiement est un trait de génie. Il dit tout. L'affaire est renouée; les voilà redevenus complices. La bête fauve se réveille et rugit :

Je n'ai que trop de pente à punir son audace,
Et si je m'en croyais, ce triomphe indiscret
Serait bientôt suivi d'un éternel regret !

Ce premier élan de fureur ne dure pas. Le cœur de Néron a été trop ébranlé par les paroles de Burrhus... ébranlé comme il peut l'être, ébranlé non d'un remords véritable, il n'y a pas dans toute cette scène un cri, un mot d'amour ou de regret fraternel... Mais l'idée du blâme public l'arrête; la dernière vertu du coupable est souvent la crainte de l'opinion.

Mais de tout l'univers, quel sera le langage?
Sur les pas des tyrans veux-tu que je m'engage?

> Et que Rome, effaçant tant de titres d'honneur,
> Me laisse pour seul nom celui d'empoisonneur.
> Ils mettront ma vengeance au nom des parricides.

Ce dernier vers est sublime de naïveté scélérate. Si j'assassine mon frère, ils m'appelleront assassin.

A cette nouvelle résistance de la part de Néron, nouvelle attaque de la part de Narcisse. Il la divise en deux parties. Dans la première, il culbute les scrupules de Néron ; dans la seconde, il les mine, il les sape :

> Et prenez-vous, Seigneur, leurs caprices pour guides ?
> Avez-vous prétendu qu'ils se tairont toujours ?
> Est-ce à vous de prêter l'oreille à leurs discours ?
> De vos propres désirs perdrez-vous la mémoire,
> Et serez-vous le seul que vous n'oserez croire ?

Puis soudain, après cette apologie de la passion et de ses droits, il s'en prend à la conscience publique elle-même ! Il la nie ! Il déshonore l'humanité aux yeux de Néron, pour l'amener à se déshonorer lui-même ! Jamais courtisan n'a corrompu plus profondément un souverain, en lui prêchant avec une ironie plus cynique, le mépris des hommes :

> Mais, Seigneur, les Romains ne vous sont pas connus.
> Non, non, dans leur discours ils sont plus retenus.
> Tant de précaution affaiblit votre règne :
> Ils croiront, en effet, mériter qu'on les craigne.
> Au joug, depuis longtemps, ils se sont façonnés ;
> Ils adorent la main qui les tient enchaînés.
> Vous les verrez toujours ardents à vous complaire :
> Leur prompte servitude a fatigué Tibère.
> Moi-même, revêtu d'un pouvoir emprunté
> Que je reçus de Claude avec la liberté,

> J'ai cent fois, dans le cours de ma gloire passée,
> Tenté leur patience et ne l'ai point lassée!
> D'un empoisonnement vous craignez la noirceur?
> Faites périr le frère, abandonnez la sœur;
> Rome, sur ses autels prodiguant les victimes,
> Fussent-ils innocents, leur trouvera des crimes.
> Vous verrez mettre au rang des jours infortunés
> Ceux où jadis la sœur et le frère sont nés!

Shakespeare n'a ni dans *Richard III*, ni dans *Iago*, étalé plus énergiquement le cynisme insolent des grands corrupteurs. Aussi, semble-t-il que pour le coup, la lutte est finie! Tous les obstacles qui séparent Néron du parricide sont renversés! Non! Il en reste encore un, un seul! Mais plus fort que les autres, car il est vivant, Burrhus! Rien ne sauve ou ne perd plus sûrement un homme, qu'un homme.

> Narcisse, encore un coup, je ne puis l'entreprendre.
> J'ai promis à Burrhus, il a fallu me rendre :
> Je ne veux point encore, en lui manquant de foi,
> Donner à sa vertu des armes contre moi.
> J'oppose à ses raisons un courage inutile,
> Je ne l'écoute point avec un cœur tranquille.

Remarquez ce dernier vers. Racine y a mis cet art qui lui est propre, d'augmenter l'impression en atténuant l'expression. Supposez qu'il eût écrit :

> Je ne l'écoute point sans un trouble profond.

Le terme aurait été plus fort ; l'effet eût été plus faible. Ce cœur qui *n'est pas tranquille* vous représente quelque chose de mystérieux, d'indéfini, qui ajoute à l'émotion. C'est le mot *tranquille* qui exprime l'agitation... et c'est cette agitation qu'il faut rendre par le son, comme Racine

SHAKESPEARE

par le mot. Voilà donc le nouvel adversaire qui s'offre à
Narcisse. Ce n'est pas l'univers, et ce vague personnage
qu'on appelle la foule... C'est le seul être que Néron ait
aimé, car il n'a jamais aimé sa mère... Il en avait peur...

Mon génie étonné tremble devant le sien.

Mais il croyait en Burrhus! Burrhus représente ce qui

lui restait encore de bon à lui-même; c'est par Burrhus qu'il tenait encore à un des sentiments les plus saints de l'âme humaine, le respect pour la vertu. Il s'agit donc de ruiner Burrhus dans l'esprit de Néron! comment? En le calomniant? en le ridiculisant? Non! En faisant ridiculiser Néron par lui! Là est le trait de génie de Racine. On se rappelle le mot de Néron en mourant : *Qualis artifex pereo! Quel artiste meurt en moi!* Ainsi son dernier regret n'est pas pour la vie qu'il perd, pour le pouvoir qu'il quitte, pour les plaisirs qui le fuient, pour les vengeances qui lui échappent, non, c'est pour son talent de chanteur! Néron est un ténor couronné. C'est donc le ténor que Narcisse va exaspérer! C'est dans sa vanité de ténor qu'il va le frapper! Pour le dégoûter de Burrhus, il va lui montrer Burrhus se moquant de ses prétentions de ténor.

Citons cette étonnante tirade.

Burrhus ne pense pas, Seigneur, tout ce qu'il dit.

Ayez bien soin de vous arrêter sur ce nom et après ce nom de Burrhus! Prononcez-le avec tout ce que vous pourrez trouver dans votre voix d'ironie voilée et contenue.

> Burrhus ne pense pas, Seigneur, tout ce qu'il dit.
> Son adroite vertu ménage son crédit,
> Ou plutôt ils n'ont tous qu'une même pensée.
> Ils verraient par ce coup leur puissance abaissée!
> Vous seriez libre, alors, Seigneur, et devant vous,
> Ces maîtres orgueilleux fléchiraient comme nous.
> Ignorez-vous, Seigneur, tout ce qu'ils osent dire?
> Néron, s'ils en sont crus, n'est point né pour l'empire.
> Il ne dit, il ne fait que ce qu'on lui prescrit.
> Burrhus conduit son cœur, Sénèque son esprit.

> Pour unique talent, pour vertu singulière,
> Il excelle à conduire un char dans la carrière,
> A disputer des prix indignes de ses mains,
> A se donner lui-même en spectacle aux Romains,
> A venir prodiguer sa voix sur un théâtre,
> A réciter des vers qu'il veut qu'on idolâtre,
> Tandis que des soldats, de moments en moments,
> Vont arracher pour lui des applaudissements.
> Ah ! ne voulez-vous pas les forcer à se taire ?

NÉRON.

> Viens, Narcisse ! Allons voir ce que nous devons faire.

Ainsi se termine cette sublime scène de tentation !

Talma se proposait, dit-on, de jouer Narcisse. Il y eût été admirable, il en aurait fait l'Iago français. Selon moi, le tort de quelques artistes distingués que j'ai vus dans ce personnage, c'est d'aborder Néron dans cette scène, comme s'ils avaient un plan tout fait, comme s'ils avaient prévu les objections et préparé les réponses. C'est enlever à cette scène son caractère de lutte, c'est la dire plutôt que la jouer. Talma l'eût jouée et dite. J'ai souvent essayé de me figurer, à l'aide de mes souvenirs, la manière dont il aurait représenté ce scélérat, et surtout cette dernière tirade. Je crois entendre ces accents de familiarité amère qui le rendaient si terrible dans le Richard III de Lemercier. Je m'imagine que dans les dix derniers vers il aurait reproduit les intonations mêmes de ces courtisans moqueurs, qu'il aurait enfoncé dans l'oreille de Néron leurs accents sarcastiques avec leurs sarcasmes ; je crois qu'il aurait osé rire ce vers :

> Vont arracher pour lui des applaudissements,

21

pour rebondir avec explosion sur le dernier trait :

Ah ! ne voulez-vous pas les forcer à se taire ?

et le jeter comme un cri d'indignation et de fureur ! Il est bien téméraire de dire : Talma aurait fait cela. Mais, que je me trompe ou non, ce grand nom invoqué couronne bien cette belle scène et double le courage pour l'interpréter.

CHAPITRE XIX

SERVICE RENDU PAR LA LECTURE
A UN GRAND ROI

Le titre de gloire le plus incontesté de Louis XIV, c'est son amour pour les lettres. Quand quelqu'un lui reproche son goût de conquêtes, son luxe insensé, la légitimation du duc du Maine et de ses frères, la révocation de l'édit de Nantes, etc., on répond : Oui! mais il a aimé Molière, Racine et Corneille; qu'il lui soit beaucoup pardonné! Or Louis XIV avait reçu, enfant et jeune homme, une éducation déplorable. Qui éleva son esprit? qui lui inspira le goût des belles choses? La lecture des grands poètes, faite par Marie Mancini. Il l'aimait, il voulait l'épouser. Venue de Rome, à l'âge de quinze ans, avec l'imagination et la mémoire toutes pleines des plus beaux vers italiens, elle se prit de passion pour la poésie française et faisait la lecture, dans le petit cercle de la reine, des tragédies les plus admirées. Sa voix vibrante, émue, et jusqu'à son accent italien, donnaient à sa diction un charme étrange.

C'est là que Louis XIV fit son éducation littéraire ; c'est là qu'il apprit à goûter, à admirer, à lire et à dire lui-même tout haut les chefs-d'œuvre de notre poésie. Son âme s'en ressentit, et Mlle de Montpensier fait la remarque, dans ses Mémoires, que c'est de ce moment que date, chez Louis XIV, ce goût pour les œuvres nobles qui ne l'a jamais quitté ; on peut donc dire de lui qu'il fut dans une certaine mesure l'élève de la lecture à haute voix. Sans doute la lectrice fut pour quelque chose dans le succès de la lecture ; raison de plus pour les jeunes filles de cultiver un art qui leur permettra de produire dans les âmes de si nobles mouvements. Ce qui est vrai pour Louis XIV, l'est aussi pour les hommes les plus obscurs ; ce qui est vrai pour les fiancés, l'est également pour les frères, pour les pères, pour les maris ; et ainsi la lecture, sous la forme de la jeune fille, s'assied au foyer domestique, non seulement comme consolatrice, mais comme guide, je dirai presque comme éducatrice. Relisez la page charmante que Stahl a écrite dans la *Morale familière*, sous le titre : *La lecture dans la famille*.

C'EST PEU D'ALLER AU CIEL, JE VEUX VOUS Y CONDUIRE.

CHAPITRE XX

DES OPPOSITIONS DANS LA DICTION

Les oppositions dans la diction représentent les antithèses dans le style. Il y a, pour le lecteur, un art de mettre en contraste deux intonations, comme, pour le poète, deux pensées, afin de les faire valoir l'une l'autre en les choquant, pour ainsi dire, l'une contre l'autre. C'est comme un cliquetis de lames d'épée, d'où jaillit la lumière.

Corneille est plein de ces chocs électriques. Qu'on se rappelle ces deux vers :

HORACE.

Albe vous a choisi, je ne vous connais plus.

CURIACE.

Je vous connais encore, et c'est ce qui me tue.

Et dans *Polyeucte :*

PAULINE.

C'est peu de me quitter, tu veux donc me séduire !

POLYEUCTE.

C'est peu d'aller au ciel, je veux vous y conduire.

PAULINE.

Imaginations !

POLYEUCTE.

Célestes vérités !

PAULINE.

Étrange aveuglement !

POLYEUCTE.

Éternelles clartés !

Je pourrais multiplier à l'infini ces exemples de répliques qui ressemblent à des ripostes. Ils abondent même dans Molière. La scène d'Alceste et d'Oronte en offre de charmants :

> — Croyez-vous donc avoir tant d'esprit en partage ?
> — Si je louais vos vers j'en aurais davantage.
> — Je me passerai bien que vous les approuviez.
> — Il faut bien, s'il vous plaît, que vous vous en passiez.

On conçoit sans peine quelles ressources offrent au diseur, de telles oppositions. Au théâtre, l'effet est facile parce que ces deux pensées différentes se trouvent dans deux bouches différentes, mais le lecteur figure à lui seul les deux personnages. Il lui faut donc avoir, pour ainsi dire, deux voix. Travail malaisé, mais fécond ! L'étude de ces contrastes exige et enseigne une souplesse d'organe, une variété d'intentions et d'intonations qui ajoutent au débit une force et une grâce singulières.

Les professeurs de chant, pour assouplir le gosier de leurs élèves, leur donnent à faire ce qu'on appelle des exercices d'agilité. Ce sont des morceaux préparés où se trouvent réunis, dans un ordre méthodique, des groupes

SCÈNE DU MISANTHROPE.

de trilles, d'arpèges, de gammes, qui ont pour objet d'habituer l'instrument à toutes les difficultés vocales. Hé bien, voici deux petits chefs-d'œuvre, qui sont pour le lecteur, deux excellents exercices dans l'art des oppositions.

Le premier morceau est le couplet d'Éliante dans le *Misanthrope*.

. . . .

La pâle est au jasmin en blancheur comparable,
La noire à faire peur une brune adorable,

> La maigre a de la taille et de la liberté,
> La grasse est dans son port pleine de majesté ;
> La malpropre, sur soi de peu d'attraits chargée,
> Est mise sous le nom de beauté négligée ;
> La géante paraît une déesse aux yeux,
> La naine, un abrégé des merveilles des cieux,
> L'orgueilleuse a le cœur digne d'une couronne,
> La fourbe a de l'esprit ; la sotte est toute bonne ;
> La trop grande parleuse est d'agréable humeur,
> Et la muette garde une honnête pudeur.

Quelle leçon de contrastes qu'un tel morceau ! comme il vous force à sauter subitement d'un ton à un autre ! Toutes ces figures, la *maigre*, la *grasse*, la *blanche*, la *noire*, ne font que passer devant vous ; il faut les saisir au passage, les peindre avec un son, comme le poète les dessine avec un trait ; et tous ces sons doivent être variés comme ces figures : il faut trouver un timbre pour chacune d'elles.

Le second exercice que j'ai à vous proposer est peut-être plus difficile encore et plus approprié à son objet. Victor Hugo, le jour du mariage de sa fille, lui adressa deux strophes, de quatre vers chacune, qui sont un bijou poétique. Ces huit vers sont formés de huit antithèses, mais ces antithèses étant des traits de cœur au lieu d'être, comme d'habitude, des traits d'esprit, l'art le plus ingénieux arrive ici à produire l'effet le plus touchant.

Voici ces deux strophes :

> Aime celui qui t'aime et sois heureuse en lui,
> Enfant, sois son trésor comme tu fus le nôtre,
> Va, mon enfant aimé, d'une famille à l'autre,
> Emporte le bonheur et laisse-nous l'ennui.
>
> Ici l'on te retient, là-bas on te désire ;
> Fille, épouse, ange, enfant, fais ton double devoir ;

Donne-nous un regret, donne-leur un espoir,
Sors avec une larme, entre avec un sourire.

Sentez-vous la différence de ce second morceau et du premier? Dans le premier, il n'y a que des contrastes, ici ce sont de véritables antithèses ; les oppositions y sont beaucoup plus marquées par le poète, et pourtant le lecteur doit les marquer beaucoup moins. Pourquoi? Parce que s'il fait trop sentir la mise en regard de ces mots, *regret* et *espoir*, *retient* et *désire*, *larme* et *sourire*, il donnera l'apparence d'un jeu d'artiste à cette effusion d'un père ; ayez bien soin de noyer, pour ainsi dire, dans une demi-ombre les lignes trop anguleuses de ces oppositions, de façon à leur laisser leur valeur de contraste, mais en leur ôtant le caractère d'antithèse, et que ce morceau délicieux, s'écoule de vos lèvres ainsi qu'un pur flot de source, allant droit au cœur comme il en est venu.

CHAPITRE XXI

DEUX SCÈNES SŒURS

Il y a dans Corneille et dans Racine *deux scènes sœurs* et également admirables. Toutes deux sont à deux personnages ; toutes deux ont pour principal interlocuteur un souverain, empereur dans l'une, impératrice dans l'autre ; toutes deux portent sur le même sujet, suivent la même marche et tendent au même but. Dans Corneille, c'est Auguste et Cinna qui sont en présence ; dans Racine, c'est Agrippine et Néron. Que veut Auguste ? Écraser Cinna sous la preuve de son ingratitude et de sa trahison. Que veut Agrippine ? Accabler Néron sous la monstruosité de son ingrat oubli. Que fait Auguste ? Il énumère un à un tous les bienfaits dont il a comblé Cinna, et termine tout à coup cette longue récapitulation par ce seul vers terrible, qui éclate comme un coup de tonnerre :

> Cinna, tu t'en souviens... et veux m'assassiner.

Que fait Agrippine ? Elle récapitule plus longuement encore

tout ce que lui doit Néron, tout ce qu'elle a fait pour Néron, tout ce qu'elle a supporté pour Néron, elle y ajoute tout ce qu'elle a souffert pour Néron, et conclut ce double récit par cette brusque et amère apostrophe qu'elle lui lance au visage :

> Et lorsque, convaincu de tant de perfidie s,
> Vous ne deviez me voir que pour les expier,
> C'est vous qui m'ordonnez de me justifier !

On le voit, c'est le même objet et le même dénouement. J'ajoute, c'est le même art de mise en scène. Cet empereur et cette impératrice sont deux grands comédiens. Ils préparent leurs effets : cette scène de vengeance est ce qu'on appelle au théâtre une *scène filée ;* tout y est calcul et préméditation. En vain arrivent-ils tous deux outrés d'indignation et de colère, la violence de leur ressentiment leur donne la force de le dissimuler, et cette dissimulation est encore de la vengeance. Auguste savoure l'inquiétude, la surprise, la crainte, la confusion de Cinna ; Agrippine se repaît de l'irritation, du malaise de Néron. Tous deux tiennent longtemps le coup suspendu pour qu'il frappe plus sûrement, et porte plus avant.

Qui ne sait par cœur ce début de la scène d'Auguste :

> Prends un siège, Cinna, prends ; et sur toute chose
> Observe exactement la loi que je t'impose ;
> Prête, sans me troubler, l'oreille à mon discours,
> D'aucun mot, d'aucun cri n'en interromps le cours,
> Tiens ta langue captive ; et si ce long silence
> A ton émotion fait trop de violence,
> Tu pourras me répondre après, tout à loisir ;
> Jusque-là, seulement, contente mon désir !

Comme la scène est bien posée ! Comme on sent que
quelque terrible tempête couve sous cette apparente tranquillité ! Beethoven a rendu cette impression d'une façon
admirable, dans le finale de la symphonie pastorale. Avant
l'orage, grondent dans l'orchestre des accords sourds, des
notes étouffées où se peint cette sorte de stupeur, de silence
qui pèse sur la campagne avant l'explosion de la tempête !
La nature semble avoir peur ! Corneille a procédé comme
Beethoven.

Le début de la scène d'Agrippine et de Néron offre le
même caractère de froideur apparente et de calme men-
teur.

> Asseyez-vous, Néron, et prenez votre place.
> On veut sur vos soupçons que je vous satisfasse ;
> J'ignore de quel crime on a pu me noircir :
> De tous ceux que j'ai faits, je viens vous éclaircir.

Frappé de la similitude de ces deux scènes, qui sont
toutes deux puisées à la même source (car si Racine a
imité Corneille, Corneille s'est inspiré des paroles mêmes
d'Auguste rapportées par Sénèque) ; frappé, dis-je, de cette
ressemblance, je me mis à étudier, à lire ces deux scènes
concurremment, persuadé que ce double travail d'interprétation me ferait faire un pas de plus dans l'intelligence
intime de ces deux grands génies, en me les montrant aux
prises avec le même sujet.

Je ne m'étais pas trompé. D'abord, première et importante remarque, j'eus beaucoup plus de peine à apprendre
et à dire le récit de Racine que celui de Corneille. Pourquoi ? j'en découvris bien vite la cause : elle était dans la

différence des deux styles, des deux procédés d'exécution ;
sans doute, je m'étais déjà rendu compte de cette différence, mais jamais je ne l'avais saisie, sentie, comprise
avec cette netteté. C'était comme deux portraits mis en
regard et où le caractère de chacun des deux visages se
dessine plus vivement par son contraste avec l'autre.

Lisons les vers d'Auguste.

> Tu vois le jour, Cinna, mais ceux dont tu le tiens
> Furent les ennemis de mon père et les miens !
> Au milieu de leur camp tu reçus la naissance,
> Et quand après leur mort tu vins en ma puissance,
> Leur haine enracinée au milieu de ton sein,
> T'avait mis contre moi les armes à la main.
> Tu fus mon ennemi même avant que de naître,
> Et tu le fus encor quand tu te pus connaître,
> Et l'inclination n'a jamais démenti
> Le sang qui t'avait fait du contraire parti ;
> Autant que tu l'as pu, les effets l'ont suivie.
> Je ne m'en suis vengé qu'en te donnant la vie,
> Je te fis prisonnier pour te combler de biens ;
> Ma cour fut ta prison, mes faveurs tes liens ;
> Je te restituai d'abord ton patrimoine,
> Je t'enrichis après des dépouilles d'Antoine,
> Et tu sais que depuis, à chaque occasion,
> Je suis tombé pour toi dans la profusion ;
> Toutes les dignités que tu m'as demandées,
> Je te les ai sur l'heure et sans peine accordées,
> Enfin, de la façon qu'avec toi j'ai vécu,
> Les vainqueurs sont jaloux du bonheur du vaincu.[1]

Autant de paroles, autant de faits ! autant de vers, autant
de traits vifs, simples, perçants, qui vont droit comme une
flèche au cœur de Cinna. On ne sent là ni artifice, je dirais
volontiers ni art ; on oublie presque combien ce morceau

est beau en sentant combien il est vrai. Il s'imprime de lui-même dans la mémoire, les mots portent avec eux leur intonation ; et on n'a pas plus de peine à le dire qu'à l'apprendre.

Voici maintenant les vers d'Agrippine. Elle rappelle à Néron, comme Auguste à Cinna, tout ce qu'elle a fait pour lui.

> Vous régnez ! Vous savez combien votre naissance
> Entre l'empire et vous avait mis de distance ;
> Les droits de mes aïeux, par Rome consacrés,
> Étaient même sans moi d'inutiles degrés.
> Quand de Britannicus, la mère condamnée,
> Laissa de Claudius disputer l'hyménée,
> Parmi tant de beautés qui briguèrent son choix,
> Qui de ses affranchis mendièrent les voix,
> Je souhaitai sa main dans la seule pensée
> De vous laisser au trône où je serais placée.

Quel changement ! On se sent dans une autre atmosphère poétique. L'élégance des mots, l'harmonie de la phrase, le nombre de la période, exigent autant d'effort de mémoire pour être appris, que d'étude de diction pour être récité. Car il ne s'agit plus de coups de pinceau rapides qu'il faut rendre par une égale vivacité d'accent ; c'est un morceau étudié, caressé, et où l'art du débit doit égaler l'art du style. Je poursuis la comparaison.

AUGUSTE

> Quand le ciel me voulut, en rappelant Mécène,
> Après tant de faveur montrer un peu de haine,
> Je te donnai sa place en ce triste accident,
> Et te fis après lui mon plus cher confident.

> Ce matin même encor, mon âme irrésolue
> Me pressant de quitter la puissance absolue,
> De Maxime et de toi j'ai pris les seuls avis,
> Et ce sont, malgré lui, les tiens que j'ai suivis.
> Enfin, ce même jour, je te donne Émilie,
> Le digne objet des vœux de toute l'Italie,
> Et qu'ont porté si haut mon amour et mes soins,
> Qu'en te couronnant roi, je t'aurais donné moins,

Même simplicité ! même naturel ! même grandeur !
Voyons ce que dit Agrippine :

> De Claude en même temps épuisant les richesses,
> Ma main, sous votre nom, répandait ses largesses ;
> Les spectacles, les dons, invincibles appas,
> Vous attiraient les cœurs du peuple et des soldats,
> Qui d'ailleurs, réveillant leur tendresse première,
> Favorisaient en vous, Germanicus mon père.

Même élégance, même *caractère de récit*. Là, en effet, est un des principaux contrastes des deux scènes ; chacun des actes d'Agrippine donne lieu à *une narration*. L'adoption de Néron par Claude, son éducation, la corruption de l'armée, les derniers moments de l'empereur, la divulgation tardive de sa mort, forment autant de petits ensembles, merveilleux de détails, dont quelques-uns même sont sublimes, comme le morceau : *Cependant Claudius penchait vers son déclin;* mais qui, par leur perfection même, ralentissent le mouvement général de la scène. On sent le poète, on oublie la mère outragée ; on admire les vers, on oublie l'action. Dans Corneille, la colère latente d'Auguste se trahit par la succession précipitée des traits ; le lecteur, à chaque vers, se sent emporté vers une explosion finale et cachée. Dans Racine, on a peine, en lisant, à garder le ton

d'indignation qui doit gronder sourdement sous cette longue énumération ; on a peine à en relier toutes les parties,
la colère s'évapore dans le parcours de ces cent vingt
vers.

Le parallélisme des deux scènes se poursuit dans la seconde partie. Après l'apologie, l'invective ; après la glorification du bienfait, la mise en accusation de l'ingratitude :

> Tu veux m'assassiner, demain au Capitole,
> Pendant le sacrifice, et ta main pour signal
> Me doit au lieu d'encens donner le coup fatal ;
> La moitié de tes gens doit occuper la porte,
> L'autre moitié te suivre et te prêter main-forte.
> Ai-je de bons avis ou de mauvais soupçons ?
> De tous ces meurtriers te dirai-je les noms ?
> Procule, Glabrion, Virginian, Rutile,
> Marcel, Plaute, Lénas, Pompone, Albin, Icile,
> Maxime, qu'après toi j'avais le plus aimé;
> Le reste ne vaut pas l'honneur d'être nommé.
> Un tas d'hommes perdus de dettes et de crimes,
> Que pressent de mes lois les ordres légitimes,
> Et qui, désespérant de les plus éviter,
> Si tout n'est renversé, ne sauraient subsister.

Comme Pascal a raison de dire, dans son style hardi,
qu'il y a des cas où la vraie éloquence se moque de l'éloquence! Voici un admirable morceau poétique qui passe
par-dessus la tête de la poésie; les deux plus beaux vers
sont peut-être les deux vers de nomenclature ! ces dix noms
tombent l'un après l'autre sur Cinna comme des coups de
massue. Que dire donc des vers suivants :

> Tu te tais maintenant et gardes le silence
> Plus par confusion que par obéissance ;

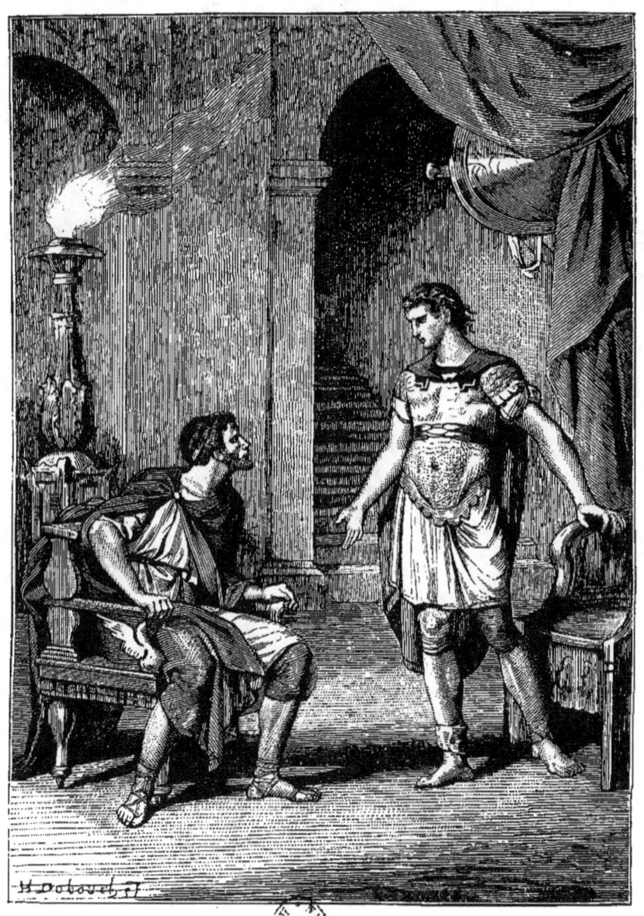

TU VEUX M'ASSASSINER DEMAIN AU CAPITOLE.

Quel était ton dessein et que prétendais-tu
Après m'avoir, au temple, à tes pieds abattu ?

C'est du Démosthène. Voici maintenant du Cicéron :

AGRIPPINE

Du fruit de tant de soins à peine jouissant,
En avez-vous six mois paru reconnaissant,
Que, lassé d'un respect qui vous gênait peut-être,
Vous avez affecté de ne plus me connaître,
J'ai vu Burrhus, Sénèque, aigrissant vos soupçons,
De l'infidélité vous tracer les leçons,
Ravis d'être vaincus dans leur propre science !
J'ai vu favoriser de votre confiance,
Othon, Sénécion, jeunes voluptueux,
Et de tous vos plaisirs flatteurs respectueux ;
Et lorsque vos mépris excitant mes murmures,
Je vous ai demandé raison de tant d'injures,
Seul recours d'un ingrat qui se voit confondu,
Par de nouveaux affronts vous m'avez répondu !...
Je promets aujourd'hui Junie à votre frère ;
Ils se flattent tous deux du choix de votre mère :
Que faites-vous ? Junie, enlevée à la cour,
Devient en une nuit l'objet de votre amour ;
Je vois de votre cœur Octavie effacée,
Prête à sortir du lit où je l'avais placée ;
Je vois Pallas banni, votre frère arrêté.
Vous attentez enfin jusqu'à ma liberté.
Burrhus ose sur moi porter ses mains hardies !...

Je m'arrête, le contraste est saisissant. Le second morceau
est peut-être aussi beau que le premier, mais il est autrement
beau, donc il doit être autrement dit ; et je ne sais pas de
travail de diction plus utile que ces deux études faites concurremment. Autant l'une demande de fermeté, de netteté,
de simplicité et de relief ; autant l'autre exige d'élégance,

de nombre, d'harmonie, sauf dans les six derniers vers, qui veulent, en outre, une grande force. Ces indications générales vous suffiront, si, comme je vous le répète, vous avez soin d'étudier ces deux morceaux ensemble. Non seulement vous toucherez du bout du doigt, le génie particulier de chacun de ces deux grands poètes ; mais, en vous efforçant de lire l'un, vous apprendrez à lire l'autre, par la nécessité de le lire différemment.

Je ne vous le dissimule pas ; la scène de Racine est peut-être le morceau le plus difficile qui existe au théâtre ; il faut laisser à l'ensemble son mouvement, et à chaque partie sa valeur propre ; mais quelle gymnastique qu'un tel travail ! Vous en sortirez vraiment plus forts ! C'est par de telles études que la lecture arrive à mériter le nom d'art.

CHAPITRE XXII

PETITS CONSEILS PRATIQUES
A L'USAGE DES PERSONNES QUI LISENT EN PUBLIC

Ne tenez jamais votre manuscrit devant votre bouche en lisant. Cela intercepte le son, et vous vous trouvez parler à votre papier, qui sait ce que vous dites, au lieu de parler au public qui ne le sait pas.

Si vous lisez sur feuillets, numérotez-les avec soin et assurez-vous, avant de commencer, qu'ils sont bien en ordre.

Si votre manuscrit est un peu gros, ne le prenez pas tout entier dans votre main, quelques feuillets pourraient vous échapper. Posez-le à votre droite, sur la table devant laquelle vous êtes assis, prenez à peu près dix pages par dix pages, et à mesure qu'une page est lue, déposez-la à votre gauche.

Cornez toujours vos pages. Rien de plus irritant dans une lecture publique, qu'un malheureux lecteur qui se travaille à séparer ses feuillets l'un de l'autre, et qui en arrive

parfois (dure extrémité) à appeler sa langue à son aide, et
à mouiller son pouce pour faire tourner sa page.

Alternez les cornes de vos feuillets ; je veux dire mettez-
les alternativement en bas et en haut ; autrement, elles
peuvent entrer l'une dans l'autre, et votre embarras
recommence.

Si vos yeux affaiblis ne lisent qu'avec peine, mettez
bravement des lunettes ; pas de binocle ! le binocle n'est
jamais droit ; il roule, il glisse, c'est un mauvais cavalier
qu'il faut toujours remettre en selle ; tandis que les
lunettes sont de braves serviteurs, sûrs et solides : la seule
coquetterie du lecteur doit être de bien lire.

Ne buvez jamais au milieu d'une phrase. Vous coupez
net tout effet.

Commencez toujours lentement. Une salle ne devient pas
vibrante tout de suite. Au théâtre, les premières phrases
dites par l'acteur nous échappent presque toujours. Il semble
que l'atmosphère ait besoin d'être échauffée, et que les
ondes sonores doivent être mises en mouvement depuis
quelque temps, pour porter les paroles jusqu'à l'oreille de
l'auditeur.

Commencez toujours sur un ton un peu bas, surtout si
l'on fait du bruit dans la salle ; le ton bas commande le
silence, on se tait pour pouvoir entendre.

Si vous vous sentez fatigué, arrêtez-vous un moment,
appuyez votre dos sur le dossier de votre chaise ; et
reprenez à voix moins haute. Les cordes hautes étant les
plus délicates, la fatigue vient presque toujours de ce
qu'on a parlé sur ces cordes-là. Si vous avez un morceau
long et ennuyeux à lire, tel qu'un document, un papier

d'affaires, etc., gardez-vous de lire trop vite pour le raccourcir, vous l'allongeriez. La précipitation du débit avertit l'auditeur de la longueur de ce morceau. Lisez-le posément, correctement, avec la voix du médium ; profitez de cette occasion pour appliquer toutes les règles techniques de la diction, et donnez ainsi à cette lecture son seul et vrai mérite, la clarté.

CHAPITRE XXIII

UNE CHANSON DE BÉRANGER

Comme les morts vont vite! Comme les renommées s'éteignent rapidement! Et pour ma part, comme j'ai été souvent tenté de dire, en me rappelant le vers du poète :

Que j'en ai vu mourir, hélas! d'anciennes gloires!

Chateaubriand n'est plus qu'un nom. On ne lit plus Lamennais. Joseph de Maistre est laissé de côté. Casimir Delavigne est dédaigné. Scribe est déchiré. Lamartine lui-même pâlit; et, quant à Béranger, il a été *tué*, le 15 décembre 1857, six mois après sa mort. Tué? oui, tué. Il y a là un des faits les plus curieux de l'histoire littéraire. Il mérite d'être examiné, car il nous offre l'occasion de jeter un coup d'œil sur la nature du talent de Béranger, et sur son caractère, tout en apprenant à dire une de ses chansons. Ce ne sera pas une digression, mais un chemin plus sûr pour arriver à notre but. L'étude générale aidera

CHATEAUBRIAND

l'étude particulière. Pour bien lire une page d'un poète,
il est bon de connaître le poète tout entier.

§ 1.

Béranger souffrait depuis deux ou trois ans, de douleurs
au cœur. Son vieil ami, Bretonneau, l'illustre médecin de

Tours, vient à Paris, appelé en partie par la tristesse des
dernières lettres du poète :

> Vous m'êtes en dormant un peu triste apparu,
> J'ai craint qu'il ne fût vrai ; je suis vite accouru,

a dit La Fontaine. Bretonneau arrive, et la pâleur de son
ami l'inquiète.

« Allons, asseyez-vous là, lui dit-il avec une brusquerie
affectée, que je vous ausculte ! Qu'est-ce que ces tristesses-
là? Encore quelque imagination de poète. »

Béranger s'assied sur une chaise; Bretonneau, malgré
ses quatre-vingts ans, met un genou en terre, applique
directement son oreille sur le cœur et écoute. Un témoin
de cette scène me l'a souvent racontée. Il regardait avec
émotion cet octogénaire agenouillé devant ce septuagénaire,
la science devant le génie poétique, et suivait sur le visage
penché du médecin l'expression de son sentiment médical,
quand tout à coup il voit deux grosses larmes tomber des
yeux du docteur et rouler le long de ses joues. C'était
l'arrêt. Bretonneau s'essuya furtivement les yeux sans que
son ami pût le voir, se releva en riant et en disant : « Je
savais bien que cela ne serait rien ! Un peu de digitale, et
ce malaise disparaîtra. » Quelques semaines après, Béranger
était mort.

Cette mort produisit un effet immense; ce fut comme
un deuil public. Pendant plusieurs mois, des mots de
Béranger, des fragments de lettres de Béranger, des conversations de Béranger, des traits de bienfaisance de
Béranger furent cités partout avec de telles paroles d'admi-

BRETONNEAU MET UN GENOU EN TERRE.

184 bis

BÉRANGER

ration qu'on eût dit une apothéose. Sa renommée se trans-
formait en gloire ; nous voyions un homme entrer dans
l'immortalité. Six mois plus tard, on annonce un recueil
posthume du poète. Le manuscrit de ce recueil contenait
cinq ou six chansons empreintes d'un républicanisme fort
avancé, et qui, comme le *Vieux Vagabond* ou les *Contre-*

bandiers, confinaient à ce qu'on appelait alors avec terreur, le socialisme. L'éditeur, effrayé, consulte quelques amis de l'auteur, qui, par prudence, lui en conseillent le retranchement, mais personne ne songe à supprimer huit autres chansons consacrées toutes à la glorification de Napoléon Ier. Le volume paraît. Dès le lendemain, déchaînement effroyable dans toute la presse républicaine et libérale. Béranger n'est plus qu'un panégyriste de l'empire. Les admirations s'affaiblissent, les amitiés se taisent, les haines se réveillent ; tout le monde l'attaque et personne ne le défend. Ses chansons démocratiques l'auraient défendu, elles ; mais, réduit à ses chants bonapartistes, il tomba sous son adoration pour l'oncle, comme Victor Hugo grandit plus tard de sa haine contre le neveu.

Bientôt l'insuccès de ce dernier recueil rejaillit jusque sur les premiers. Les plumes dévotes et les plumes monarchiques trouvent des alliés inattendus et tout-puissants dans des écrivains tels que Renan et Pelletan. Peu à peu on entre dans les parties vulnérables de l'œuvre ; on reproche au poète sa conception mesquine de la divinité, sa conception vulgaire de l'amour ; on s'en prend même à son caractère, et on le stigmatise du nom de faux bonhomme. S'il avait décliné le titre d'académicien, c'était, disait-on, pour se distinguer en refusant une distinction. S'il avait donné en 1848 sa démission de représentant, c'était pour se dérober aux périls d'un envahissement de la Chambre. S'il était dévoué au peuple, c'était pour s'assurer le nom de poète populaire. Je conviens qu'il y avait un peu de rôle dans l'attitude de Béranger ; cet homme si bon man-

quait un peu de bonhomie, il se montrait un peu trop
occupé de l'administration de sa gloire, peut-être était-ce
parce qu'avec sa finesse, il la jugeait excessive; il la soi-
gnait comme on soigne une personne délicate. Mais ces
petits travers de détail s'effaçaient devant deux qualités
souveraines, inébranlables : une humanité sans bornes, et
un amour farouche de l'indépendance. Béranger n'a jamais
refusé à personne ni un secours, ni un conseil, ni une
démarche. Il a plus d'une fois emprunté pour prêter, et
cet homme qui n'a jamais rien demandé pour lui, a passé
sa vie à demander pour les autres. Quant à son amour
pour l'indépendance, il a dicté toute sa conduite. Il était
de la race du loup de La Fontaine; le cou pelé lui faisait
horreur. S'il a fui Assemblée nationale et Académie, c'est
pour le bout de chaîne qu'il y redoutait. Je conviendrai,
si l'on veut, qu'il y a quelque égoïsme dans ceux qui, pou-
vant être quelque chose, s'obstinent à n'être rien ; mais
c'est un défaut si peu contagieux ! Et si grande est la
masse des gens qui, n'étant bons à rien, veulent arriver
à tout ! Quoi qu'il en soit, c'est ainsi que tombèrent, l'une entraînant l'autre, sa renommée et sa réputation, et de degré
en degré, il en arriva au dernier terme de la décadence,
l'oubli de la jeunesse. C'est le grand linceul. Ne vivent
et ne survivent que les poètes dont la jeunesse s'éprend
ou se souvient.

Cet oubli est-il injuste? Je le crois. Est-il sans appel?
Je ne le crois pas. Béranger subit en ce moment cette
sorte d'éclipse que traversent certains artistes supérieurs
avant d'arriver à leur rayonnement définitif. Trop vantés
de leur vivant, trop dépréciés après leur mort, leur nom

semble voué à la lutte ; il faut qu'ils reconquièrent leur gloire après l'avoir conquise. C'est l'affaire du temps de les y aider. Quand il a éteint la malveillance comme l'engouement, arrive la postérité avec sa balance ; elle pèse le bon et le mauvais, et le plateau, en descendant, précipite certains noms dans l'oubli, ou, remontant, emporte les autres dans la région de la lumière. Béranger est de ceux qui remonteront. Sans doute il ne survivra pas tout entier, bien des parties de son œuvre périront ; sans parler de ces chansons que condamne irrévocablement la délicatesse morale, son talent même a quelque chose de laborieux, de pénible, qui obscurcit et alourdit trop souvent ses chansons. Mais les grands sentiments de l'humanité qui sont la source de toute poésie, la pitié pour ce qui souffre, la sympathie pour ce qui est faible, l'amour de la patrie, l'amour du peuple, étaient en lui des passions si profondes et si sincères, il avait, en outre, une si forte connaissance de notre langue, il avait un tel culte pour l'art, il savait si bien son métier, enfin comme il le disait spirituellement lui-même, il était *un si bon petit poète,* que certains morceaux partis de sa main dans ses jours d'inspiration heureuse, vivront et auront leur place au second rang, tant qu'on s'occupera de poésie en France. Un jour dans une promenade au bois de Boulogne, il s'arrêta tout à coup au milieu d'une allée, et me dit avec émotion en me prenant la main : « Mon cher ami, mon ambition serait qu'il restât cent vers de moi. » Il en restera davantage. Je compte pour cela sur la lecture à haute voix.

§ 2.

On n'a pas assez remarqué quels services immenses ont rendus et rendront encore les récitations publiques à la poésie et aux poètes. Depuis dix ans, les séances de lecture, les concours de lecture, ont donné la vie de la parole à une foule de pièces de vers qui, sans elles, n'auraient vécu que de la vie tranquille et silencieuse de la lettre morte. Qui a popularisé les œuvres de la jeune école? Qui a répété à toutes les oreilles, gravé dans toutes les mémoires, appris à toutes les lèvres, les chants patriotiques de Paul Déroulède, les poèmes intimes de E. Manuel, les élégies touchantes de Coppée? La lecture à haute voix. Grâce à elle, grâce à cette anthologie parlée et vivante, ces petits poèmes sont devenus des pièces de théâtre, ayant leurs affiches, leur scène, leurs interprètes, leur public, leurs applaudissements. C'est quelque chose pour le poète que de s'entendre applaudir; il y a là pour lui une récompense et une leçon : la leçon du silence à côté de la leçon du bravo. La lecture à haute voix ne se borne pas à faire vivre : elle ressuscite. Les bibliothèques sont des nécropoles! les volumes sont des tombeaux! Cinquante ans d'impression équivalent à un ensevelissement. Une fois le poète disparu, une fois son premier éclat de réputation évanoui, une fois ses contemporains morts comme lui, ses œuvres, si elles n'appartiennent pas au groupe des œuvres immortelles, s'enfoncent de plus en plus dans l'oubli et ne sont plus troublées dans leur sommeil éternel que par les érudits ou les critiques, visiteurs discrets qui exhument mais ne font pas revivre. Heureusement aujourd'hui le lecteur à haute voix est là. C'est un véritable sauveteur. Tourmenté du besoin de lire toujours du nouveau parce que le public lui en demande toujours, il cherche, il furette, il plonge dans le passé, et en rapporte un nom, un fragment, une page, perles enfouies dans quelque rugueuse écaille, d'où il les retire, et en fait un joyau. Voilà sur quoi je compte pour Béranger. Il est déjà presque assez oublié pour que ce soit le moment de le découvrir. Je le recommande à tous les lecteurs à haute voix. Ils trouveront là une trentaine d'œuvres charmantes, qui seront pour le public autant de surprises, et pour eux autant d'occasions de succès. Béranger se prête et prête beaucoup à la récitation publique. Il y a du La Fontaine dans son talent. Les contrastes y abondent; ce sont à tout moment des traits spirituels, des images vives et rapides, des mots imprévus et touchants, qui fournissent au lecteur les plus heureux effets de diction. Le *Voyage imaginaire*, *Mon Habit*, le *Vieux Vagabond*, les *Hirondelles*, *A mes amis devenus ministres*, les *Couplets sur Waterloo*, les *Souvenirs du peuple*, et bien d'autres, interprétés par un habile lecteur, tiendront leur place, même à côté de quelques-uns des chefs-d'œuvre de Victor Hugo.

Plein de ces idées, je me mis, il y a quelque temps, à étudier une chanson que je sais depuis longtemps par cœur, mais que je ne m'étais encore récitée que tout bas, *Jacques*, et je vis là une fois de plus combien la lecture à haute voix est un puissant moyen de critique littéraire. En essayant de dire ce petit poème, j'y découvris ce que je n'y avais jamais vu. Ses beautés et ses défauts m'appa-

rurent comme condensés dans un verre grossissant. Le
dirai-je même? Ces dix strophes ainsi étudiées jetèrent
pour moi un jour nouveau sur l'ensemble des œuvres de
Béranger. J'y trouvais comme un résumé de son talent
tout entier.

Voici cette chanson, dont je numérote les couplets à
dessein :

JACQUES

I

Jacque, il me faut troubler ton somme.
Dans le village, un gros huissier,
Rôde et court, suivi du messier,
C'est pour l'impôt, las ! mon pauvre homme !
    Lève-toi, Jacque, lève-toi,
    Voici venir l'huissier du roi.

II

Regarde. Le jour vient d'éclore.
Jamais si tard tu n'as dormi.
Pour vendre, chez le vieux Remi,
On saisissait avant l'aurore.
    Lève-toi, Jacque, lève-toi,
    Voici venir l'huissier du roi.

III

Pas un sou ! Dieu ! je crois l'entendre,
Écoute les chiens aboyer.
Demande un mois pour tout payer.
Ah ! si le roi pouvait attendre !
    Lève-toi, Jacque, lève-toi,
    Voici venir l'huissier du roi.

IV

Pauvres gens ! L'impôt nous dépouille.
Nous n'avons, accablés de maux,
Pour nous, ton père et six marmots,
Rien que ta bêche et ma quenouille.
   Lève-toi, Jacque, lève-toi,
   Voici venir l'huissier du roi.

V

On compte avec cette masure,
Un quart d'arpent, cher affermé ;
Par la misère il est fumé,
Il est moissonné par l'usure.
   Lève-toi, Jacque, lève-toi,
   Voici venir l'huissier du roi.

VI

Beaucoup de peine et peu de lucre.
Quand d'un porc aurons-nous la chair ?
Tout ce qui nourrit est si cher :
Et le sel aussi, notre sucre !
   Lève-toi, Jacque, lève-toi,
   Voici venir l'huissier du roi.

VII

Du vin soutiendrait ton courage ;
Mais les droits l'ont bien renchéri !
Pour en boire un peu, mon chéri,
Vends mon anneau de mariage.
   Lève-toi, Jacque, lève-toi,
   Voici venir l'huissier du roi.

VIII

Rêverais-tu que ton bon ange
Te donne richesse et repos ?
Que sont aux riches les impôts ?
Quelques rats de plus dans leur grange.

> Lève-toi, Jacque, lève-toi,
> Voici venir l'huissier du roi.

IX

> Il entre! ô ciel! que dois-je craindre?
> Tu ne dis mot : quelle pâleur!
> Hier, tu t'es plaint de ta douleur,
> Toi, qui souffres tant sans te plaindre.
> Lève-toi, Jacque, lève-toi,
> Voici monsieur l'huissier du roi.

X

> Elle appelle en vain ; il rend l'âme.
> Pour qui s'épuise à travailler,
> La mort est un doux oreiller.
> Bonnes gens, priez pour sa femme!
> Lève-toi, Jacque, lève-toi,
> Voici monsieur l'huissier du roi.

Voilà certes une œuvre émouvante et forte. Le drame se pose d'une façon saisissante. Trois personnages sont en présence. L'ouvrier qui dort, la femme qui veille, et le troisième acteur, qu'on ne voit pas, qu'on n'entend pas, mais qui remplit toute la scène, le percepteur.

La simplicité des termes ajoute à la grandeur du début.

> Jacque, il me faut troubler ton somme,
> . . . .
> C'est pour l'impôt, las! mon pauvre homme!

Et cet hémistiche si pittoresque :

> *Rôde* et *court*, suivi du messier...

Je m'étudiai à rendre toutes ces nuances, et je passai à

la seconde strophe, plus pressante et plus vive encore. La prière se change en instance ; dans la première, la femme le réveillait à regret, et comme tout bas ; dans la seconde, la voix s'élève à mesure que le danger approche !

> Chez le vieux Remi,
> On saisissait avant l'aurore !

On saisissait ! Voilà le mot à mettre en relief, car voilà l'arrêt.

Dans la troisième strophe, la terreur s'accentue encore ! Quelle navrante et naïve exclamation que ce cri :

> Ah ! si le roi pouvait attendre !

On est en plein drame ! en pleine épouvante ! On a l'œil sur la porte ! Le terrible exacteur va paraître ! On l'attend ! Et moi, lecteur, je m'efforçais de trouver des accents qui pussent rendre tant d'émotion et de vérité, quand j'arrive à la quatrième strophe. Quelle est ma surprise? Je suis arrêté court. Mon émotion se refroidit, mon mouvement se ralentit. Qu'est-il donc arrivé? Il est arrivé que le poète a changé de route. Je m'arrête parce qu'il s'est arrêté. Mon embarras de diction vient d'un défaut dans la composition. Que dit en effet cette strophe?

> Pauvres gens ! L'impôt nous dépouille.
> Nous n'avons, accablés de maux,
> Pour nous, ton père et six marmots,
> Rien que ta bêche et ma quenouille.

Ces vers sont bien faits. Les expressions sont fortes et vraies. Mais que devient l'action? Où est le percepteur?

Nous tombons dans les réflexions philosophiques. La strophe suivante se détourne de plus en plus dans la voie de la méditation :

> On compte avec cette masure,
> Un quart d'arpent, cher affermé ;
> Par la misère il est fumé,
> Il est moissonné par l'usure.

J'admire l'énergie de ces vers, et ils demandent au lecteur une grande vigueur d'accent ; mais je ne sais comment les accorder avec le refrain :

> Lève-toi, Jacque, lève-toi !

Pourquoi ? Parce que le refrain représente le mouvement, et que la strophe ne marque que le temps d'arrêt.

Même divergence dans la strophe suivante, dont, en outre, le tour pénible me suggère, par la difficulté qu'il me donne, une remarque sur la nature du talent de Béranger. Voici cette strophe :

> Beaucoup de peine et peu de lucre.
> Quand d'un porc aurons-nous la chair ?
> Tout ce qui nourrit est si cher ;
> Et le sel aussi, notre sucre !

Ce dernier vers, si ingénieux, nous montre l'art de Béranger, à résumer, en un trait vif et court, une pensée profonde. Mais comme les trois vers qui le précèdent, nous font toucher du doigt, le côté faible de son talent ! Comme ils sont lourds ! Comme il a dû avoir du mal à les faire ! et comme le lecteur a de la peine à les dire !

La strophe septième va de plus en plus à la dérive :

> Du vin soutiendrait ton courage,
> Mais les droits l'ont bien renchéri !
> Pour en boire un peu, mon chéri,
> Vends mon anneau de mariage.

Vers touchant, délicat, mais vers d'élégie, non de drame. Il ne s'agit pas d'acheter du vin, mais de payer l'impôt ! Et le percepteur, vous oubliez donc qu'il est là ! Comme le coup de cloche du refrain, qui vous rappelle à l'action, vous montre, par la discordance, que vous n'êtes plus dans le ton !

> Rêverais-tu que ton bon ange
> Te donne richesse et repos ?
> Que sont aux riches les impôts ?
> Quelques rats de plus dans leur grange.

Je reconnais dans ce dernier vers un de ces traits spirituels qui abondaient dans la conversation de Béranger. Il aura trouvé celui-là un jour, en causant ou en écrivant une lettre. Il l'aura ramassé tombant de ses lèvres ou de sa plume, et l'aura mis à part pour le placer dans l'occasion. Eh bien, l'occasion n'est pas bonne ; *non erat hic locus ;* les deux premiers vers sont tellement faits pour amener ce trait, qu'ils l'amènent mal. Il n'est pas sorti du sujet même ; c'est une fleur transplantée.

Enfin arrivent l'avant-dernière strophe et la dernière. Oh ! ici, changement complet ! nous rentrons en plein dans le drame, et avec le drame l'émotion, le mouvement, la libre allure du vers ! Pas un mot faible ! Pas un tour pénible ! Tout est vie et vérité !

Il entre! ô ciel! Que dois-je craindre?
Tu ne dis mot. Quelle pâleur!
Hier, tu t'es plaint de ta douleur,
Toi qui souffres tant sans te plaindre!

Ce dernier trait est admirable! Il peint d'un mot, et le caractère de cet ouvrier, et le stoïcisme silencieux du peuple! Et comme il amène, comme il appelle le refrain!

Même remarque pour les quatre vers qui suivent. Ils offrent une belle étude de diction austère et contenue :

Elle appelle en vain, il rend l'âme.
Pour qui s'épuise à travailler,
La mort est un doux oreiller,
Bonnes gens ! priez pour sa femme !
    Lève-toi, Jacque, lève-toi,
Voici monsieur l'huissier du roi.

Chez Béranger, comme chez La Fontaine, tous les mots comptent, et les petits détails ont leur valeur. Il faut donc remarquer que le refrain est légèrement changé dans les deux dernières strophes ; au lieu de :

Voici *venir* l'huissier du roi,

il a mis :

Voici *monsieur* l'huissier du roi.

L'intention est claire dans la première de ces deux strophes. C'est la femme qui parle, elle voit entrer l'huissier du roi ; elle dit avec respect et crainte à son mari :

Voici monsieur l'huissier du roi.

Rien de plus facile à expliquer et à rendre. Mais à la

dernière strophe, l'ouvrier est mort, c'est le poète qui parle ; dans sa bouche, et en face de ce cadavre, cet appel et cette désignation de *monsieur* ont évidemment une intention amèrement ironique. *Lève-toi, Jacque, lève-toi !* Les morts doivent se lever devant monsieur l'huissier du roi. Il n'est pas facile d'exprimer par la diction un tel sentiment, mais ce n'est pas impossible.

Tel est ce petit poème dont l'étude à haute voix m'en a autant appris sur le talent de Béranger, que de longues années de commerce avec ses œuvres. J'ai vu distinctement ce que je n'avais fait qu'entrevoir ; mon impression est devenue jugement.

Béranger avait plusieurs des grandes parties du poète : originalité dans la conception première ; science de composition ; sentiment du rythme et de l'image, et un rare mélange d'esprit et d'émotion. Que lui a-t-il donc manqué? la puissance d'exécution. Si versé qu'il fût dans tous les secrets de notre versification, si obstinément qu'il ait travaillé ses propres ouvrages, il n'a jamais pu arriver à se créer un style assez souple pour reproduire les faces multiples de sa pensée. Les grands poètes naissent souvent avec leur plume toute taillée ; tels furent Corneille, Molière, Lamartine. D'autres sont obligés de tailler la leur : tels La Fontaine, André Chénier, Béranger. La Fontaine nous a lui-même livré son secret dans ces vers :

> *Je fabrique* à force de temps
> Des vers moins sensés que sa prose.

Comme cela sent le forgeron ! Quant à André Chénier, ses manuscrits, où les lignes de prose s'entremêlent sans cesse à des fragments poétiques, nous montrent que les vers ne jaillissaient pas de sa plume comme un flot de source. Il lui fallait construire son œuvre pièce à pièce, par retouches successives; il était plus poète que versificateur. Seulement, chez La Fontaine et chez André Chénier, la puissance artistique était si grande, qu'ils arrivaient par le travail à une facilité acquise, qui avait toute la souplesse de la facilité naturelle.

Tel ne fut pas Béranger. Sa poésie pensée a toujours été supérieure à sa poésie exprimée. Dans sa jeunesse, il aspirait aux genres les plus élevés, le poème, la tragédie, la comédie. Le sentiment de son infériorité d'exécution le força à se rabattre sur la chanson. Cette forme restreinte a beaucoup servi son talent, et lui a un peu nui. Elle l'a servi, d'abord en fournissant un moule à ses conceptions; car je tiens de lui-même, qu'une fois l'idée d'une chanson trouvée, il ne l'exécutait qu'après avoir trouvé aussi l'air qui lui paraissait le plus propre à mettre l'œuvre en relief. Ensuite, son flot d'inspiration un peu mince, son souffle un peu court, gagnaient à être resserrés dans le rythme de la chanson; les cours d'eau peu abondants ont tout profit à couler entre des rives étroites; ils ont l'air de fleuves quand on les canalise. D'un autre côté, la forme de la chanson lui a nui, parce que sa très grande variété et fécondité d'idées de détail étaient mal à l'aise dans ce cadre rigide; il ne pouvait pas s'y mouvoir librement; ses défaillances d'exécution l'empêchaient de faire tenir tout ce qu'il pensait dans ce qu'il disait. De là sont venus dans ses vers les obscurités, les tours pénibles, la gêne. Il marche dans des chaussures trop étroites.

Tel quel, c'est un poète, un poète *sui generis*, qui n'a pas son analogue dans notre poésie, et qui semble fait tout exprès pour la lecture à haute voix. Rossini m'a dit un jour, parlant de Weber : « Il n'a que de petites pincées de mélodie. » Ce mot n'est pas juste pour Weber, mais il s'applique merveilleusement à Béranger. Il n'a que de petites pincées de poésie, mais exquises. Quels vers charmants que ceux-ci :

> Dieu d'un sourire a béni la nature !
>
> . . . .
>
> J'ai sur l'Hymette éveillé les abeilles.
>
> . . . .
>
> Mon cœur est un luth suspendu,
> Sitôt qu'on le touche, il résonne.
>
> . . . .
>
> Au détour d'une eau qui chemine
> A flots purs, sous de frais lilas !

Et ce délicieux couplet de la fée Urgande :

> Dans une conque de saphir
> De huit papillons attelée,
> Elle passait comme un zéphyr,
> Et la terre était consolée.

Les notes profondes, les pensées fortes, les sentiments touchants y éclatent à tout moment, comme des clous d'or sur une belle étoffe.

> Ce qu'on gagne en célébrité,
> On le perd en indépendance.
>
> . . . .
>
> Aimer ! aimer ! c'est être utile à soi !
> Se faire aimer, c'est être utile aux autres !

Et cet admirable vers dans la complainte du *Juif errant* :

> Ce n'est pas sa divinité,
> C'est l'humanité que Dieu venge!

Enfin, n'oublions pas que nul poète n'a plus aimé la France et ne l'a mieux chantée ! Son patriotisme lui a inspiré des vers qui sont dans toutes les mémoires.

Hé bien, ces trouvailles d'expressions et d'idées, dont je pourrais multiplier sans fin les exemples, sont autant de bonnes fortunes pour le lecteur. Elles étoilent la diction. *Jacques*, entre autres, *Jacques*, en dépit de nos critiques, produirait je crois, un grand effet d'émotion dans une lecture publique. J'y proposerais seulement, non pas un changement, je ne m'en croirais pas le droit, mais une légère transposition.

Un illustre exemple expliquera ma pensée et excusera mon audace.

§ 4

Le second acte du *Tartuffe* est un chef-d'œuvre; mais ce chef-d'œuvre est un hors-d'œuvre. Le tableau des amours de Marianne et de Valère arrive là comme un épisode. Pourquoi cependant, ne laisse-t-il pas de nous charmer ? Parce que l'action n'est encore que posée, et non engagée. Mais transportez ce délicieux écho du *Dépit amoureux* au troisième acte, quand on est en plein drame, il nous choquera comme une dissonance, et nous gênera comme un temps d'arrêt. Hé bien, Béranger a fait la faute qu'a évitée Molière.

La strophe quatrième et les quatre qui la suivent arrivent trop tard ; l'action est déjà trop avancée dans la strophe troisième. Que faire pour remédier à ce défaut? Rien de plus simple : prendre cette strophe troisième :

> Pas un sou! Dieu! je crois l'entendre,

et la transporter avant la neuvième :

> Il entre ! ô ciel ! Que dois-je craindre?

Ce simple déplacement change tout et remet le poème en équilibre.

Les deux premières strophes, comme le premier acte du *Tartuffe*, ne font que poser le drame, l'action n'est pas encore nouée; on peut donc placer là sans inconvénient les strophes philosophiques et élégiaques ; le lecteur leur donnera toute leur valeur de détail, n'étant plus poussé, pressé par le mouvement de la scène. L'exacteur n'a pas encore paru, il n'est pas encore à la porte; la femme peut donc, sans invraisemblance, s'asseoir près du lit de son mari, le regarder dormir sans l'appeler trop haut et, tout en le regardant, se laisser aller au cours naturel de ses réflexions douloureuses; le refrain n'arrive sur ses lèvres que comme un écho affaibli de ses sentiments intimes ; elle se berce au bruit de ses mélancoliques plaintes, quand tout à coup l'aboi des chiens la réveille en sursaut. *Dieu! je crois l'entendre !* s'écrie-t-elle, et le drame recommence plus poignant, plus éperdu, plus terrible, car le poète et le lecteur ont maintenant trois strophes au lieu de deux pour peindre la terreur et l'angoisse croissantes.

Je propose à tous les amateurs de l'art de la diction ce sujet de travail; ils y trouveront le plus délicat des plaisirs. Lire les poètes tout bas, c'est devenir leur ami; les lire tout haut, c'est devenir leur intime.

CHAPITRE XXIV

LA MÈRE ET LE FILS

Mon premier article sur Corneille et Racine m'a valu une lettre qui demande une réponse.

Voici la lettre :

« MONSIEUR,

« L'éducation, vous le savez, dure toute la vie. Or, vos leçons de lecture, quoique publiées dans un *Magasin* destiné à l'enfance, ont des auditeurs de tous les âges. Il y a des barbes grises parmi vos élèves, et je suis un de ces élèves-là. J'ai autrefois suivi avec passion le Théâtre-Français, et tout ce qui vient me parler dans ma petite retraite, de Corneille, de Racine et de leurs interprètes, remue dans ma vieille cervelle ce fond d'amateur qui ne meurt jamais. Votre étude sur *Cinna* et *Britannicus* a fort agité mes calmes habitudes; je ne me suis pas contenté de vous lire, j'ai voulu pratiquer vos leçons : voilà quatre jours que ma chambre, mes meubles, d'ordinaire si tranquilles, sont

tout étonnés de me voir marcher à grands pas, gesticuler,
et parler tout haut. Hier ma servante est entrée chez moi,
en me disant: « Monsieur m'appelle ? — Moi ! Non !
— C'est que j'ai cru entendre la voix de Monsieur... »
Elle avait raison: Monsieur piochait les intonations d'*Auguste*. Enfin, pour tout dire en un mot, vous m'avez rendu
un petit grain de folie ! Je ne vous en serai jamais assez reconnaissant, et pour vous le prouver, je vous adresse, en guise
de remerciements, une requête. Votre étude est incomplète.
Pourquoi votre analyse s'arrête-t-elle à la première moitié
de la scène d'Agrippine? La seconde vaut au moins la première. J'entends d'ici votre raison. Le parallélisme entre
Corneille et Racine s'arrête là. Je le veux bien, mais je ne
m'y suis pas arrêté, moi, j'ai continué; j'ai relu pour la
vingtième fois la fin de cette scène, et, mis en goût de travail par votre analyse, j'ai essayé de la dire aussi tout haut.
Impossible ! Vous proclamez le discours d'Agrippine le
morceau le plus difficile du théâtre. Soit; mais mettez sur
le même rang la réponse de Néron et la réplique d'A-
grippine ! Je ne puis pas me passer de vos conseils; vous
me les devez; on ne jette pas ainsi un écolier de soixante
ans dans une pareille besogne, pour le laisser à moitié
chemin. Votre première leçon en appelle une autre, je la
réclame.

    « Agréez, etc. »

Voici ma réponse :

    « MONSIEUR,

    « Merci de votre sommation. J'y obéis de grand cœur.

Vous avez bien raison de regarder la fin de cette admirable scène comme égale et peut-être comme supérieure au commencement. Jamais n'a éclaté avec plus de force la science profonde du cœur humain qui caractérise Racine. Mettons-nous donc tout de suite à la besogne. Cinq morceaux composent cette fin de scène: *la réponse de Néron, une réplique d'Agrippine, un mot de Néron, sept vers d'Agrippine,* et pour conclusion, *huit vers de Néron.* Eh bien! il n'est pas un seul de ces morceaux qui ne soit *un coup de théâtre psychologique:* j'appelle ainsi ces péripéties de sentiments, qui jettent tout à coup un jour nouveau sur l'âme et sur le caractère des personnages.

« Commençons par Néron. Que va-t-il répondre? Le réquisitoire de sa mère, quoique un peu long peut-être, n'en est pas moins plein d'une majesté impériale et maternelle, qui doit fort embarrasser le fils.

« Je me rappelle Talma dans cette scène. Il répondait avant de parler, il répondait en écoutant, son attitude répondait. Quelle était cette attitude? Semblait-il irrité, accablé, affligé? Nullement. Il semblait profondément ennuyé. Tout le temps que durait ce long discours, il l'employait à jouer avec la frange de son manteau, et une fois sa mère assise de nouveau, — car elle s'était levée à la fin de la tirade, — il la regardait un moment en silence et commençait :

> Je me souviens toujours que je vous dois l'empire ;
> Et, sans vous fatiguer du soin de le redire,
> Votre bonté, Madame, avec tranquillité,
> Pouvait se reposer sur ma fidélité.
> Aussi bien ces soupçons, ces plaintes assidues,
> Ont fait croire à tous ceux qui les ont entendues

MAIS ROME VEUT UN MAITRE ET NON UNE MAITRESSE.

> Que jadis, j'ose ici vous le dire entre nous,
> Vous n'aviez sous mon nom travaillé que pour vous.
> « Tant d'honneurs, disaient-ils, et tant de déférences,
> « Sont-ce de ses bienfaits de faibles récompenses ?
> « Quel crime a donc commis ce fils tant condamné ?
> « Est-ce pour obéir qu'elle l'a couronné ?
> « N'est-il de son pouvoir que le dépositaire? »
> Non que, si jusque-là j'avais pu vous complaire,
> Je n'eusse pris plaisir, Madame, à vous céder
> Ce pouvoir que vos cris semblent redemander :
> Mais Rome veut un maître et non une maîtresse.

« Arrêtons-nous là un moment. Où trouver un langage plus froidement insolent et plus cyniquement ingrat ? Chaque mot est un sarcasme que rendent plus amer encore les formules d'ironique déférence qui l'enveloppent; ce discours est le prélude du parricide, et pourtant il faut, si l'on veut lui laisser toute sa couleur tragique, le lire comme une scène de comédie. Le meurtrier futur se présente sous les traits du railleur. Remarquez bien cette parenthèse :

> J'ose ici vous le dire entre nous.

« Quel bon fils ! il craint de blesser sa mère. Et ce mot :

> Et sans vous *fatiguer* du soin de le redire.

« Quelle allusion moqueuse à la longueur du discours ! Et ces deux vers :

> Non que, si jusque-là j'avais pu vous complaire,
> Je n'eusse pris plaisir, Madame, à vous céder
> Ce pouvoir...

« On n'est pas plus courtois ! Il est vrai qu'il ajoute aussitôt :

Ce pouvoir que *vos cris* semblent redemander.

« Remarquez encore ce vers si persifleur :

Mais Rome veut un maître et non une maîtresse.

« Enfin j'appelle toute votre attention sur un petit vocable bien modeste, mais où se révèle un des traits les plus particuliers du style de Racine.

« Racine n'est pas moins fort que Corneille, mais il est fort à sa façon. Chez Corneille, la vigueur *saute aux yeux;* ses personnages ont parfois une telle puissance de relief, de telles saillies de musculature,.si j'ose ainsi parler, qu'on dirait des statues de Michel-Ange. Cléopâtre dans *Rodogune* est sœur des sibylles de la chapelle Sixtine. Chez Racine, la force, au lieu de se montrer, se dissimule. Toutes ses audaces sont en dessous. Nul grand poète n'a jeté dans le style élevé plus de formes familières, plus d'*expressions parlées;* mais il les fond si habilement dans l'harmonie générale, qu'il faut y regarder de près pour les découvrir. Vous rappelez-vous dans *Andromaque,* au quatrième acte, au milieu de la terrible scène d'Hermione et d'Oreste, quand elle lui demande d'assassiner Pyrrhus, ce vers :

Mais enfin, réglez-vous là-dessus.

« La vulgarité de ce terme ne donne-t-elle pas tout à coup à cette proposition de meurtre une réalité sinistre? On ne s'en rend pas compte au premier coup d'œil; mais un

PIERRE CORNEILLE

lecteur habile le découvre dans le coin où il se cache et le met en lumière. Eh bien ! Racine est plein de ces effets cachés.

« La réponse de Néron nous en offre un frappant exemple dans le premier mot de ce vers :

Aussi bien, ces soupçons, ces plaintes assidues.

27

« Cet *aussi bien* vous semble peut-être une particule insignifiante ; c'est elle, cependant, qui, par son tour familier, par son laisser-aller, vous donne pour ainsi dire le *la* des huit vers qui suivent. Cherchez bien l'intention qui répond à cette intention, et pour vous y aider, permettez-moi de vous expliquer ma pensée par un exemple.

« Un jour, un Anglais de mes amis, professeur d'anglais à Paris depuis quatorze ans, mais très versé dans notre littérature et initié à toutes les finesses de notre langue, vint réclamer mes conseils pour la récitation de ces délicieux vers de La Fontaine :

> Je suis chose légère et vole à tout sujet ;
> Je vais de fleur en fleur et d'objet en objet ;
> A beaucoup de plaisir je mêle un peu de gloire ;
> J'irais plus haut peut-être au temple de Mémoire
> Si dans un genre seul j'avais usé mes jours ;
> Mais quoi ! je suis volage en vers comme en amours.

« Je l'écoutai attentivement et je lui dis :

« C'est bien lu ; mais pourquoi n'avez-vous pas fait sentir la grâce d'un des mots les plus importants de ce morceau exquis :

« — Quel mot ?

« — Le premier du dernier vers...

> *Mais quoi !*

« — Comment ! reprit-il stupéfait, ce *mais quoi !* a une importance quelconque dans le vers ?

« — Une importance capitale.

« — Laquelle ?

« — C'est ce petit adverbe dont la gentillesse et l'insouciance résument tout le charme des cinq premiers vers et déterminent l'allure du dernier.

« — Je ne comprends pas, me répondit-il.

« J'essayai de le lui faire comprendre, en répétant ce mot avec l'accent qu'il demande ; mais je perdis mon temps, et je me convainquis qu'il y a dans toute poésie des beautés qui sont, ce semble, des beautés de terroir. Il faut, pour les apprécier, les avoir respirées avec l'air natal. Notre langue maternelle est comme toutes les mères : il y a entre elle et nous des secrets, des intimités d'où les étrangers sont exclus, et mon ami le professeur d'anglais en était là. Mais vous, monsieur, qui êtes Français, vous m'avez compris, n'est-ce pas ? vous avez senti le charme indéfinissable de ce : *Mais quoi !* Or, le *aussi bien* de Racine est de la même famille que le *mais quoi* de La Fontaine.

« Achevons le discours de Néron. Dans la seconde partie, changement complet. Il se justifiait, il accuse. Agrippine avait passé elle-même de l'apologie à l'accusation, et vous vous rappelez avec quelle véhémence !... Voyons de quel ton va parler le reproche dans cette bouche filiale :

> Vous entendiez les bruits qu'excitait ma faiblesse :
> Le Sénat, chaque jour, et le peuple, irrités
> De s'ouïr par ma voix dicter vos volontés,
> Publiaient qu'en mourant Claude avec sa puissance
> M'avait encor laissé sa simple obéissance.
> Vous avez vu cent fois nos soldats en courroux
> Porter en murmurant leurs aigles devant vous,
> Honteux de rabaisser par cet indigne usage
> Les héros dont encore elles portent l'image.

« Quelle accumulation de termes méprisants ! Autant de

mots, autant d'injures : *honteux, profaner, indigne.* Gardez-vous, en étudiant ce morceau, d'ajouter à la dureté de ces termes par la dureté de l'accent. Mettez plutôt la sourdine à votre voix ; prononcez ces vers un peu bas, avec une sorte de honte ; l'atténuation, en ce cas, est un affront de plus ; Néron a l'air de rougir pour sa mère :

> Toute autre se serait rendue à leurs discours :
> Mais si vous ne régnez, vous vous plaignez toujours.

« Encore une de ces familiarités de tours ou d'expressions qui abondent dans Racine :

> Avec Britannicus contre moi réunie,
> Vous le fortifiez du parti de Junie ;
> Et la main de Pallas trame tous ces complots !
> Et lorsque je prétends assurer mon repos,
> On vous voit de courroux et de haine animée !
> Vous voulez présenter mon rival à l'armée ;
> Déjà jusques au camp le bruit en a couru.

« Nulle remarque à faire sur la façon de dire ces vers ; ils sont si simples, si vrais, si forts, qu'ils se disent tout seuls. Ayez soin seulement de laisser toujours à ces reproches l'accent du dédain qui naît de la sécurité. Néron n'a nullement peur des trames de sa mère. Que va-t-elle répondre ? La voilà en cause à son tour ! D'accusatrice, la voilà accusée. Tout à l'heure elle avait parlé en mère outragée, en impératrice offensée... Va-t-elle poursuivre sur le ton de l'indignation et de la hauteur ? Non. Le moyen ne lui a pas réussi. Elle en change ; et, après quelques vers de raisonnement vigoureux et pressant, elle se jette tout à coup dans l'attendrissement, elle pleure, elle

veut toucher Néron et son émotion vous gagnerait presque,
si... Mais attendons la fin :

> Moi, le faire empereur ? Ingrat ! l'avez-vous cru ?
> Quel serait mon dessein ? Qu'aurais-je pu prétendre ?
> Quels honneurs, dans sa cour, quel rang pourrais-je attendre ?
> Ah ! si sous votre empire on ne m'épargne pas,
> Si mes accusateurs observent tous mes pas,
> Si de leur empereur ils poursuivent la mère,
> Que ferais-je au milieu d'une cour étrangère ?
> Ils me reprocheraient, non des cris impuissants,
> Des desseins étouffés aussitôt que naissants,
> Mais des crimes pour vous commis à votre vue,
> Et dont je ne serais que trop tôt convaincue.
> Vous ne me trompez point, je vois tous vos détours,
> Vous êtes un ingrat, vous le fûtes toujours !

« Ici, faites attention !

« Voilà le moment du coup de théâtre ! voilà l'entrée
en scène de la sensibilité ! Prononcez donc le premier
hémistiche : *Vous êtes un ingrat*, fortement, comme la
conclusion de tout ce qui précède ; puis après un court
silence, jetez avec un accent de douleur, avec larmes :

> Vous le fûtes toujours !

« C'est l'image du passé qui envahit tout à coup Agrippine. Ce sont les premières années de Néron qui se dressent
devant elle. Cet appel à ce doux souvenir enfantin donne
subitement à ses paroles le laisser-aller touchant, l'abandon
familier d'une mère vis-à-vis de son tout jeune enfant...

> Vous le fûtes toujours !
> Dès vos plus jeunes ans mes soins et mes tendresses
> N'ont arraché de vous que de feintes caresses.

> Rien ne vous a pu vaincre, et votre dureté
> Aurait dû dans son cours arrêter ma bonté.
> Que je suis malheureuse ! Et par quelle infortune
> Faut-il que tous mes soins me rendent importune ?
> Je n'ai qu'un fils ! ô ciel qui m'entends aujourd'hui,
> T'ai-je fait quelques vœux qui ne fussent pour lui ?
> Remords, crainte, périls, rien ne m'a retenue ;
> J'ai vaincu ses mépris ; j'ai détourné ma vue
> Des malheurs qui dès lors me furent annoncés ;
> J'ai fait ce que j'ai pu : vous régnez, c'est assez !
> Avec ma liberté, que vous m'avez ravie,
> Si vous le souhaitez, prenez encor ma vie,
> Pourvu que par ma mort tout le peuple irrité
> Ne vous ravisse pas ce qui m'a tant coûté.

« Jamais une mère n'a parlé avec plus d'effusion simple et vraie. Les mots les plus familiers et les plus touchants sortent de son cœur et de ses lèvres :

> J'ai fait ce que j'ai pu ; vous régnez, c'est assez.
> . . . .
> Je n'ai qu'un fils !...

« A tout moment on est presque tenté de dire non seulement : Quelle bonne mère ! mais quelle bonne femme ! Où est l'orgueil ? où est l'ambition ? Le dernier vers est admirable de désintéressement. Dans sa mort, prochaine peut-être, elle ne redoute qu'une chose : c'est que son fils ne se fasse du tort en la tuant ! Vous l'avouerai-je pourtant ? C'est ce vœu qui me met en suspicion pour tout le reste. Il est bien sublime, sans doute, ce vœu, mais il est bien adroit ! Jeter ainsi négligemment à Néron la perspective de son détrônement, comme conséquence possible de son ingratitude, est un moyen habile de le ramener à la reconnaissance. Est-ce que tout ce déploie-

ment de sensibilité maternelle n'aurait été qu'une ma-
nœuvre, qu'une tactique ? Nous allons bien le voir. Néron,
pour toute réponse, se remet, en un seul vers, sous sa
dépendance :

> Mais, enfin, ordonnez; que voulez-vous qu'on fasse ?

« Sans doute à cette parole toute filiale, Agrippine va se
jeter dans les bras de son fils, presser sur son cœur ce
cœur si heureusement reconquis, se dédommager de dix
mois de contrainte et de privation de caresses.

« Écoutez :

> De mes accusateurs qu'on punisse l'audace ;
> Que de Britannicus on calme le courroux ;
> Que Junie à son choix puisse prendre un époux ;
> Qu'ils soient libres tous deux, et que Pallas demeure ;
> Que vous me permettiez de vous voir à toute heure ;
> Que ce même Burrhus, qui nous vient écouter,
> A votre porte enfin n'ose plus m'arrêter.

« Quel trait de lumière et quel trait de génie ! Ce
masque de tendresse subitement jeté, ces larmes subitement
séchées, ces vers brefs, secs, hautains, succédant sans
transition à ces effusions, ne jettent-ils pas un jour
effrayant sur le caractère d'Agrippine ? L'ambitieuse n'est-
elle pas tout entière dans ce contraste ? Aussi ne craignez
pas d'accentuer un peu vivement dans le couplet précédent,
la douleur et la tendresse maternelles ; les gens qui *jouent*
un sentiment en exagèrent toujours un peu l'expression ;
ils ont peur qu'on ne les croie pas. Mais arrivé à ces
derniers vers, prenez une voix impérieuse, je dirai presque
impériale, dictez des ordres ! Cette opposition doit produire
un immense effet ; c'est un coup de théâtre moral.

« Reste la dernière réponse de Néron. Je l'attends avec une certaine impatience. Tant d'arrogance doit le blesser. Le Néron railleur de la première réplique va sans doute se réveiller. Écoutez :

> Oui, Madame, je veux que ma reconnaissance
> Désormais dans les cœurs grave votre puissance ;
> Et je bénis déjà cette heureuse froideur
> Qui de notre amitié va rallumer l'ardeur ;
> Quoi que Pallas ait fait, il suffit, je l'oublie :
> Avec Britannicus je me réconcilie ;
> Et quant à cet amour qui nous a séparés,
> Je vous fais notre arbitre et vous nous jugerez.
> Allez donc, et portez cette joie à mon frère.
> Gardes, qu'on obéisse aux ordres de ma mère !

« Qu'en pensez-vous? La soumission est-elle assez complète? S'avoue-t-il assez vaincu? Quelques artistes, qui jouent Agrippine, sortent alors la tête haute, radieuse, et jetant à Burrhus, qui entre, un regard de mépris et de triomphe ! Je doute qu'elles aient raison de tant triompher. Néron en dit trop pour me convaincre. Les grâces félines de ses protestations, le raffinement de ses sentiments :.

> *Et je bénis déjà cette heureuse froideur*
> *Qui de notre amitié va rallumer l'ardeur ;*

sa facilité à tout abandonner :

> *Quoi que Pallas ait fait, il suffit, je l'oublie ;*
> *Avec Britannicus je me réconcilie ;*

et l'accent déclamatoire de ce dernier vers :

> *Gardes, qu'on obéisse aux ordres de ma mère !*

tout cela sonne faux à l'oreille. On y sent, non pas le fils convaincu, mais le cœur lâche qui n'ose engager la lutte avec sa mère et qui s'en tire par l'hypocrisie.

« La scène suivante nous le montre d'une façon évidente. Dès le premier vers, éclate le vrai Néron dans ce cri sauvage :

J'embrasse mon rival, mais c'est pour l'étouffer !

« La crédulité d'Agrippine serait inexplicable si elle n'était aveuglée par les deux passions qui nous dupent le plus : l'orgueil et l'ambition ! Ainsi s'achève, par ces deux derniers traits, la peinture effrayante de ce fils et de cette mère ! A vous maintenant, interprète, de les exprimer par la voix. Vous m'avez demandé de la besogne, en voilà ! »

CHAPITRE XXV

LES VIEUX DE LA VIEILLE

THÉOPHILE GAUTIER

A M. Th. de Banville.

Avez-vous fait une remarque, mon cher confrère? C'est qu'à Paris, pour peu qu'on ait d'imagination et de loisir, si l'on sort de chez soi en disant : « Je vais à tel endroit, » on va presque toujours ailleurs. Paris est un si grand tentateur ! Les rues de Paris, les magasins de Paris, les murs de Paris sont si pleins d'objets de surprise et d'attraction, qu'à peine le pied sur le trottoir, on appartient, malgré soi, à un ami qui vous aborde, à une œuvre d'art qui vous frappe, à un spectacle singulier qui vous arrête, à un rayon de soleil qui vous attire, de façon que parti pour l'Arc de l'Étoile, vous vous trouvez, sans savoir comment, au Luxembourg. Pour moi, je l'avoue humblement, maintenant j'en ai pris mon parti, quand je sors, je mets à la

loterie ; je suis à la merci du hasard. Je gagne parfois un
bon numéro, comme, par exemple, quand je vous rencontre, mon cher confrère, et que nous nous arrêtons, vous
et moi, à causer de notre passion commune, la poésie et la
diction poétique[1]. Vous rappelez-vous une de nos stations,
sous un parapluie, sur la place de la Bourse, où nous nous
sommes indignés, une demi-heure durant, contre la
manie qu'ont certains comédiens de prosaïser Corneille et
Racine ? Hé bien ! hier en me promenant sur le boulevard,
la vue du théâtre du Gymnase me rappela notre conversation, et me donna le désir de la reprendre, à propos d'une
étude de lecture assez curieuse que m'a inspirée un poète
que vous admirez beaucoup, et moi aussi, Th. Gautier.

Th. Gautier passe généralement pour l'élève de Victor
Hugo. Le mot *élève* n'est pas juste, il faut dire son parent.
Il lui ressemble, non comme un imitateur à son maître,
mais comme un petit-neveu à son grand-oncle ; c'est de
l'atavisme ; ils sont de la même lignée : malheureusement
Th. Gautier n'a recueilli qu'une partie de l'héritage. La
plume dans sa main est un outil si merveilleux qu'on peut
l'appeler également et tour à tour un crayon, un pinceau,
un burin, une brosse, un ébauchoir, voire même un stylet,
stylus ; seulement, il faut bien le dire, le poète lui-même
n'est trop souvent qu'une plume. Chez Victor Hugo, la
puissance de l'invention égale la puissance de l'exécution ;
le pathétique marche de pair avec la virtuosité. Chez Théophile Gautier, l'émotion humaine et la force créatrice font

---

[1] Nous ne saurions trop recommander le *Petit traité de versification*, de
M. de Banville. Il est impossible, ce me semble, d'unir plus de science à plus
d'esprit.

un peu défaut ; trop souvent son imagination n'est que le
génie de l'image ; il me fait l'effet... (deux passionnés de
poésie comme vous et moi peuvent bien parler de l'*Iliade*),
— il me fait l'effet de Patrocle ; il a les armes d'Achille ;
mais il n'a que ses armes. Je trouve pourtant dans son
œuvre une pièce de vers où résonnent toutes les cordes de
la lyre : ce sont les *Vieux de la Vieille*. Mon admiration
pour ce morceau date de loin ; un soir, il y a quelque
quinze années, je le lus haut, chez moi, en présence de plusieurs de mes confrères que je voulais acclimater à l'idée
de la canditature académique de Th. Gautier ; les vers firent
merveille, et pourtant, je ne les ai vraiment compris et
possédés à fond que l'été dernier, à la campagne, en m'étudiant à les dire tout haut. Là, pour la première fois, et
sous le coup de mon travail, m'apparut la singularité de
composition de ce petit poème ; il est formé de trois parties,
à la fois fortement contrastées et admirablement unies
entre elles ; les sept premières strophes ressemblent à un

Corot, les cinq suivantes à un *Charlet*, les sept dernières
à un *Delacroix*, et de ces oppositions violentes sort un tableau d'une harmonie et d'une unité vraiment rares. Voulez-vous que je vous raconte mon petit voyage de découverte
à travers ce poème?

L'ébattement pourrait vous en être agréable,

comme dit La Fontaine, et je serais heureux de causer de
ce sujet avec un virtuose tel que vous.

LES VIEUX DE LA VIEILLE

Par l'ennui chassé de ma chambre
J'errais le long du boulevard ;
Il faisait un temps de décembre,
Vent froid, fine pluie et brouillard,

Et là je vis, spectacle étrange,
Échappés du sombre séjour,
Dans la bruine et dans la fange,
Passer des spectres en plein jour !

Pourtant, c'est la nuit, que les ombres
Par un clair de lune allemand,
Dans les vieilles tours en décombres,
Reviennent ordinairement.

C'est la nuit qu'a lieu la revue
De la ballade de Seidlitz,
Où l'empereur, ombre entrevue,
Compte les ombres d'Austerlitz.

Mais des spectres près du Gymnase !
A deux pas des Variétés !
Sans brume ou linceul qui les gaze ;
Des spectres mouillés et crottés !

> La chose vaut qu'on la regarde.
> Trois fantômes de vieux grognards,
> En uniforme de l'ex-garde,
> Avec deux ombres de hussards !
>
> On eût dit la lithographie,
> Où, dessinés par un rayon,
> Les morts que Raffet déifie,
> Passent criant : Napoléon !
>
> Ce n'étaient pas les morts qu'éveille
> Le son du nocturne tambour,
> Mais bien quelques Vieux de la Vieille
> Qui célébraient le grand retour.

Quel tableau ! Avais-je tort de prononcer le nom de Corot ! Les vers du poète ne sont-ils pas tout baignés dans la brume, comme les toiles du peintre ? Rien donc de plus indiqué au lecteur, que de voiler, d'estomper, de poétiser sa voix. Mais voici où commence la difficulté, et où commença mon travail. Au milieu de ce paysage crépusculaire, éclatent, comme autant de tons criards et discords, quatre ou cinq mots du plus vulgaire prosaïsme : *Crottés, grognards, Variétés, Gymnase !* N'êtes-vous pas choqué de leur côte à côte avec ces vers si poétiques :

> Où l'empereur, ombre entrevue,
> Compte les ombres d'Austerlitz !

N'y a-t-il pas là une dissonance blessante ? Comment donc les rendre ? Faut-il mettre leur vulgarité en relief pour arriver à un effet de contraste ? Mais alors, adieu tout le charme mystérieux du tableau ; la poésie disparaît, ce n'est plus qu'un effet de brouillard de rue, troué par trois ou quatre feux de réverbère. Doit-on, au contraire, esquiver, atténuer, pardonnez-moi l'expression, escamoter ces syllabes discordantes, et les noyer dans le courant du débit? Mais que devient la pensée du poète? Ce n'est certes ni par hasard, ni par négligence, qu'un artiste aussi habile s'est servi de telles expressions. Quelle a été son intention? C'est cette intention qu'il faut découvrir pour la rendre. J'étais très perplexe, quand, au dernier vers, à la deuxième strophe, un mot me frappa soudainement comme un trait de lumière :

> Passent des *spectres* en plein jour.

C'est le mot *spectres*. Ce mot demande l'accent de stupéfaction, de demi-crainte, qu'inspire tout ce qui est surnaturel. Hé bien, voilà tout le secret. Il faut dire *grognards*, *crottés*, *Gymnase*, *Variétés*, comme on dit *spectres*. C'est un contresens de diction en apparence ; mais en réalité, c'est une traduction rigoureuse. Ces mots nous font entrer dans le monde de l'apparition, de la vision ; ils réclament donc une voix contenue, voilée, poétique. Qu'importe qu'ils soient vulgaires, leur vulgarité n'est pas réelle, puisqu'elle n'est pas dans l'idée qu'ils représentent. Les mots ne sont rien par eux-mêmes. Ils tirent toute leur valeur de la place qu'ils occupent et du sens qu'y attache le poète. Il y a des trivialités de paroles qui sont sublimes. Victor Hugo a exprimé cette pensée dans ces vers :

> Pas de mot sénateur ! pas de mot roturier !

Et plus loin :

> ... Pas de mot où l'idée au vol pur
> Ne puisse se poser, tout humide d'azur !...

Image charmante qui est une admirable leçon de lecture.
Le lecteur doit teindre les mots des couleurs de l'idée.
  Après Corot, Charlet :

> Depuis la dernière bataille,
> L'un a maigri, l'autre a grossi;
> L'habit fait jadis à leur taille,
> Est trop grand ou trop rétréci.
>
> Leur plumet énervé palpite
> Sur leur kolbach fauve et pelé,
> Près des trous de balle, la mite
> A rongé leur dolman criblé.
>
> Leur culotte de peau trop large,
> Fait mille plis sur leur fémur.
> Leur sabre rouillé, lourde charge,
> Embarrasse leur pied peu sûr,
>
> Ou bien un embonpoint grotesque,
> Avec grand'peine boutonné,
> Fait un poussah, dont on rit presque,
> Du vieux héros tout chevronné.

  Ici, la besogne de lecteur était facile. Il ne s'agissait que
d'être aussi hardi que le poète. Rien à interpréter, rien à
transposer, comme dans les strophes précédentes. Pas de
dessous à mettre en-dessus ! Il faut bien se garder de sauver
le côté grotesque. Le grotesque fait ici partie de l'héroïque.
Scribe disait un mot profond : « Au théâtre, ce qui produit
l'effet, ce n'est pas le coup, c'est le contre-coup. » Eh bien,
dans ces vers, le *coup*, c'est le grotesque. Il faut donc
l'assener vigoureusement, accentuer sans pitié : *Poussah;
fémur, culotte, pelé!* et le contre-coup se produit dans les
strophes suivantes, dont le grandiose et la beauté épique
éclateront plus vivement par le contraste : le grotesque sert
de tremplin.

Un des vers de ces strophes me donna pourtant quelque
peine.

> Leur plumet énervé palpite.

L'image est saisissante. On voit le ballottement du vieux
plumet à moitié cassé ; j'en cherchai longtemps le son
traducteur, et je le trouvai dans la construction même du
mot *palpite*. Cette répétition de la lettre *p* placée au commencement du mot et au milieu, cette alliance de la
voyelle *a* et de la voyelle *i*, renferme je ne sais quelles
sonorités pittoresques qui ne vous étonneront pas, vous
dont la plume sait si bien chanter et peindre.

Nous voici enfin à la troisième partie : après Corot et
Charlet, Delacroix.

> Ne les raillez pas, camarades,
> Saluez plutôt chapeau bas
> Ces Achilles d'une Iliade
> Qu'Homère n'inventerait pas.
>
> Respectez leur tête chenue ;
> Sur leur front par vingt cieux bronzé,
> La cicatrice continue
> Le sillon que l'âge a creusé.

Le beau vers ! Je prolongeai la syllabe finale de *continue*
et j'enlaçai le troisième vers dans le quatrième, pour
peindre la poétique union de la cicatrice et de la ride :

> Si leurs mains tremblent, c'est sans doute
> Du froid de la Bérésina,
> Et s'ils boitent, c'est que la route
> Est longue du Caire à Wilna.
>
> S'ils sont perclus, c'est qu'à la guerre
> Les drapeaux étaient leurs seuls draps,
> Et si leur manche ne va guère,
> C'est qu'un boulet a pris leur bras.

L'ironique et amère familiarité, qui se mêle ici au pathétique, demande une assez grande finesse d'exécution. Ce sont des vers tragiques qu'il faut dire comme des vers de comédie, sans leur rien ôter de leur âpreté douloureuse.

> Ne vous moquez pas de ces hommes
> Qu'en riant le gamin poursuit;
> Ils furent le jour... dont nous sommes
> Le soir, et peut-être la nuit.
>
> Quand on oublie, ils se souviennent :
> Lancier rouge et grenadier bleu,
> Au pied de la colonne, ils viennent
> Comme à l'autel de leur seul Dieu.
>
> Là, fiers de leur longue souffrance,
> Reconnaissants des maux subis,
> Ils sentent le cœur de la France
> Battre sous leurs pauvres habits.
>
> Et l'aigle de la Grande armée,
> Dans le ciel qu'emplit son essor,
> Du fond d'une gloire enflammée,
> Étend sur eux ses ailes d'or.

Ainsi finit, presque comme une ode, ce petit poème, qui part du rêve, traverse la réalité grotesque, s'élève à la réalité pathétique et se termine dans une belle explosion lyrique. Le lecteur est ici tellement porté par le poète, que je n'eus qu'à le suivre pour l'interpréter ; seulement dans ces vers :

> Ils furent le jour... dont nous sommes
> Le soir, et peut-être la nuit,

il faut oublier, en les disant, les lois ordinaires de la césure et détacher ces trois mots, le *jour*, le *soir*, la *nuit*, comme les trois étoiles d'une constellation ; puis, à partir

ILS FURENT LE JOUR... DONT NOUS SOMMES LE SOIR.

de là, tâchez de monter, par une émotion graduée, jusqu'à la dernière strophe qui demande un riche déploiement de voix. Le sentiment n'y suffit pas, il faut de la grandeur.

Je revins à Paris tout plein de mon travail de lecteur. Je ne parlais que du poème de Th. Gautier : c'était mon Baruch.

Je rencontre un des plus habiles virtuoses de ces séances de lecture publique, qui ont tant popularisé la poésie depuis dix ans. « Connaissez-vous les *Vieux de la Vieille?* — Oui. — Les avez-vous jamais lus en public? — Non. — Pourquoi? — Parce que je n'y aurais aucun succès. — Mais c'est un petit chef-d'œuvre! — Soit, mais ce petit chef-d'œuvre célèbre l'Empire. — Eh bien? — Eh bien, tout ce qui célèbre l'Empire est à l'index devant l'admiration publique, et, comme je ne suis pas impérialiste... — Moi non plus! je ne le suis pas, m'écriai-je... Mais qu'importe? Est-ce que l'imagination a une cocarde? Est-ce que l'héroïsme, quel que soit son drapeau, ne plane pas au-dessus des partis? Est-ce que le beau n'a pas son domaine à lui, où il règne seul? Le public ne vous suivrait pas, dites-vous? Eh bien! forcez-le à vous suivre. Battez-vous avec lui! Emportez-le dans votre admiration! S'il sent en vous un homme convaincu, vous le convaincrez, et il comprendra que la poésie ressemble à l'aigle de la Grande armée, qu'elle aussi elle emplit de son essor le ciel tout entier, et qu'elle étend sur tout ses ailes d'or! »

CHAPITRE XXVI

TROIS SUPPLICATIONS

RACINE — LA FONTAINE — VICTOR HUGO

ANDROMAQUE — LES DEUX PIGEONS
MARION DELORME

Voici trois cris de douleur, sortis de trois bouches immortelles. Racine a jeté le premier dans *Andromaque;* La Fontaine, le second, dans les *Deux Pigeons;* Victor Hugo, le troisième, dans *Marion Delorme.* L'un part d'une mère, l'autre d'une amante, le dernier d'une maîtresse. Plaçons-les tous trois en regard ; cette seule mise en présence, les éclairant l'un par l'autre, marquera la différence des génies, des époques, et vous sera une triple leçon de lecture et de littérature comparée.

Nous commencerons par *Andromaque.* Cette belle tragédie a eu une singulière fortune, c'est de changer d'héroïne.

Du temps de Racine, le principal personnage c'était Andromaque ; aujourd'hui, c'est Hermione. Andromaque a beau donner toujours son nom à la pièce, elle est reléguée au second plan. Hermione a pris le premier, parce qu'elle rentre dans la catégorie des princesses de théâtre qui nous intéressent aujourd'hui ; elle est violente et quelque peu meurtrière.

Andromaque est trop douce, trop dolente pour nous ; elle est de la race gémissante des colombes ; nous les aimons quelque peu croisées de vautour. Mais, du temps de Racine, les rôles de victimes étaient les beaux rôles ; Andromaque est le chef de chœur du peuple élégiaque et charmant des Bérénice, des Atalide, des Aricie, des Junie, et Racine lui a prêté ses plus touchants et ses plus tendres accents.

ANDROMAQUE (*s'adressant à Hermione*).

Où fuyez-vous, Madame?
N'est-ce point pour vos yeux un spectacle assez doux
Que la veuve d'Hector pleurant à vos genoux?
Je ne viens point ici par de jalouses larmes,
Vous disputer un cœur qui se rend à vos charmes.
Par une main cruelle, hélas ! j'ai vu percer
Le seul où mes regards prétendaient s'adresser :
Ma flamme par Hector fut jadis allumée;
Avec lui dans la tombe elle s'est enfermée.
Mais il me reste un fils. Vous saurez quelque jour,
Madame, pour un fils jusqu'où va notre amour :
Mais vous ne saurez pas, du moins je le souhaite,
En quel trouble mortel son intérêt nous jette,
Lorsque de tant de biens qui pouvaient nous flatter,
C'est le seul qui nous reste et qu'on veut nous l'ôter.
Hélas ! Lorsque, lassés de dix ans de misère,
Les Troyens en courroux menaçaient votre mère,
J'ai su de mon Hector lui procurer l'appui :
Vous pouvez sur Pyrrhus ce que j'ai pu sur lui.

Que craint-on d'un enfant qui survit à sa perte?
Laissez-moi le cacher en quelque île déserte :
Sur le soin de sa mère on peut s'en assurer;
Et mon fils avec moi n'apprendra qu'à pleurer.

Ces vers sont sans doute pleins de pathétique, mais d'un pathétique épuré, ennobli par l'art le plus exquis. Praxitèle, sinon Phidias, a passé par là. Une douleur profonde, mais contenue ! L'harmonie devenue une des formes de l'émotion ! Des vers coulant comme un flot de larmes qui inondent le visage sans contracter les traits, ni briser la voix. Il semble qu'ils sortent directement du cœur, sans passer par aucun organe corporel. Ayez donc bien soin, en récitant cette prière, de lui laisser toute son élégance et tout son charme musical. C'est par l'oreille que ces vers vont au cœur ; flattez l'oreille ! Ils vous touchent non seulement par la vérité des sentiments, par la simplicité de l'expression, mais par le nombre et l'enlacement des sons. C'est de la poésie, mais c'est aussi de la mélodie, souvenez-vous de Mozart en lisant ces vers de Racine.

Passons à La Fontaine :

LES DEUX PIGEONS

. . . .

L'autre lui dit : Qu'allez-vous faire?
Voulez-vous quitter votre frère?
L'absence est le plus grand des maux,
Non pas pour vous, cruel ! Au moins, que les travaux,
Les dangers, les soins du voyage
Changent un peu votre courage !
Encor si la saison s'avançait davantage !

> Attendez les zéphyrs. Qui vous presse? Un corbeau
> Tout à l'heure annonçait malheur à quelque oiseau.
> Je ne rêverai plus que rencontre funeste,
> Que faucons, que réseaux! Hélas, dirai-je, il pleut,
> Mon frère a-t-il tout ce qu'il veut?
> Bon souper, bon gîte et le reste?

Nous voilà dans un autre art. Ces vers descendent d'un degré de plus dans l'âme humaine : ils sont, sinon plus vrais, du moins plus réels. La Fontaine ne se contente pas de peindre l'émotion du cœur, il en peint le trouble, ce trouble se traduit par la variété des coupes, par le changement continuel du rythme, par le brisement du vers. Une amante qui supplie celui qu'elle aime, de ne pas partir, est certes dans une situation bien moins pathétique qu'une mère qui demande la vie de son fils; et pourtant le pigeon de La Fontaine est plus agité qu'Andromaque ! Voyez comme à chaque hémistiche le mouvement change ! Ce rejet délicieux...

> Non pas pour vous, cruel !

ne semble-t-il pas l'explosion subite d'un cœur qui ne peut se contenir? Ces trois petites phrases successives et précipitées :

> Encor si la saison s'avançait davantage!
> Attendez les zéphyrs... Qui vous presse?.. Un corbeau...

ne peignent-elles pas au naturel le décousu charmant de ces entretiens intimes, tendres, entrecoupés, où l'on n'achève jamais les phrases, et où les paroles jaillissent des lèvres, comme au hasard, poussées au dehors par la vivacité des sentiments intérieurs ?

Il ne s'agit donc plus ici, pour le lecteur, de mélopée, comme dans les vers de Racine : il y faut avant tout l'abandon, la souplesse, la vérité.

Voyons maintenant les vers de Victor Hugo :

MARION (*à Louis XIII*).

Ah ! sire ! à notre deuil que le roi compatisse,
Savez-vous ce que c'est? Deux jeunes insensés,
Par un duel, jusqu'au fond de l'abîme poussés !
Mourir, grand Dieu ! mourir sur un gibet infâme !
Vous aurez pitié d'eux ! Je ne sais pas, moi femme,
Comment on parle aux rois. Pleurer peut-être est mal,
Mais c'est un monstre enfin que votre cardinal !
Pourquoi leur en veut-il? Qu'ont-ils fait? Il n'a même
Jamais vu mon Didier. Hélas ! qui l'a vu, l'aime.
A leur âge, tous deux, les tuer pour un duel !
Leurs mères ! Songez donc ! Ah ! c'est terrible ! O ciel !
Vous ne le voudrez pas ! Ah ! femmes que nous sommes,
Nous ne savons pas bien parler comme les hommes,
Nous n'avons que des pleurs, des cris et des genoux
Que le regard d'un roi ploie et brise sous nous !
Ils ont eu tort, c'est vrai ! Si leur faute vous blesse,
Tenez, pardonnez-leur ! Vous savez, la jeunesse !
Mon Dieu ! les jeunes gens savent-ils ce qu'ils font?
Pour un geste, un coup d'œil, un mot, souvent au fond
Ce n'est rien, on se blesse, on s'irrite, on s'emporte.
Les choses tous les jours se passent de la sorte ;
Chacun de ces messieurs le sait. Demandez-leur,
Sire ; est-ce pas, messieurs? Ah ! Dieu, l'affreux malheur !
Dire que vous pouvez d'un mot sauver deux têtes !
Oh ! je vous aimerai, sire, si vous le faites !
Grâce ! grâce ! Oh ! mon Dieu ! si je savais parler,
Vous verriez, vous diriez : Il faut la consoler,
C'est une pauvre enfant, son Didier, c'est son âme..
J'étouffe. Ayez pitié !

Quel contraste ! Il y avait une différence entre Racine et La Fontaine. Il y a un abîme entre La Fontaine et Victor Hugo. Au lieu de la simple agitation, c'est le désordre, l'effervescence, la tempête ! Les vers de Racine ressemblent à des larmes, ceux de La Fontaine à des gémissements; ceux de Victor Hugo, à des sanglots, à des cris ! Tout ce que la douleur réelle a d'incohérence de paroles, de mélange de tons, d'exagération de gestes, Victor Hugo le lui emprunte. Il photographie le désespoir ! Une formule qui lui est propre, qu'il a inventée, pour peindre l'éperdument de l'âme, c'est de jeter tout à coup au milieu d'accents pathétiques, des familiarités de tours, des naïvetés de termes, qui lui semblent l'expression même de la nature. Il a employé ce moyen pour la première fois dans *Notre-Dame de Paris*. Tout le monde se rappelle la prière de la Sachette, et dans cette prière, le : *Messieurs, j'aime les sergents, moi!* ce mot, je m'en souviens, fit une révolution. Il se répéta dans tout Paris, comme le cri même de la douleur. Depuis, Victor Hugo a tiré de grands effets de cette même formule dans presque tous ses drames. J'entends encore Mlle Mars s'écriant dans *Hernani* :

> Enfin on laisse dire à cette pauvre femme
> Ce qu'elle a dans le cœur. . . . . .

Le morceau de *Marion Delorme* est plein de ces effets :

>   Je ne sais pas, moi femme,
> Comment on parle aux rois !...
> . . . .
> Tenez ! Pardonnez-leur... Vous savez... la jeunesse...
> Mon Dieu ! les jeunes gens savent-ils ce qu'ils font !

30

. . . .
Oh ! je vous aimerai, sire, si vous le faites.

L'intention du poète est si fortement écrite dans ce morceau, qu'il semble facile à dire. Détrompez-vous, on marche entre trois écueils ; on court risque de tomber dans la trivialité, dans l'affectation, dans le *faux vrai !* Pour laisser à cette prière son mélange de désespoir tragique et de naïveté presque puérile, il faut au lecteur tout l'art que possède le poète pour fondre ensemble les contraires ! Qu'on y songe bien ! la naïveté est bien voisine de la niaiserie, et la niaiserie est bien voisine du ridicule. Je ne sais qu'un homme de génie qui puisse, qui ose prêter à Marion Delorme le langage d'une amante ingénue, et qui en tire un grand effet ! C'est ce qui me fait toujours dire qu'il n'y a rien de plus difficile à lire que les vers de Victor Hugo, tant ils sont personnels, et rien de plus utile, tant cette personnalité puissante exige et inspire de hardiesse de diction. La lecture successive de ces trois morceaux aidera à l'interprétation de chacun d'eux.

CHAPITRE XXVII

UN SAVANT FORMÉ PAR LA LECTURE
A HAUTE VOIX

Voici un fait qui parle plus haut que bien des idées en faveur de la lecture à haute voix.

Il y a une trentaine d'années, Mme D., femme d'un médecin connu à Paris, accoucha d'un garçon aveugle. A cette cécité, l'enfant joignait une constitution si débile, que toute opération fut jugée impossible. La douleur des parents fut profonde, et devint presque du remords. Ils se reprochaient l'état de ce pauvre petit, comme s'ils en étaient la cause parce qu'ils en étaient les auteurs. Dès lors, ils n'eurent plus qu'une idée, se dévouer à celui qu'ils avaient jeté si misérable dans le monde, lui rendre supportable le triste cadeau qu'ils lui avaient fait, la vie! La première enfance une fois franchie, grâce à des soins incessants, ils songèrent à son éducation. A qui la confier? A quelque instituteur d'aveugles? Non! Ils voulaient être les seuls à lui ouvrir au moins les yeux de l'esprit. Le père se fit son lecteur, la mère sa lectrice. L'histoire, la géographie, le calcul, les premiers éléments des sciences, ils apprirent tout à l'enfant par la lecture à haute voix; et cet enseignement auriculaire dura vingt ans, et, pendant vingt ans, il ne se passa pas un seul jour, sans que ce père et cette mère n'apportassent pour ainsi dire à leur petit, au bout de leurs lèvres, tout ce qu'ils avaient préparé et récolté de tous côtés pour lui, avec la même sollicitude, la même exactitude, que des oiseaux qui nourrissent leur couvée.

Cette éducation était pleine de difficultés. Difficultés matérielles d'abord : lire tout haut plusieurs heures de suite, pendant vingt ans, constitue une fatigue, qui, pour une femme surtout, peut devenir un danger. Difficultés intellectuelles : un aveugle ne s'instruit pas aussi aisément qu'un autre enfant; on n'arrive à son intelligence que par un sens au lieu de deux. Il faut donc éveiller chez ce sens unique les mêmes appétits que chez deux. Les paroles adressées à l'aveugle ne doivent pas seulement lui arriver plus claires, plus nettes, il faut encore qu'elles soient plus vives, plus animées. L'instruire ne suffit pas, il faut le captiver. M. D. le comprit, et se faisant élève pour devenir maître, il demanda à l'étude raisonnée de la diction l'art de lire sans fatigue, et même avec charme, avec feu. Ce n'est pas tout encore. L'aveugle a besoin qu'on lui donne le plus de substance possible, sous le plus petit volume possible; M. D. s'astreignit donc à un choix plus délicat, plus intelligent, des morceaux ou des ouvrages à lire, de façon qu'au bout de vingt ans, la lecture à haute voix avait fait trois éducations au lieu d'une, celle de l'enfant et celle des parents.

Un fait singulier se produisit dans le cours de ces études. Ce qui intéressait le plus cet enfant pour qui le monde physique n'existait pas, c'était le monde physique : les lois, les phénomènes du monde extérieur le préoccupaient sans cesse. Le père poussa donc les leçons de ce côté, et, un jour, il arriva que des voleurs s'étant introduits par deux fois, la nuit, dans le fond du jardin, pour y dérober des lapins et ayant l'air d'en prendre l'habitude, le jeune homme imagina une sonnette électrique qui, correspondant du jardin dans l'appartement, dénonça les voleurs, empêchés par là de continuer leur métier.

L'enfant était devenu jeune homme. Il avait vingt-cinq ans ; son tempérament s'était fortifié, et un chirurgien, ami de son père, proposa de tenter l'opération sur un des deux yeux. Le jeune homme accepta avec joie ! L'opération eut lieu, et un mois après, l'aveugle était transformé en un demi-voyant. Il distinguait imparfaitement les objets, mais il jouissait pleinement de la lumière, il pouvait se conduire, et achevant alors son éducation par le commencement, il se mit à apprendre à lire. Enfin, ajoutons qu'un jour, ou plutôt un soir, attaqué par des malfaiteurs, il se débarrassa d'eux, de manière à leur prouver que ses poings voyaient clair.

Ce simple recouvrement partiel de la vue était, déjà, on le voit, un avantage bien précieux pour l'enfant; mais grâce à l'éducation qu'il avait reçue, grâce au fond de connaissances accumulées en lui par ses parents, cet avantage devint un immense bienfait; la conquête de la lumière fut pour lui la conquête du talent et de la renommée. Lancé dès ce moment à plein essor dans les sciences physiques, il s'éleva de l'étude aux découvertes, il devint inventeur. Il a trouvé le moyen de fabriquer une nouvelle pile, une *pile sèche* qui est acceptée par les ingénieurs du chemin de fer du Nord ; il a imaginé des allumoirs électriques pour les salles de théâtre, les lieux de réunion ; il a établi un laboratoire où il occupe douze ouvriers qui ont pour lui un dévouement qui va jusqu'au culte. Un Anglais lui a offert plus de cent mille francs d'une de ses inventions. L'exposition d'électricité lui donnera sans doute rang parmi les savants distingués ; le déshérité laissera peut-être quelque chose en héritage à l'humanité tout entière [1] ! N'avais-je pas raison de dire qu'un tel fait avait sa place dans un livre consacré à la lecture à haute voix ?

[1] Ma prévision est devenue une réalité. Le jeune M. J. a obtenu une médaille à l'exposition.

CHAPITRE XXVIII

DU COLORIS DANS LA DICTION

VOIX D'OR — VOIX D'ARGENT — VOIX D'AIRAIN
VOIX DE VELOURS

VICTOR HUGO — THÉOPHILE GAUTIER
CASIMIR DELAVIGNE

Il y a des lecteurs coloristes, comme il y a des peintres coloristes. Le coloris dans la diction est autre chose que la verve, l'esprit, l'émotion ; c'est une qualité toute spéciale et qui demande des dons particuliers. Le premier de ces dons, c'est une voix timbrée. Celui qui n'a pas de timbre, je dirais volontiers, qui n'a pas de métal dans la voix, ne sera jamais un lecteur coloriste. Ce métal peut être d'or, d'argent ou d'airain, car à chacun de ces métaux correspond une sonorité différente : la voix d'or a plus de brillant, la voix d'argent a plus de charme, la voix d'airain a plus de force ; mais une des trois est nécessaire. Une voix sans métal ressemble à des dents sans émail ; elles peuvent être solides et saines, elles ne sont pas brillantes. Il y a plusieurs espèces de coloris dans la diction : le coloris éclatant, le coloris doux, le coloris voilé ; l'harmonieux mélange des gris, des lilas, des bruns, produit sur une toile de Véronèse, de Rubens, de Delacroix, des chefs-d'œuvre de coloris, tout comme le fracas des tons de pourpre et d'or. Reste la voix de velours. Mais celle-là ne va pas sans une des trois autres. Pour qu'une voix de velours ait tout son charme, il faut qu'elle soit doublée d'une voix métallique : le velours est le dessus, mais le métal est le dessous. Sans métal, une voix de velours n'est qu'une voix de coton.

Citons des exemples. J'emprunte le premier à la pièce de poésie, intitulée *Stella* dans les *Châtiments*.

Le poète s'était endormi la nuit près de la grève. Il s'éveille, il voit l'étoile du matin, elle lui dit :

> ... Je suis l'astre qui vient d'abord.
> Je suis celle qu'on croit dans la tombe et qui sort.
> J'ai lui sur le Sina, j'ai lui sur le Taygète.
> Je suis le caillou d'or et de feu, que Dieu jette
> Comme avec une fronde au front noir de la nuit ;
> Je suis ce qui renaît quand un monde est détruit,
> O nations ! je suis la poésie ardente,
> J'ai brillé sur Moïse et j'ai brillé sur Dante.
> Le lion Océan est amoureux de moi.
> J'arrive ! levez-vous, vertu, courage, foi !
> Penseurs, esprits ! montez sur la tour, sentinelles !
> Paupières, ouvrez-vous ! allumez-vous, prunelles !
> Terre, émeus les sillons ! vie, éveille le bruit !
> Debout, vous qui dormez ! car celui qui me suit,
> Car celui qui m'envoie en avant, la première,
> C'est l'ange Liberté, c'est le géant Lumière.

Sonnent-elles assez, vibrent-elles assez, ces strophes éclatantes ? Quelle voix demandent-elles ? Évidemment une voix d'or. L'or, dans la parole, c'est l'écarlate dans la peinture, c'est le cor dans la musique. Du reste, pas de conseil de détail à donner au lecteur. S'il a un bon organe, qu'il fasse jaillir cette chanson de ses lèvres, comme un rayon de soleil rebondit d'un clocher d'église de Burgos : du feu et de la lumière, voilà tout ce qu'il faut dans ces vers !

VOIX D'ARGENT

C'est à Théophile Gautier que j'emprunte ce second exemple :

LES HIRONDELLES

. . . .

Elles s'assemblent par centaines,
Se concertant pour le départ :
L'une dit : « Oh ! que dans Athènes
Il fait bon sur le vieux rempart !

Tous les ans j'y vais et je niche
Aux métopes du Parthénon.
Mon nid bouche dans la corniche
Le trou d'un boulet de canon. »

L'autre : « J'ai ma petite chambre
A Smyrne, au plafond d'un café :
Les Hadjis comptent leurs grains d'ambre
Sur le seuil, d'un rayon chauffé. »

Celle-ci : « J'habite un triglyphe
Au fronton d'un temple à Balbeck.
Je m'y suspends avec ma griffe
Sur mes petits au large bec. »

La cinquième : « Je ferai halte,
Car l'âge m'alourdit un peu,
Aux blanches terrasses de Malte
Entre l'eau bleue et le ciel bleu. »

Toutes : « Demain combien de lieues
Auront filé sous notre essaim,
Plaines brunes, pics blancs, mers bleues
Brodant d'écume leur bassin !

Avec cris et battements d'ailes,
Sur la moulure aux bords étroits,
Ainsi jasent les hirondelles,
Voyant venir la rouille aux bois. »

Je comprends tout ce qu'elles disent,
Car le poète est un oiseau ;
Mais, captif, ses élans se brisent
Contre un invincible réseau !

Des ailes ! des ailes ! des ailes
Comme dans le chant de Ruckert,
Pour voler là-bas avec elles
Au soleil d'or, au printemps vert !

Ai-je tort ? ces petits gazouillements, ces petits cris assoupis par les battements d'aile, ces échos de voix, ces images si vives et si poétiques, ce *nid d'oiseau qui bouche un trou de boulet*, ces mers qui *brodent d'écume leur bassin*, ces blanches terrasses de Malte, *entre l'eau bleue et le ciel bleu*, tout cela ne résonne-t-il pas à votre oreille comme un bruit de clochettes d'argent, où, à la dernière strophe, se mêle l'éclat d'un timbre d'or. Peu de conseils encore à donner au lecteur. Qu'il ait soin seulement de faire bien valoir les rimes : elles sont toutes pittoresques, curieuses, inattendues, vibrantes. Il ne manque dans ce charmant petit concert qu'une voix, la voix de l'âme. Les hirondelles ont inspiré, à tous les poètes, des vers touchants. Ici, rien qui vous émeuve. Pas une seule de toutes ces gracieuses paroles dans ce chœur de mères et de petits, qui soit l'expression d'un sentiment. Tout est seulement mur-

XIII

O FLOTS, QUE VOUS SAVEZ DE LUGUBRES HISTOIRES!

mure et clarté : mais quelle clarté et quel murmure !

En lisant ces vers, ne vous inquiétez pas de votre cœur, laissez parler toute seule la petite flûte que vous avez dans le gosier, si vous en avez une.

VOIX D'AIRAIN

Changeons d'instrument. Victor Hugo arrive, nous apportant les lointains grondements de l'Océan, la voix de la tempête, de l'abîme, de la mort. Je ne sais si dans son œuvre immense, il a rien écrit de plus pathétique, d'une plus tragique sonorité, que la pièce : *Oceano nox*. Je n'emprunterai que trois strophes à ce morceau, mais elles nous suffiront pour y faire entendre les timbres sombres et profonds de la voix d'airain.

> Oh ! combien de marins, combien de capitaines,
> Qui sont partis joyeux pour des courses lointaines,
> Dans ce morne horizon se sont évanouis !
> Combien ont disparu, dure et triste fortune !
> Dans une mer sans fond, par une nuit sans lune,
> Sous l'aveugle Océan à jamais enfouis !
>
> Nul ne sait votre sort, pauvres têtes perdues !
> Vous roulez à travers les sombres étendues,
> Heurtant de vos fronts morts des écueils inconnus !
> Oh ! que de vieux parents qui n'avaient plus qu'un rêve,
> Sont morts en attendant tous les jours sur la grève
> Ceux qui ne sont pas revenus.
>
> Où sont-ils les marins sombrés dans les nuits noires ?
> O flots, que vous savez de lugubres histoires !
> Flots profonds, redoutés des mères à genoux !
> Vous nous les racontez en montant les marées,
> Et c'est ce qui vous fait ces voix désespérées
> Que vous avez le soir quand vous venez vers nous.

Non! Beethoven lui-même, avec toutes les richesses de tous les instruments, ne nous a jamais, à l'aide des sons, entr'ouvert des profondeurs d'abîmes plus effrayantes! Jamais les instruments de musique les plus émouvants, le violoncelle, l'alto, n'ont produit une harmonie plus profondément mélancolique que ces trois vers :

> Pauvres têtes perdues!
> Vous roulez à travers les sombres étendues,
> Heurtant de vos fronts morts des écueils inconnus!

On croit vraiment voir le fond de la mer. Cette accumulation de diphtongues, *au, ou, om, eu, en,* cette alliance des *u* et des *e* muets, prolonge le son dans des lointains infinis. Je ne vous dis pas ici que ces vers se disent tout seuls! Non! On n'a pas trop de toute la science la plus profonde, soutenue de l'organe le plus puissant, pour rendre imparfaitement *ces voix désespérées!*... Cherchez donc dans votre organe les notes les plus riches, recouvrez-les d'un voile, comme on couvre les tambours d'un crêpe aux enterrements, appelez à votre aide toutes vos richesses de souffle, et toute votre puissance de respiration pour prolonger vos sons et étoffer vos paroles!

Que ce vers :

> Dans ce sombre horizon se sont évanouis,

ait l'air d'avoir vingt pieds au lieu de douze! Pensez enfin, et faites-moi penser à tous les coloristes qui ont fait du tragique avec la couleur, à Rembrandt, à Delacroix, et vous n'aurez fait que traduire Victor Hugo.

CASIMIR DELAVIGNE

Voilà un nom que je n'écris pas sans émotion : Casimir
Delavigne, quand j'étais jeune, était le dieu de la jeunesse.
Nous répétions en chœur les *Messéniennes* et les vers du
Paria ! Et aujourd'hui, qu'est-il? Presque rien qu'un nom.
Grande est donc ma joie de choisir ce petit chef-d'œuvre
dans ses dernières poésies :

LES LIMBES

Comme un vain rêve du matin
Un parfum vague, un bruit lointain,
C'est je ne sais quoi d'incertain
    Que cet empire;

Lieux qu'à peine vient éclairer
Un jour qui sans rien colorer,
A chaque instant près d'expirer,
    Jamais n'expire.

Loin de Dieu, là, sont renfermés
Les milliers d'êtres tant aimés,
Qu'en ces bosquets inanimés,
    La tombe envoie.

Le calme d'un vague loisir,
Sans regret comme sans désir,
Sans peine comme sans plaisir,
    C'est là leur joie.

Leurs sanglots ne troublent jamais
De l'air l'inaltérable paix :
Mais aussi leur rire jamais
    N'est qu'un sourire.

De leurs yeux, qui charment d'abord,
Mais dont aucun éclair ne sort,
Le morne éclat n'est pas la mort,
    N'est pas la vie.

> Rien de bruyant, rien d'agité
> Dans leur triste félicité ;
> Ils se couronnent sans gaîté
>   De fleurs nouvelles.
>
> Ils se parlent, mais c'est tout bas ;
> Ils marchent, mais c'est pas à pas ;
> Ils volent, mais on n'entend pas
>   Battre leurs ailes.

Je ne connais dans toute notre littérature qu'une page comparable en douceur à ce morceau, c'est la peinture des champs Élysées par Fénelon. Il faut pour les rendre une voix de velours, doublée d'argent. Rossini a composé une mélodie tout entière sur deux notes : hé bien, je dirais presque qu'il n'en faut qu'une seule pour dire ces vers. L'effet est dans la monotonie. Pas de variété d'inflexions, pas de changements de timbre ; mettez la sourdine partout ; l'émotion naîtra, contrairement au vers du poète, *de l'uniformité.*

J'entends d'ici votre objection : comment dire ces vers si on n'a pas une voix de velours ? Comment ? en s'en faisant une. Le métal de la voix ne s'acquiert pas, le velours s'acquiert. Il ne s'agit que de savoir *attaquer le son. L'éducation du son* est un des plus grands secrets de l'étude de la lecture. Les habiles professeurs de chant vous donneront là-dessus les plus utiles conseils. L'art modifie profondément la voix, surtout s'il s'agit de l'adoucir. Le point capital est d'avoir un organe timbré. Le reste est affaire de temps et de travail. Il en est du charme dans la diction comme de la grâce dans le talent d'écrire. Ayez la force, vous aurez facilement la grâce.

CHAPITRE XXIX

LES GRANDS PROSATEURS

Les règles générales de l'art de la lecture s'appliquent à tous les écrits. Pour bien lire une page de n'importe quel écrivain, il faut, s'il s'agit des principes techniques, toujours prononcer clairement et correctement, articuler nettement, accentuer, respirer et ponctuer ; s'il s'agit de la partie intellectuelle, il faut toujours comprendre et sentir. Mais l'emploi de ces diverses règles varie de mesure et d'intensité, selon le genre d'écrits que l'on récite, selon le talent de l'écrivain que l'on interprète. Tel style demande, dans le lecteur, un ponctuateur plus précis, tel autre un accentuateur plus énergique, tel autre un coloriste plus brillant, tel autre un diseur plus spirituel : ce sont tour à tour les qualités de correction, d'émotion, de verve qui doivent passer les premières ; même quand elles sont toutes nécessaires, elles ne le sont pas toutes au même degré ; même quand elles sont toutes en jeu, elles ne jouent pas le même rôle, elles n'occupent pas le même rang ; figurez-vous une troupe où chacun de ceux qui la composent, serait tour à tour soldat, sergent ou capitaine. Toute étude d'un auteur nouveau demande une nouvelle étude de lecture, et, par conséquent, on ne peut arriver à la possession complète de l'art de la diction, que par la récitation successive et comparative des principaux écrivains de notre langue. Tel est le travail que nous allons entreprendre dans cet article, travail d'interprète et travail de critique. Nous allons choisir un morceau dans six des plus grands prosateurs de notre langue, au dix-septième et au dix-huitième siècle, étudier ce morceau, chercher comment il doit être rendu en cherchant comment il est composé, et réunir ainsi dans le même cadre, et comme en raccourci, les divers caractères de la prose française dans leurs rapports avec les règles de la diction.

Seulement, pour que cette étude soit profitable, il faut qu'elle soit progressive ; nous devons donc aller du simple au composé, en débutant par les écrivains dont la lecture à haute voix ne réclame que l'emploi des règles les plus aisées de l'art de la lecture, les écrivains naturels, et élégants, Fénelon et Voltaire.

. Fénelon et Voltaire, voilà deux noms dont le rapprochement semble étrange ; pourtant il n'y a rien de plus juste que le rapprochement de ces deux esprits. Ce sont écrivains de même trempe, de même race. Je crois qu'on peut les définir les deux prosateurs les plus clairs, les plus simplement ornés de notre langue. Commencer l'éducation d'un apprenti lecteur par l'étude de ces deux maîtres, c'est l'élever comme on élève un enfant, c'est-à-dire le nourrir d'éléments sains, substantiels et de facile assimilation. Le régime de la prose de Fénelon et de Voltaire lui fera un fonds de santé intellectuelle et de bonne constitution, qui lui permettra ensuite de passer sans fatigue à un emploi plus énergique de ses facultés.

A tout seigneur, tout honneur. Prenons d'abord Fénelon.

FÉNELON

Il y a trois Fénelon : le Fénelon précis et didactique, le Fénelon touchant et pathétique, le Fénelon imagé et poétique. Le *Dialogue sur l'Éloquence*, la *Lettre à l'Académie* et quelques parties de l'*Existence de Dieu* correspondent au premier; les sermons et les lettres au second; le *Télémaque* au troisième.

Voici un spécimen du premier :

Rien n'est plus vil que la terre. Les malheureux la foulent aux pieds, mais c'est pourtant pour la posséder qu'on donne les plus grands trésors. Si elle était plus dure, l'homme ne pourrait en ouvrir le sein pour la cultiver. Si elle était moins dure, elle ne pourrait le porter; il enfoncerait partout comme on enfonce dans le sable ou dans un bourbier. C'est du sein inépuisable de la terre que sort tout ce qu'il y a de plus précieux. Cette masse informe, vile et grossière, prend toutes les formes les plus diverses ; elle seule donne tour à tour tous les biens que nous lui demandons. Cette boue si sale se transforme en mille objets qui charment les yeux. En une seule année, elle devient branches, boutons, feuilles, fleurs, fruits et semences pour renouveler ses libéralités en faveur des hommes. Rien ne l'épuise; plus l'on déchire ses entrailles, plus elle est libérale ; après tant de siècles pendant lesquels tout est sorti d'elle, elle n'est pas encore usée.

Quel admirable objet d'étude pour un jeune lecteur, que ce morceau! Tout s'y trouve. D'abord un sujet compréhensible pour tout le monde. Puis, une vérité de détails qui ne permet ni la déclamation ni le chantonnement : des phrases courtes qui n'épuisent jamais la respiration; une diversité de tons qui, s'élevant parfois jusqu'à la grandeur sans sortir jamais de la simplicité, n'emploie que le registre du médium, l'emploie tout entier, et ne vous oblige jamais ni à monter aux sons aigus, ni à descendre aux sons bas; une distinction entre tous les membres de phrases qui nécessite une ponctuation très nette; une justesse précise dans l'expression qui met le mot de valeur tellement en relief, qu'il se détache de lui-même sur le fond de la phrase, et appelle l'accent.

Passons de ces observations générales aux détails de l'application.

Dans la seconde phrase : « Si elle était *plus dure*, l'homme ne pourrait en ouvrir le sein pour la cultiver; si elle était *moins dure*, elle ne pourrait le porter; il *enfoncerait* partout comme on enfonce dans *le sable* ou dans un *bourbier*. » Les cinq mots soulignés doivent être détachés, mais légèrement, sans trop de force; il suffit d'une indication, car la phrase est simple; c'est une bonne leçon pour l'emploi du mot de valeur.

« Cette *boue* si *sale* se transforme en *mille beaux objets qui charment les yeux*. » Sentez-vous comme le contraste entre ces deux membres de phrases saute aux yeux et doit sauter aux oreilles? C'est le cas d'appliquer la règle des oppositions dans la diction.

« En une seule année, elle devient branches, boutons, feuilles, fleurs, fruits et semences pour renouveler ses libéralités en faveur des hommes. »

Chacun des mots de cette énumération doit être séparé par le lecteur comme par l'auteur ; il faut cinq virgules dans la voix comme sur le papier. C'est un excellent exercice de ponctuation.

Voilà donc vingt lignes qui suffiraient presque à l'étude des principales règles techniques de notre art.

Passons au Fénelon consolateur et médecin des âmes.

Le duc de Chevreuse avait perdu son fils, déjà jeune homme, par une mort subite qui effrayait la piété du père sur le jugement de Dieu envers son fils. Fénelon lui écrit :

Il ne faut pas se laisser aller à des pensées trop affligeantes ; les fragilités d'un âge si tendre et d'une vie si dissipée n'ont pas un si grand venin que certains vices de l'esprit qu'on raffine et que l'on déguise en vertus dans un âge plus avancé. Dieu voit la boue dont il nous a pétris, et a pitié de ses pauvres enfants. D'ailleurs, quoique le torrent des passions et des exemples entraîne un peu un jeune homme, nous pouvons néanmoins dire ce que l'Église dit dans les prières des agonisants : *Il a néanmoins, mon Dieu, cru et espéré en vous.* Un fonds de foi, et des principes de religion qui dorment au bruit des passions excitées, se réveillent tout à coup dans le moment d'un extrême danger. Cette extrémité dissipe soudainement toutes les illusions de la vie, tire une espèce de rideau, ouvre les yeux à l'éternité, et rappelle toutes les vérités obscurcies. Si peu que Dieu agisse dans ce moment, le premier mouvement d'un cœur accoutumé autrefois à lui, est de recourir à sa miséricorde. Il n'a besoin ni de temps ni de discours pour se faire entendre et sentir. Il ne dit à Madeleine que ce mot : *Marie ;* elle ne lui répondit que cet autre mot : *Maître ;* c'était tout dire. Il appelle sa créature par son nom, et elle est déjà revenue à lui. Ce mot ineffable est tout-puissant, il fait un cœur nouveau et un nouvel esprit au fond des entrailles. Les hommes faibles et qui ne voient que les dehors, veulent des préparations, des actes arrangés, des résolutions exprimées ; Dieu n'a besoin que d'un instant, où il fait tout et voit ce qu'il fait !

Quelle différence entre ces deux morceaux, et quelle ressemblance ! C'est la même plume, mais guidée dans l'un par l'esprit, dans l'autre par l'âme. Même précision de termes, même simplicité de tour, même vérité d'expression : mais dans l'un, il exprime des idées ; dans l'autre, il exprime des sentiments ; à la justesse s'ajoute l'émotion, une émotion contenue, intime, et d'où jaillissent de temps en temps, des mots de cœur qui se trouvent des mots de génie.

« ... *Dieu voit la boue dont il nous a pétris, et a pitié de ses pauvres enfants.* » Ici il ne suffit plus au lecteur d'une diction précise, claire et correcte. Fénelon touche, dans cette page, à un des mystères les plus étranges de l'âme humaine ; il dévoile ce qui se passe entre l'homme et Dieu au moment de la mort ; et en même temps il dévoile une des douleurs les plus saintes et les plus extraordinaires, l'effroi d'un cœur paternel en face des jugements célestes. Ce sont là des pensées si nouvelles et si profondes, que le lecteur ne pourra les rendre sensibles par la diction qu'en s'en pénétrant lui-même profondément. La voix doit entrer dans ce cœur de père et ce cœur de mourant, avec la même délicatesse et la même réserve que la parole de Fénelon.

Arrivons au Fénelon poétique, c'est-à-dire à l'auteur de *Télémaque :*

Ainsi les hommes passent comme les fleurs, qui s'épanouissent le matin et qui le soir sont flétries et foulées aux pieds. Les générations des hommes s'écoulent comme les ondes d'un fleuve rapide, rien ne peut arrêter le temps qui entraîne après lui tout ce qui paraît immobile. Toi-même, ô mon fils, mon cher fils, toi-même qui jouis maintenant d'une jeunesse si vive et si féconde en plaisir, souviens-toi que ce bel âge n'est qu'une fleur qui sera presque aussitôt fanée qu'éclose ; tu verras changer insensiblement les grâces riantes, les doux plaisirs

qui l'accompagnent : la force, la santé, la joie, s'évanouiront comme
un beau songe ; il ne t'en restera qu'un triste souvenir : la vieillesse
languissante et ennemie des plaisirs viendra rider ton visage, courber
ton corps, affaiblir tes membres, faire tarir dans ton sang les sources
de la joie, te dégoûter du présent, te faire craindre l'avenir, te rendre
insensible à tout, excepté à la douleur. Ce temps te paraît éloigné;
hélas ! tu te trompes, mon fils, il se hâte, le voilà qui arrive ; ce qui
vient avec tant de rapidité n'est déjà pas loin de toi, et le présent qui
s'achève est déjà bien loin, puisqu'il s'anéantit dans le moment que
nous parlons, et ne pourra plus se rapprocher.

Est-il besoin de vous faire remarquer le changement
profond de ce style, si pareil à lui-même quand vous ne
considérez que les mots, si dissemblable quand vous en
regardez le mouvement et le tour. Plus de phrases courtes,
plus d'expressions simplement exactes. C'est une succession
d'images élégantes et gracieuses, même dans la tristesse,
qui rappellent par leur enchaînement et leur déroulement,
le cours de ce fleuve rapide dont les ondes s'écoulent
comme les générations.

Cette longue page ne se compose en réalité que d'une
seule phrase, comme ce fleuve n'a, ce semble, qu'une
seule onde. Je sais peu de morceaux plus difficiles et plus
utiles à lire. Il faut dans le débit une grâce languissante
sans mollesse, et dans le ton une uniformité sans monotonie,
qui exigent un grand travail. C'est là qu'il faut appeler à
son aide, l'art de la respiration. Ne jamais s'arrêter, ne
jamais se presser, et ne jamais s'essouffler, telle est la
triple loi imposée au lecteur de ce morceau. La précipitation en ôterait tout le caractère; la lenteur en ôterait
toute l'émotion; le souffle haletant en ôterait toute la
grâce. Je n'appellerai votre attention sur aucune phrase

spéciale, car l'effet d'ensemble résulte de l'absence d'effets particuliers. Le lecteur qui réciterait avec talent ces trois morceaux de Fénelon, c'est-à-dire en donnant à chacun d'eux son caractère, aurait pénétré tous les secrets du style du maître, et serait maître lui-même dans ce que j'appellerai la diction tempérée.

Passons à Voltaire.

CHAPITRE XXX

LES GRANDS PROSATEURS

VOLTAIRE

Voltaire offre un phénomène unique dans notre littérature. Poète et prosateur, le prosateur est chez lui absolument différent du poète. On dirait deux styles, deux plumes, je dirais presque deux esprits. La prose de La Fontaine a la même grâce, la même souplesse, le même charme d'inprévu et d'ingénu que sa poésie. Molière a écrit le *Festin de Pierre*, la *Critique de l'École des Femmes*, l'*Avare*, de la même main que le *Misanthrope* et les *Femmes savantes*. On retrouve l'auteur d'*Athalie* dans le discours de Racine à l'Académie sur Corneille, et la préface des *Plaideurs* est pleine de la même verve moqueuse que *les Plaideurs* mêmes. Si les dissertations de Corneille sur son art n'ont pas le sublime éclat de ses chefs-d'œuvre, elles en gardent du moins l'allure, l'ampleur, la forme de développement ; c'est la différence du *sermo pedestris* au *sermo alatus ;* dans l'un

Corneille marche ; dans l'autre il plane ; mais c'est toujours le même homme.

De notre temps, *Notre-Dame de Paris* n'est-elle pas signée Victor Hugo comme les *Châtiments*? Et quel autre que le poète des *Méditations* et des *Harmonies* aurait pu écrire le *Conseiller du Peuple* et les *Girondins?*

Rien de semblable chez Voltaire. Sa poésie et sa prose ne portent pas la même marque. Placez en regard ses histoires et ses tragédies, ses contes et ses comédies, ses poésies légères même, si charmantes qu'elles soient, et sa correspondance, vous vous sentez en face de deux artistes différents ; même quand vous y retrouvez le même genre d'esprit, vous n'y retrouvez plus la même plume. Autant Voltaire prosateur est précis, clair, net, simple; autant Voltaire poète dramatique est souvent vague, mou, indécis dans les termes, et déclamatoire.

Je dis le poète, je devrais dire le versificateur ; car c'est le versificateur qui trahit sans cesse en lui le poète. Voltaire a d'admirable dons de poésie, et en dépit du mépris où sont tombées aujourd'hui ses tragédies, c'est un grand poète tragique, c'est un innovateur, un inventeur, un précurseur. Il a agrandi la carte géographique du théâtre; il a annexé à notre art l'*Amérique* avec *Alzire*, la *Chine* avec l'*Orphelin*, la *Sicile* avec *Tancrède*, la *France* avec *Adélaïde Du Guesclin*, et même avec *Zaïre*. L'action substituée au récit, la mise en scène, le spectacle, sont autant de conquêtes de Voltaire. Il a multiplié les coups de théâtre, il a introduit le romanesque dans la tragédie. Racine avait dit : Le génie est une raison sublime. Voltaire a osé dire : « Au théâtre, il faut frapper fort plutôt que frapper juste. » N'est-ce pas la règle de tout le répertoire moderne ? Si vous étudiez avec soin, dans leur composition, quelques-unes de ses grandes tragédies, vous serez surpris de voir quelle étonnante ressemblance architecturale se retrouve entre *Mérope* ou *Mahomet* et tel ou tel drame de 1830. D'où vient donc l'anathème porté contre Voltaire par l'école nouvelle? Que lui reproche-t-on? Que lui a-t-il manqué? le style. Entendons-nous bien sur ce mot, car, avec ce diable d'homme, il faut toujours corriger la critique par l'éloge, et l'éloge par la critique. Ses tragédies sont pleines de passages éloquents, de vers délicieux et profonds, de morceaux d'éclat, mais ce qui fait défaut, c'est la trame : supposez une étoffe brodée de fleurs charmantes, mais où l'étoffe même, serait sans solidité, et formée de toutes sorte de tissus différents, fil, coton, soie, laine. Voltaire n'est pas né avec un style poétique tout fait, et il n'a pas su s'en faire un; il trempe sa plume dans toutes sortes d'écritoires, tantôt chez Corneille, tantôt chez Racine, tantôt chez Boileau.

33

Molière et Corneille sont arrivés, eux, dans ce monde avec leur plume toute taillée. Mais Racine a été forcé de tailler la sienne; La Fontaine de même : il nous l'a expliqué. Eh bien, Voltaire n'a pas eu le temps ou le génie de se créer son instrument. Sa fièvre de production, sa passion de tout embrasser, son ardeur improvisatrice, ne lui ont pas permis de se forger une langue poétique qui valût sa langue en prose. Il est vrai que celle-là, il ne se l'est pas faite : c'est la nature qui la lui a donnée; il était né prosateur et poète, mais non versificateur ; de là, dans les morceaux où l'inspiration ne le soutient pas, et même dans ses belles pages tragiques, un alliage incroyable de termes d'à peu près, de phrases de convention, d'expressions de pacotille, une absence de rimes et de rythmes qui jette dans le cours de son style une foule de vers d'amateur. La lecture à haute voix nous révèle toutes ses faiblesses; et un exemple va nous les prouver.

Je l'emprunte à la première scène d'*Adélaïde Du Guesclin*, parce qu'en général, Voltaire apporte beaucoup de soin à l'exécution de ses premières scènes.

ADÉLAÏDE.

Je sais quel est Coucy, sa *noble intégrité*
Sur ses lèvres toujours plaça la vérité;
Quoi que vous m'annonciez, je vous croirai sans peine

COUCY.

Sachez que si ma foi dans Lille me ramène,
Si du duc de Vendôme embrassant le parti,
Mon zèle en sa faveur ne s'est pas démenti,
Je n'approuvai jamais la fatale alliance
Qui l'unit aux Anglais et l'enlève à la France.

Mais dans ces temps affreux de discorde et d'horreur,
Je n'ai d'autre parti que celui de mon cœur !
Non que pour ce héros, *mon âme* prévenue
Prétende à ses défauts fermer toujours *ma vue !*
Je ne m'aveugle pas, je vois avec douleur
De ses emportements l'indiscrète chaleur,
Je vois que de ses sens l'*impétueuse ivresse*
L'abandonne aux excès d'une ardente jeunesse,
Et ce *torrent fougueux* que j'arrête *avec soin*
Trop souvent *me l'arrache* et l'emporte trop loin !

Ce torrent qu'on *arrête avec soin* et qui vous *emporte trop loin* aurait fait bondir Voltaire d'indignation s'il l'eût trouvé dans les vers d'un autre, et il aurait marqué d'un crayon indigné les passages soulignés par nous, comme appartenant à cette phraséologie insupportable qui mêle sans cesse la fausse élégance, la platitude et la convention !

Si brillant que soit parfois le style dramatique de Voltaire, il manque de cette qualité supérieure, sans laquelle il n'y a pas de grand écrivain, l'unité.

Réfugions-nous donc dans sa prose.

§ 1.

Voltaire prosateur se montre à nous sous trois aspects : historien, critique, épistolier[1], et il porte dans ses lettres, dans ses articles et dans ses histoires les mêmes qualités distinctives : clarté lumineuse, propriété de termes absolue, brièveté de phrases, rapidité de tournure ; le tout relevé çà et là, et selon le genre, de traits spirituels, concis,

---

[1] Ce mot du dix-septième siècle mérite d'être remis en honneur, car il n'a pas son synonyme.

profonds, qui résumant l'idée, semblent la condenser en une goutte de lumière.

Allons à l'exemple ; prenons la bataille de Rocroy dans le *Siècle de Louis XIV* :

Les troupes espagnoles attaquèrent Rocroy, et quand elles virent qu'on ne leur opposait qu'une armée inférieure en nombre, commandée par un jeune homme de vingt et un ans, leur espérance se changea en sécurité.

Ce jeune homme sans expérience qu'ils méprisaient, était Louis de Bourbon, alors duc d'Enghien, connu depuis sous le nom du grand Condé. La plupart des grands capitaines sont devenus tels par degrés. Ce prince était né général ; l'art de la guerre semblait en lui un instinct naturel. Il n'y avait en Europe que lui et le Suédois Torstenson qui eussent eu à vingt ans ce génie qui peut se passer de l'expérience.

On remarqua que ce prince ayant tout réglé le soir, veille de la bataille, s'endormit si profondément qu'il fallut le réveiller pour combattre. On conte la même chose d'Alexandre. Il est naturel qu'un jeune homme, épuisé par les fatigues que demande l'arrangement d'un si grand jour, tombe ensuite dans un sommeil plein ; il l'est aussi qu'un génie fait pour la guerre, agissant sans inquiétude, laisse au corps assez de calme pour dormir. Le prince gagna la bataille par lui-même, par un coup d'œil qui voyait à la fois le danger et la ressource ; par son activité exempte de trouble, qui le portait à propos à tous les endroits. Ce fut lui qui, avec de la cavalerie, attaqua cette infanterie espagnole jusque-là invincible, aussi forte, aussi serrée que la phalange ancienne et qui s'ouvrait avec une agilité que la phalange n'avait pas. Le prince l'entoura et l'attaqua trois fois. A peine victorieux, il arrêta le carnage ; les officiers espagnols se jetaient à ses genoux pour trouver auprès de lui un asile contre la fureur du soldat vainqueur. Le duc d'Enghien eut autant de soin pour les épargner qu'il en avait pris pour les vaincre.

Le vieux comte de Fuentès, qui commandait cette infanterie espagnole, mourut percé de coups. Condé, en l'apprenant, dit « qu'il aurait voulu être mort comme lui, s'il n'avait pas vaincu. »

Voilà un modèle de récit simple et vivant. Pas un mot

de trop, pas un mot de moins[1]. Toutes les circonstances du combat et tout le caractère de Condé y sont représentés en quelques traits rapides et expressifs. Les mêmes qualités que demande la lecture de Fénelon sont ici nécessaires et faciles. Emploi continu de la voix de médium, application aisée des règles de la respiration, observance exacte de la ponctuation; rien de déclamatoire, rien de forcé; tout dans la mesure, le naturel et la vérité. Ce qu'il y a de plus remarquable dans ce style si simple, c'est qu'il est plein de vivacité et de relief.

L'étude de trois phrases nous montrera le mérite des autres et nous apprendra à bien lire tout le morceau.

Ce jeune homme sans expérience qu'ils méprisaient, était Louis de Bourbon, alors duc d'Enghien, connu depuis sous le nom du grand Condé.

Faites sentir *sans emphase* le contraste entre les deux parties de cette phrase, c'est-à-dire entre le mépris des ennemis et celui qui en est l'objet.

La plupart des grands généraux sont devenus tels par degrés. Ce prince était né général.

Faites valoir le mot *né*, c'est le mot de valeur.

L'art de la guerre semblait en lui un instinct naturel. Il n'y avait en Europe que lui et le Suédois Torstenson, qui eussent eu à vingt ans le génie qui peut se passer de l'expérience.

On ne peut mieux dire et plus dire en moins de paroles. Tout mot compte, tout membre de phrase a sa valeur pro-

---

1. Je l'ai un peu abrégé dans la citation, mais il a le même caractère dans son ensemble.

pre, et veut être mis en relief, simplement, sobrement et nettement.

On remarque que ce prince ayant tout réglé le soir, veille de la bataille, s'endormit si profondément, qu'il fallut le réveiller pour combattre. On conte la même chose d'Alexandre.

La familiarité des termes vous dicte la simplicité du débit et ajoute à la grandeur de l'action ; elle met bien sur le même niveau le héros grec et le héros français ; ils vont de pair.

Il est naturel qu'un jeune homme, épuisé par les fatigues que demande l'arrangement d'un si grand jour, tombe ensuite dans un sommeil plein; il l'est aussi qu'un génie fait pour la guerre, agissant sans inquiétude, laisse au corps assez de calme pour dormir.

Je ne puis me lasser d'admirer cette bonhomie et ce bons sens appliqués à un récit de bataille, et pour en sentir tout le charme, étudions cette même victoire de Rocroy

LE VOYEZ-VOUS COMME IL VOLE A LA VICTOIRE OU A LA MORT.

racontée par Bossuet. Ce sera la comparaison d'une narration épique et d'une narration historique, et la mise en regard de deux modes de diction.

A la nuit qu'il fallut passer en présence des ennemis, comme un
vigilant capitaine, il se reposa le dernier, mais jamais il ne reposa
plus paisiblement.

A la veille d'un si grand jour, et dès la première bataille, il est tranquille, tant il se trouve dans son naturel : et on sait que le lendemain,
à l'heure marquée, il fallut réveiller d'un profond sommeil cet autre
Alexandre. Le voyez-vous comme il vole à la victoire ou à la mort !
Aussitôt qu'il eut porté de rang en rang l'ardeur dont il est animé,
on le vit presque en même temps pousser l'aile droite des ennemis,
soutenir la nôtre ébranlée, rallier les Français à demi vaincus, mettre
en fuite l'Espagnol victorieux, porter partout la terreur, et étonner
de ses regards étincelants ceux qui échappaient à ses coups. Restait
cette redoutable infanterie de l'armée d'Espagne, dont les gros bataillons serrés, semblables à autant de tours, mais à des tours qui sau-
raient réparer leurs brèches, demeuraient inébranlables au milieu de
tout le reste en déroute, et lançaient des feux de toutes parts. Trois
fois le jeune vainqueur s'efforça de rompre ces intrépides combattants,
trois fois il fut repoussé par le valeureux comte de Fontaine [1], qu'on
voyait porté dans sa chaise, et, malgré ses infirmités, montrer qu'une
âme guerrière est maîtresse du corps qu'elle anime ! mais enfin il faut
céder. C'est en vain qu'à travers les bois, avec sa cavalerie toute fraî-
che, Beck précipite sa marche pour tomber sur nos soldat épuisés ; le
prince l'a prévenu, les bataillons enfoncés demandent quartier. Mais
la victoire va devenir plus terrible pour le duc d'Enghien que le combat. Pendant qu'avec un air assuré, il s'avance pour recevoir la parole
de ces braves gens, ceux-ci, toujours en garde, craignent la surprise
de quelque nouvelle attaque ; leur effroyable décharge met les nôtres
en furie : on ne voit plus que carnage ; le sang enivre le soldat jusqu'à ce que ce grand prince, qui ne peut voir égorger ces lions comme
de timides brebis, calmât les courages émus, et joignît au plaisir de
vaincre celui de pardonner.

1. Remarquons que Bossuet dit *Fontaine,* et Voltaire, *Fuentès.* Au dix-
septième siècle, on francisait tous les noms étrangers.

La différence de ces deux récits marque quelles qualités différentes chacun d'eux exige du lecteur. En lisant Voltaire, il ne faut que dessiner; en lisant Bossuet, il faut peindre. La précision, la justesse, la netteté du débit ne suffisent plus à cette prose ardente, où tout est image et mouvement. On n'a pas trop de toutes les ressources de la voix pour suivre et exprimer la course du prince de Condé sur le champ de bataille. Cette phrase admirable : *Aussitôt qu'il eut porté de rang en rang*, etc., appelle une énergie d'accent, une richesse de vibration, qui nous emporte bien loin de la diction tempérée. Un mot se détache avec un relief merveilleux sur le fond du récit, et devient presque un mot de génie par la seule place qu'il occupe : *Restait cette redoutable infanterie espagnole*, etc., etc. Ce *restait*, ainsi posé tout seul, debout, en tête de la phase, a, je ne sais quel air de forteresse qui représente la résistance et la lutte.

Cette comparaison ne peut pas mieux se terminer que par un passage où éclate et se résume le contraste entre ces deux récits et ces deux génies. Que dit Voltaire? *A la veille de la bataille il dormait profondément. On conte la même chose d'Alexandre...* Que dit Bossuet? *Le lendemain, à l'heure marquée, il fallut réveiller d'un profond sommeil ce nouvel Alexandre...* C'est le même fait, ce sont presque les mêmes mots, j'ajouterai c'est la même grandeur. Mais dans l'un, cette grandeur naît de la vulgarité de l'expression; dans l'autre, de son élévation. La lecture parallèle de ces deux récits vous en révélera toutes les ressemblances et toutes les disparités.

§ 2.

Passons au Voltaire critique et épistolier. Un heureux hasard veut que nous retrouvions tous les deux réunis, dans un chef-d'œuvre de trois pages, la lettre à Déodati (1761, lettre 5236).

Déodati avait écrit un livre sur l'excellence de la langue italienne; il l'envoya à Voltaire. Voici la réponse:

Je suis très sensible à l'honneur que vous me faites de m'envoyer votre livre sur l'excellence de la langue italienne; c'est envoyer à un amant l'éloge de celle qu'il aime. Permettez-moi cependant quelques réflexions en faveur de la langue française que vous me paraissez dépriser un peu trop. On prend souvent le parti de sa femme, quand la maîtresse de cœur ne la ménage pas assez.

Ce mélange de badinage et de raison peint tout un côté de Voltaire. Entrer de la sorte dans une dissertation philologique est bien le fait de ce critique qui a toujours été le contraire d'un pédant. Pour tâcher d'attraper, en lisant, ce ton de légèreté et de grâce, rappelez-vous que Voltaire écrit à un étranger, à un étranger de distinction: il y met plus de façons qu'avec un compatriote; il sent qu'il représente la France devant l'Italie; et à chaque page de cette dissertation, se retrouve le sens littéraire d'un critique exquis et le bon goût d'un homme du monde. Voltaire, on le sait, avait vécu, jeune, dans la meilleure compagnie.

Il me paraît qu'il n'y a dans le monde que deux langues véritablement harmonieuses: la grecque et la latine. Vous avez le droit de dire: *La bella lingua toscana è la figlia primogenita del latino* (la belle langue toscane est la fille aînée du latin), mais jouissez de votre droit d'aînesse et laissez à vos cadettes partager quelque chose de la succession.

Toujours cette même amabilité railleuse, et toujours aussi pour le lecteur un exercice de souplesse et de grâce.

J'ai toujours respecté les Italiens comme nos maîtres, mais avouez que vous avez fait de fort bons disciples. Presque toutes les langues de l'Europe ont des qualités et des défauts qui se compensent. Vous n'avez pas les mélodieuses terminaisons des mots espagnols, qu'un heureux concours de voyelles et de consonnes rend si sonores. *Los rios, los hombres, las historias, las costumbres.*

Cette phrase exige dans la voix une richesse, et dans les sons une certaine rondeur musicale qui exprime l'harmonie des mots espagnols.

Il vous manque aussi les diphthongues, qui, dans notre langue, font un effet si harmonieux. Les *rois*, les *empereurs*, les *exploits*, les *histoires*. Vous nous reprochez nos *e muets*, comme un son triste et sourd qui expire dans notre bouche, mais c'est précisément dans ces *e muets* que consiste la grande harmonie de notre prose et de nos vers.

Empire, couronne, diadème, flamme, tendresse, victoires, toutes ces désinences heureuses laissent dans l'oreille un son qui subsiste encore après le mot prononcé, comme un clavecin qui résonne quand les doigts ne frappent plus les touches...

Ici, c'est Voltaire même qui est le professeur de lecture. En marquant par une image si ingénieuse et si sensible le caractère euphonique de notre langue, il pose une règle de prononciation qui s'applique à tous les morceaux.

Avouez, monsieur, que la prodigieuse variété de nos désinences peut avoir quelque avantage sur les cinq terminaisons de tous les mots de votre langue. Encore, de ces cinq terminaisons, faut-il en retrancher une, l'*u*. Vous n'avez guère plus de sept ou huit mots qui se terminent ainsi. Restent donc quatre sons, *a*, *e*, *i*, *o*, qui finissent tous les mots italiens. Pensez-vous que l'oreille d'un étranger soit satisfaite quand il lit pour la première fois :

> ... il capita*no*
> Che il grand sepol*cro*, li*bero* di Cristo,

ou bien :

> *Motto* egli *opro col* sen*no*, e *con* la ma*no*.

Comparez à la triste uniformité de ces *o*, ces deux vers si simples de Corneille :

> Le destin se déclare et vous venez d'entendre
> Ce qu'il a résolu du beau-père et du gendre.

Vous voyez que chaque mot se termine différemment.

Voltaire passe ensuite de la sonorité de la langue italienne à son abondance, et nous allons retrouver là cette raison doublée de science et ornée d'esprit, qui va nous apprendre à lire une dissertation abstraite, avec naturel et agrément, c'est-à-dire comme il sait le faire.

Vous vantez avec raison, monsieur, l'extrême abondance de votre langue, mais permettez-nous de n'être pas dans la disette. Il n'est, à la vérité, aucun idiome au monde qui peigne toutes les nuances des choses. Toutes les langues sont pauvres à cet égard ; aucune ne peut exprimer, par exemple, en un seul mot, l'amour fondé sur l'estime ou sur la bonté seule, ou sur la convenance des caractères, ou sur le besoin d'aimer. Il en est ainsi de toutes les passions, de toutes les qualités de notre âme. Ce que l'on sent le mieux est souvent ce qui manque de termes...

Ces idées générales, jetées ainsi au milieu de cette dissertation, lui donnent une gravité simple qui doit se retrouver dans votre diction. C'est une nuance de plus à ajouter à la variété de tons de cette lettre merveilleuse.

Ne croyez pas, monsieur, que nous soyons réduits à l'extrême indi-
gence que vous nous reprochez. Vous faites un catalogue en deux co-
lonnes, de votre superflu et de notre pauvreté. Vous mettez d'un côté
orgoglio, alterigia, superbia, et de l'autre *orgueil* tout seul. Cependant, monsieur, nous avons *orgueil, superbe, hauteur, fierté,
morgue, élévation, dédain, arrogance, insolence, gloriole, présomp-
tion, outrecuidance.* Tous ces mots expriment des nuances différentes
de même que chez vous *orgoglio, alterigia, superbia* ne sont pas synonymes.

Cette énumération donne lieu à deux utiles exercices.
D'abord, exercice de ponctuation : il faut séparer chaque
mot par une virgule ; puis exercice d'intonation. Doit-on
prononcer tous ces mots sur le même ton ? doit-on, au
contraire, reproduire par la prononciation, la variété de
sentiments qu'ils représentent ? Voltaire dit avec raison : ils
ne sont pas synonymes ; le lecteur doit-il les faire mo-
nocordes ? il y a là une question de lecture fort délicate.
Le pour et le contre peuvent être également soutenus, et
la tragédie de *Cinna* nous offre un exemple, qui peut nous
servir de leçon.

Vous vous rappelez ces vers célèbres :

> De tous ces meurtriers te dirai-je les noms ?
> Procule, Glabrion, Virginian, Rutile,
> Marcel, Plaute, Lénas, Pompone, Albin, Icile,
> Maxime qu'après toi j'avais le plus aimé... etc.

Talma mettait beaucoup d'art dans cette énumération :
autant de noms, autant d'inflexions différentes ; il faisait
attendre les uns comme s'il les cherchait ; il marquait les
autres d'un accent de mépris ou d'indignation. J'ai entendu,

au contraire, des acteurs laisser tomber ces noms l'un
après l'autre, avec une uniformité de son et une régularité
de mouvement qui les faisaient ressembler à des coups de
balancier, et l'effet alors résultait de la monotomie même.
De ces deux manières, laquelle est la bonne? Toutes les
deux; car toutes les deux sont vraies. C'est affaire de
tempérament. Essayez-les toutes deux, voyez celle qui
va le mieux à votre sentiment, et appliquez-la ensuite à
l'énumération des mots cités par Voltaire.

Continuons cette lettre si féconde en enseignements de
toute sorte.

> Vous nous reprochez, dans votre alphabet de nos misères, de n'avoir
> qu'un mot pour exprimer vaillant. Je sais, monsieur, que votre na-
> tion est très vaillante quand elle le veut et quand on le veut; l'Alle-
> magne et la France ont eu le bonheur d'avoir à leur service de très
> braves et très grands officiers italiens.
> *L'italico valor non è ancor morto,*
> La valeur italienne n'est pas encore morte.

Voilà une des phrases les plus agréables et les plus
difficiles à lire. Il y faut faire sentir à la fois la grâce
courtoise, l'hommage rendu à la valeur italienne, c'est-à-
dire ce *qui est en dessus*, et aussi, mais avec une grande
discrétion, ce qui se cache de raillerie *sous* ces mots : un
peuple qui a de la valeur *quand on le veut*, c'est-à-dire
dont les grands capitaines n'ont été que des condottieri au
service des autres nations. Comment rendre cette nuance?
Cherchez. Puisque Voltaire a pu l'exprimer par la plume,
on peut l'exprimer par la voix.

> Mais, si vous avez *valente, prode, animoso,* nous avons *vaillant,*
> *preux, courageux, intrépide, hardi, audacieux, brave.* Ce courage,

cette bravoure ont plusieurs caractères différents, qui ont chacun leurs termes propres, et croyez bien, monsieur, que nous avons dans nôtre langue l'esprit de faire sentir ce que les défenseurs de notre pays ont le mérite de faire.

Ce petit trait final de fierté patriotique, contraste heureusement avec la technicité du paragraphe qui le précède, et avec la gaieté du paragraphe qui le suit.

Vous nous insultez, monsieur, sur le mot de ragoût. Vous vous imaginez que nous n'avons que ce terme pour exprimer nos *mets*, nos *plats*, nos *entrées de table* et nos *menus*. Plût à Dieu que vous eussiez raison ; je m'en porterais mieux ! Mais, malheureusement, nous avons un dictionnaire entier de cuisine. Vous vous vantez de deux expressions pour signifier gourmand ; mais daignez plaindre, monsieur, nos *gourmands*, nos *goulus*, nos *friands*, nos *mangeurs*, nos *gloutons*.

Vous ne connaissez, dites-vous, que le mot de *savants ;* ajoutez-y, s'il vous plaît, *docte, érudit, instruit, éclairé, habile, lettré ;* vous trouverez parmi nous le nom et la chose. Votre poésie possède des avantages plus réels, celui des inversions : vous pouvez faire plus facilement cent bons vers en italien, que nous dix en français. Tous vos mots finissant en a, e, i, o, vous fournissent vingt fois plus de rimes que nous n'en avons ; vous êtes moins asservis que nous à l'hémistiche et à la césure ; vous dansez en liberté, nous dansons avec des chaînes.

Ces deux derniers paragraphes ne donnent lieu qu'aux mêmes remarques ; et j'ai hâte d'arriver à la conclusion.

Croyez-moi, monsieur, ne reprochez à notre langue ni la rudesse, ni le défaut de prosodie, ni l'obscurité, ni la sécheresse. Vos traductions de quelques ouvrages français prouveraient le contraire, et je finis cette lettre trop longue par une seule réflexion. Si le peuple a formé les langues, les grands hommes les perfectionnent par les bons livres, et la première de toutes les langues est celle qui a le plus d'excellents ouvrages.

Tel est ce chef-d'œuvre de bon sens, de grâce et de

raillerie. On y trouve à la fois un grand lettré, un grand écrivain, un homme de la meilleure compagnie et un patriote. Qui la lira bien dans toutes ses nuances, sera merveilleusement préparé à l'interprétation de deux prosateurs plus complexes, et d'une habileté plus recherchée, que nous allons aborder : La Bruyère et Montesquieu.

CHAPITRE XXXI

LES GRANDS PROSATEURS

LA BRUYÈRE — MONTESQUIEU

On peut diviser nos grands prosateurs en écrivains et en stylistes.

Cette distinction, quoique légère en apparence, est profonde dans la réalité. Ce sont deux formes très différentes du talent. Elles partent de deux sortes de natures d'esprit, de deux procédés de travail, de deux idéals dans l'art. Le grand styliste est à la fois plus et moins que le grand écrivain. Il arrive à des beautés, à des effets que l'écrivain n'atteint pas ; ajoutons, parce que celui-ci les dédaigne et les domine. Sans doute, en effet, le grand écrivain travaille sa phrase avec art, pour la forcer à exprimer toute sa pensée. Si l'idée est profonde, il veut que la forme en soit profonde, si l'idée est piquante ou ingénieuse, il veut que la forme soit ingénieuse et piquante ; si l'idée est poétique, il veut que la forme soit poétique ; il ne

néglige rien de ce qui peut l'aider à faire passer dans les mots ce qu'il a dans l'âme et dans l'esprit. Naît-il des fleurs sous sa plume? il ne les rejette pas, mais à la condition qu'elles soient nées du sol et non transplantées. Ses règles se réduisent à une seule : il veut que son expression ne reste jamais en deçà de son impression, mais aussi qu'elle n'aille jamais au delà, car rester en deçà, c'est trahir sa pensée; aller au delà, c'est la forcer ou l'agrémenter. On ne dira jamais de lui : *materiam superat opus* (le travail surpasse la matière).

Tout autre est le styliste. L'art chez lui se complique d'artifice. Il recherche l'effet, il vise à l'imprévu, il aime le piquant, il se plaît à étonner. Quoiqu'il puisse y avoir telle ou telle de ses pages qui touche au génie, *il n'écrit pas de génie*, c'est le talent, c'est l'art qui chez lui tient la plume.

Prenons des exemples :

Montaigne, Pascal, Bossuet, Fénelon, Saint-Simon,

SAINT-SIMON

Mme de Sévigné, Voltaire, sont de grands écrivains. La
Bruyère, Montesquieu, Massillon, J.-J. Rousseau même,
malgré toute son éloquence, sont de grands stylistes. La
méthode de travail de Jean-Jacques suffit à le prouver. Il
composait sa prose comme on compose des vers, en
promenade, combinant, limant, raffinant, et rapportant le

MICHELET

soir une page travaillée comme une strophe. On ne sent
pas chez lui l'inspiration de la plume.

De notre temps, presque tous les écrivains sont des
stylistes; Chateaubriand a donné l'exemple, on l'a suivi.
Les plus différents de lui, les plus spontanés, Michelet,
par exemple, appartiennent à la même école. Bien différente
cependant est leur manière d'écrire. Autant la phrase de
Chateaubriand est harmonieuse, pondérée, équilibrée,
autant celle de Michelet est abrupte, coupée, pleine d'angles
et de soubresauts; n'importe, le chemin est différent, le
but est le même, ce sont des coquets de style.

Ce genre de talent d'écrire exige un genre de diction
particulier. Il ne s'agit pas de simplifier ces écrivains, ce
serait les affaiblir. Autant Fénelon et Voltaire veulent être

lus avec naturel et laisser-aller, autant il faut avec les autres de relief et de mordant. Le débit doit être ciselé comme la forme ; la fidélité de l'interprétation est à ce prix, et comme ces maîtres sont pleins d'originalité, d'audace, de brillant, la voix acquiert, en les étudiant, des souplesses et des énergies d'allures qui font de cette étude une excellente gymnastique. Ajoutons que, comme il faut beaucoup d'art et de travail pour les bien lire, l'effort même que leur génie vous impose, vous aide à les pénétrer plus profondément.

La Bruyère et Montesquieu sont les deux premiers et les deux plus brillants chefs de cette école. Ils en ont toutes les qualités et presque aucun de ses défauts. L'étudier en eux, ce sera donc l'étudier sous sa plus pure forme.

La Bruyère est né en 1639 ; son livre parut en 1687 et il mourut, lui, en 1696. Toute sa vie s'écoula donc dans la pleine splendeur de Louis XIV ; son style cependant n'est déjà plus celui du dix-septième siècle, et lui-même nous l'a prouvé dans ces lignes :

L'on écrit régulièrement depuis vingt ans ; l'on est esclave de la construction ; l'on a enrichi la langue de nouveaux mots, secoué le joug du latinisme, et réduit le style à la phrase purement française. L'on a presque retrouvé le nombre que Malherbe et Balzac avaient les premiers rencontré, et que tant d'autres, depuis, ont laissé perdre. L'on a mis enfin dans le discours tout l'ordre et toute la netteté dont il est capable. *Cela conduit insensiblement à y mettre de l'esprit.*

Voilà La Bruyère peint sur le vif, et peint par lui-même. Une autre phrase complète ce renseignement précieux :

Celui qui n'a égard en écrivant qu'au goût de son siècle songe plus à sa personne qu'à ses écrits. *Il faut toujours tendre à la perfection...*

Ainsi la perfection du style, pour La Bruyère, ne se rencontre ni dans Bossuet, ni dans Fénelon, ni dans Pascal. Il y veut encore quelque chose de plus. Quoi donc ? Il nous l'a dit lui-même : *de l'esprit*. Par esprit, il ne faut pas entendre les *traits d'esprit*, mais le caractère même du style, l'*ingéniosité du style* : ce caractère se retrouve dans La Bruyère critique, moraliste et peintre de portraits. Choisissons, dans La Bruyère critique, son parallèle entre Racine et Corneille.

§ I. LA BRUYÈRE CRITIQUE

Parallèle entre Racine et Corneille.

S'il est permis de faire entre eux quelque comparaison, et de les marquer l'un et l'autre par ce qu'ils ont de plus propre, et par ce qui éclate le plus ordinairement dans leurs ouvrages, peut-être pourrait-on parler ainsi : Corneille nous assujettit à ses caractères et à ses idées ; Racine se conforme aux nôtres. Celui-là peint les hommes tels qu'ils devraient être ; celui-ci les peint tels qu'ils sont. Il y a plus dans le premier de ce que l'on admire, et de ce que l'on doit même imiter. Il y a plus dans le second de ce que l'on reconnaît dans les autres, et de ce que l'on éprouve de soi-même. L'un élève, étonne, maîtrise, instruit ; l'autre plaît, remue, touche, pénètre. Ce qu'il y a de plus beau, de plus noble, de plus impérieux dans la raison, est manié dans le premier ; et par l'autre, ce qu'il y a de plus flatteur et de plus délicat dans la passion. Ce sont, dans celui-là, des maximes, des règles, des principes, et dans celui-ci, du goût et des sentiments. L'on est plus occupé aux pièces de Corneille, on est plus ébranlé, plus attendri à celles de Racine ; Corneille est plus moral, Racine plus naturel. Il semble que l'un imite Sophocle, et l'autre doit plus à Euripide.

Que d'art dans ce morceau ! Je ne lui trouve qu'un défaut. C'est de me donner trop raison. Ce qu'il y a de

symétrique et de raffiné justifie trop bien le nom de *styliste*, que j'ai donné à La Bruyère, et l'adjectif d'*ingénieux* que j'ai donné à son style. Sans doute, toutes les pages sorties de sa plume ne portent pas ce caractère au même degré, mais elles le portent toutes. Comment faut-il lire ce morceau? Comme il est écrit. Pas un terme qui n'ait sa valeur significative; pas un mot qui n'ait son intention. Pour peindre la continuelle mise en regard des deux poètes, le lecteur doit donc sauter à tout instant d'une voix à l'autre; il doit sans cesse changer non seulement d'accent, mais de timbre, car La Bruyère appelle à son aide la musique des mots tout autant que leur signification. Par exemple, voyez la différence musicale de ces différents verbes : Corneille nous *assujettit* à ses idées, Racine *se conforme* aux nôtres. L'un *élève, étonne, maîtrise, instruit;* l'autre *plaît, remue, touche, pénètre.* Il est évident que les verbes appliqués au génie de Corneille demandent des sons brillants, énergiques, je dirais volontiers impérieux, et que dès qu'on arrive à Racine, on éprouve le besoin de changer de registre et de chercher dans sa voix les notes moelleuses et pénétrantes. A mesure que le parallèle se poursuit, le contraste s'accentue davantage. Les phrases de la première partie du morceau ont une certaine longueur, un certain nombre, et la première, entre autres, se développe magistralement ; mais à la fin, les antithèses se pressent, les contrastes se multiplient, les deux figures apparaissent, disparaissent, reparaissent ; c'est une sorte de volte-face continue qui exige uné prestesse de voix, une rapidité de changement de ton, et une netteté d'accent dont on retrouve l'emploi dans l'interprétation de toute l'œuvre de La Bruyère.

§ 2. LA BRUYÈRE MORALISTE

Il y a, en effet, bien de la variété dans cette uniformité, bien des sous-manières dans cette manière d'écrire. Si ce parallèle de Corneille et de Racine nous la montre sous forme d'antithèses, elle se manifeste quelquefois, surtout dans les études morales, par la délicatesse ou la hardiesse de l'expression ou du sentiment, par la vivacité des tours, par le sens un peu détourné des mots, par le trait final d'un morceau. La Bruyère se plaît beaucoup à combiner, à construire tout un passage, parfois fort long, en vue d'un mot très court qui le termine et le résume. On dirait un dernier vers de couplet. Cet artifice a sous sa plume un agrément et une finesse infinis. Je choisis, dans son chapitre sur les femmes, un exemple entre mille. C'était le temps de la manie des directeurs.

Qu'est-ce qu'une femme que l'on dirige? Est-ce une femme plus complaisante pour son mari, plus douce pour ses domestiques, plus appliquée à sa famille et à ses affaires, plus ardente et plus sincère pour ses amis, qui soit moins esclave de son humeur, moins attachée à ses intérêts, qui aime moins les commodités de la vie, qui soit plus exempte d'amour de soi-même et d'éloignement pour les autres, qui soit plus libre de tous attachements humains? Non, dites-vous, ce n'est rien de toutes ces choses. J'insiste et je vous demande: qu'est-ce donc qu'une femme que l'on dirige? Je vous entends, c'est une femme qui a un directeur.

Rien de plus mordant que cette longue énumération suspensive, qui parcourt toutes les vertus que devrait donner à une femme une sage direction, pour se terminer brusquement par cette courte ligne si amèrement ironique dans sa simplicité apparente. La lecture de ce morceau n'est pas très difficile. Le point d'interrogation, dominant la phrase entière, vous donne l'intonation qui doit se retrouver au bout de chaque membre en particulier. L'effet consiste dans la répétition de cette même note; répétition avec crescendo; crescendo qui s'accentue à mesure que les questions se prolongent et se marquent d'un certain accent d'impatience; impatience qu'augmente le petit ton dédaigneux de cette réponse : « Non, ce n'est rien de toutes ces choses ! » réponse à laquelle succède une interrogation plus vive… : *Mais qu'est-ce donc qu'une femme qu'on dirige?* le tout se dénouant avec une bonhomie sarcastique, par : *Ah ! j'entends, c'est une femme qui a un directeur.*

§ 3. LA BRUYÈRE PORTRAITISTE

La Bruyère, moraliste, n'a rien ni d'un Nicole, ni d'un Vauvenargues, ni même d'un Sénèque, ou d'un Plutarque :

il ne s'occupe pas de réformer le cœur humain, il le met
à nu et le fustige ; c'est un satirique. Mais voici le fait
caractéristique et particulier à La Bruyère, ce satirique est
doublé d'un auteur comique qui, à son tour, est quelque
peu croisé de comédien. En effet, que sont ces portraits ?
Des abstractions philosophiques ? Nullement. Ce sont des
personnages de théâtre. Gnathon, Giton, Ménalque, Diphile,
parlent, s'agitent, vivent comme Sganarelle, Harpagon,
ou Lycidas. L'auteur ne se contente pas de les peindre, il
les met en scène. Quand il a voulu parler d'un faux dévot,
il a refait le rôle de Tartuffe ; il lui a prêté un costume,
des actions scéniques, à la façon du personnage de
Molière.

Ce n'est pas tout ; ses caractères une fois tracés se conten-
tait-il de les livrer à la publicité sous forme de livre ? Non ;
il les représentait lui-même dans le monde ; *il les jouait.*
Gestes, physionomies, poses, exclamations, cris, tout l'appareil de la mimique lui servait pour figurer ses personnages. On raconte même que cet homme, si sérieux d'esprit,
si réservé par devoir (sa place un peu subalterne dans la
maison des Condé lui commandait une grande tenue et une
grande retenue), on raconte, dis-je, que quelquefois, mis
en spectacle par la récitation de ses œuvres, le fond caché
de comédien qu'il y avait en lui éclatait tout à coup, et il se
mettait à danser comme un bouffon. Quoiqu'il ait signalé
l'extrême pente des grands à rire aux dépens d'autrui, il
ne pouvait résister au désir de faire rire, dût-il, pour être
risible, arriver à être ridicule. Le succès des plaisants de
société le rendait jaloux, et cette passion du comédien pour
l'éclat de rire, était telle chez lui, que son ami M. Valin-

court a pu écrire : « M. La Bruyère était un bonhomme
dans le fond, mais que la crainte de paraître pédant jetait
dans un autre ridicule opposé, de sorte que pendant tout
le temps qu'il a passé chez M. le duc, où il est mort, *on
s'est moqué de lui*[1]. »

Ce fait étrange, ce tempérament d'auteur et d'acteur
comique étouffant dans La Bruyère jusqu'au sentiment de
sa dignité, jette un grand jour sur son œuvre et sur la
manière de l'interpréter. Ce n'est pas seulement un styliste,
ce n'est pas seulement un satirique, c'est un satirique et
un styliste dramatique. Tout chez lui est à la fois en action
et à l'effet. Je choisis dans son livre deux exemples entre
mille :

> Les hommes parlent de manière, sur ce qui les regarde, qu'ils n'a-
> vouent d'eux-mêmes que de petits défauts, et encore ceux qui sup-
> posent en leurs personnes de beaux talents ou de grandes qualités.
> Ainsi l'on se plaint de son peu de mémoire, content d'ailleurs de son
> grand sens et de son bon jugement; l'on reçoit le reproche de la dis-
> traction et de la rêverie, comme s'il nous accordait le bel esprit; l'on
> dit de soi qu'on est maladroit et qu'on ne peut rien faire de ses mains,
> fort consolé de la perte de ces petits talents par ceux de l'esprit et par
> les dons de l'âme que tout le monde nous connaît; l'on fait l'aveu de
> sa paresse, en des termes qui signifient toujours son désintéresse-
> ment, et qu'on est guéri de l'ambition. L'on ne rougit pas de sa mal-
> propreté, qui n'est qu'une négligence pour les petites choses et qui
> semble supposer qu'on n'a d'application que pour les solides et essen-
> tielles.

Je ne sais rien de plus joli que ce morceau. La Bruyère
y est tout entier, avec sa fine moquerie, son style achevé
et son talent de mise en scène. Ces quatre hypocrites y sont

---

1. J'emprunte ces détails si curieux au remarquable livre du savant M. Éd.
Fournier : *la Comédie de La Bruyère.*

GOUTEZ MOI CELA.

peints d'un trait, et vivants. Pour les peindre comme lui,
ayez bien soin de prendre l'air désolé en parlant de la mala-
dresse de vos mains! Plaignez-vous, avec un regret sincère,
de votre peu de mémoire! Avouez votre paresse avec confusion!... Enfin, soyez sans pitié pour les petits défauts
qu'on vous prête, pour retomber plus béatement dans le
contentement intime des grandes vertus que vous vous attri-
buez. Ce morceau donne lieu à mille trouvailles de diction.
Il me semble, en le lisant, que j'entends La Bruyère, que
je le vois!

L'autre passage est plus expressif encore.

Parlez à cet homme de la richesse des moissons, d'une ample ré-
colte, d'une belle vendange; vous n'articulez pas, vous ne vous faites
pas entendre, il est curieux de fruits. Parlez-lui de figues et de me-
lons : dites que les poiriers rompent de fruits cette année, que les
pêchers ont donné en abondance; il ne vous répond pas, c'est pour lui
un idiome inconnu, il s'attache aux seuls pruniers. Ne l'entretenez
même pas de *vos* pruniers, il n'a de l'amour que pour une seule
espèce ; toute autre le fait sourire et se moquer! Il vous mène à l'arbre,
cueille artistement cette prune exquise; il l'ouvre, vous en donne la
moitié, et prend l'autre : « Quelle chair! dit-il, goûtez-moi cela! cela
est-il divin! Voilà ce que vous ne trouverez pas chez un autre!... » Et
là-dessus ses narines s'enflent. Il cache avec peine sa joie et son orgueil par quelques dehors de modestie!

C'est une scène complète en quinze lignes. Tout y est dialogue. L'auteur y entre lui-même comme interlocuteur.
Il interpelle le lecteur, il fait parler l'amateur de prunes,
et chaque mot du tableau final est une image. Je suis sûr
*qu'en cueillant artistement cette prune, en en prenant la
moitié,* La Bruyère vous faisait venir l'eau à la bouche!
N'oubliez pas de bien détacher ce charmant trait de vanité,

au milieu de la sensualité, *voilà ce que vous ne trouverez pas chez un autre!* Mais à quoi bon vous donner des conseils de diction? La Bruyère s'en est chargé! Rien ne manque à ce petit chef-d'œuvre, pas même la façon de le dire, car, après avoir peint le personnage, il le joue, et *ces narines qui s'enflent, cet orgueil si mal caché sous des dehors modestes* sont la meilleure leçon de lecture et de jeu. Jouez donc ce caractère ainsi que l'auteur, mais ne le jouez pas autant que lui. Rappelez-vous la différence entre le comédien et le lecteur; même quand il figure un homme de théâtre, le lecteur doit rester homme du monde.

MONTESQUIEU

Ce n'est pas sans hésitation que j'ai rangé Montesquieu parmi les stylistes. Ce mot a quelque chose d'un peu frivole, qui va mal avec ce grand nom. Le titre même de *Monsieur le Président* le repousse; et il semble que ce soit manquer quelque peu de respect à ces graves et immortels monuments qui s'appellent l'*Esprit des lois* et les *Considérations sur la grandeur et la décadence des Romains*, que d'y voir et d'y étudier les produits d'un art parfois raffiné et recherché. Tel est cependant le style de Montesquieu, et tel il devait être, car il tient à la nature même de son esprit et de son caractère. Montesquieu était le contraire d'un orateur[1]. Il n'avait pas d'abondance de mots; son dic-

---

1. Ces détails se trouvent dans le très intéressant et très complet ouvrage de M. Vian, sur l'auteur de l'*Esprit des lois*. L'Académie française a couronné le livre de M. Vian.

MONTESQUIEU

tionnaire était restreint ; le maniement de la phrase lui était
difficile : une lettre à écrire lui coûtait, une conversation à
soutenir lui pesait, il était myope, ce qui exclut, quelquefois une grande richesse d'expressions ; il était timide, ce qui
amène et suppose une certaine hésitation dans le langage.
Ajoutez un goût naturel pour le précieux dans le style, son

Temple de Gnide en est la preuve, et un de ses premiers
ouvrages, la *Politique des Romains dans la religion*, lu à
l'Académie de Bordeaux, choqua un peu, malgré des aperçus fort brillants, par l'abus des antithèses.

Or rapprochez ces traits divers ; joignez-y, chez l'auteur,
un goût de concision, dont la nature des sujets traités lui
faisait une nécessité, et vous comprendrez l'espèce de contraste piquant et inattendu qui se révèle entre la pensée de
Montesquieu et son style. Grave comme érudit, grave
comme historien, grave comme magistrat, grave comme
penseur, il est *ingénieux* comme écrivain, ingéniosité qui
n'exclut ni la force ni la grandeur, mais qui leur donne un
certain aspect de recherche. Montesquieu tient de La
Bruyère. Il ne lui suffit pas d'instruire, de convaincre, de
faire réfléchir, il veut plaire et frapper. Ses effets sont puissants, charmants, mais ce sont des effets.

Prenons cette page de l'*Esprit des lois* :

DES MŒURS DU MONARQUE

Les mœurs du prince contribuent autant à la liberté que les lois ;
il peut, comme elles, faire des hommes des bêtes, et des bêtes faire
des hommes. S'il aime les âmes libres, il aura des sujets ; s'il aime
les âmes basses, il aura des esclaves. Veut-il savoir le grand art de
régner ? qu'il approche de lui l'honneur et la vertu, qu'il appelle le
mérite personnel. Il peut même fixer quelquefois les yeux sur les
talents. Qu'il ne craigne point ces rivaux qu'on appelle les hommes
de mérite ; il est leur égal, dès qu'il les aime. Qu'il gagne le cœur,
mais qu'il ne captive pas l'esprit. Qu'il se rende populaire. Il doit être
flatté de l'amour du moindre de ses sujets ; ce sont toujours des hommes. Le peuple demande toujours si peu d'égards qu'il est juste de les
lui accorder. L'infinie distance qui est entre lui et le souverain empêche bien qu'il ne le gêne. Qu'exorable à la prière, il soit ferme contre

les demandes, et qu'il sache que son peuple jouit de ses refus, et ses courtisans de ses grâces.

Cette page est sans doute pleine de distinction et de profondeur ; mais l'idée se présente sous une forme antithétique et sentencieuse qui sent quelque peu l'apprêt et qui, par conséquent, appelle une certaine recherche de diction. Ce n'est pas la langue de Bossuet et de Pascal : l'étude de ces deux maîtres incomparables va nous montrer quelle différence sépare les grands écrivains des grands stylistes et combien ils doivent être interprétés différemment.

CHAPITRE XXXII

LES GRANDS PROSATEURS

PASCAL — BOSSUET

Nous voici en face des deux plus grands écrivains de la
langue française. Leurs différences sont aussi nombreuses
que leurs ressemblances. Frères en génie et en croyance,
égaux en force de pensée, égaux en éloquence, égaux en
science de style, égaux en poésie et en grandeur d'images,
ils arrivent à une hauteur pareille par des routes tout à
fait opposées ; de façon que le lecteur, après avoir inter-
prété l'un, est forcé de changer d'instrument pour interpréter l'autre, et que leurs contrastes l'aident à les mieux
comprendre et à les mieux rendre tous les deux.

Ce qui domine chez Bossuet, c'est l'orateur. Même quand
il écrit le plus majestueusement, il parle ; à travers tant
de pages admirables, passe comme un souffle non seulement le son de la voix humaine, *sonitus vocis humanæ*,
mais son mouvement, son allure vivante, son impétuosité

PASCAL

ou sa tranquillité, sa course ou sa marche. Fleuve ou torrent, la phrase de Bossuet coule ou roule toujours!

Ce qui domine dans Pascal, c'est le géomètre. Ses
phrases les plus entraînantes sont construites comme des
théorèmes. Leur forme n'est pas seulement savante, elle
est scientifique. On en voit toujours non seulement l'archi-

37

tecture, mais l'échafaudage. Nul écrivain n'est plus poète, plus peintre, mais ses plus sublimes élans de poésie, ses plus puissantes audaces de coloris, jaillissent par explosions spontanées de la symétrique ordonnance d'une période qui continue à se développer lentement, à la façon d'une proposition mathématique, sans courir jamais, sans reculer jamais, sans s'arrêter jamais.

Nous allons essayer de déterminer par des exemples le caractère propre de ces deux styles pour en déduire ensuite la manière de les interpréter. Ce sera une étude de diction d'un degré supérieur et s'adressant surtout aux lecteurs déjà exercés, qui n'ont pas besoin qu'on leur apprenne un morceau phrase à phrase, mais auxquels il suffit d'en indiquer l'esprit et le mouvement.

Commençons par Pascal.

§ 1.

Il y a, dans Pascal, le Pascal des *Provinciales* et le Pascal des *Pensées*. Le premier est un polémiste ; le second est un philosophe et un homme de foi. Les *Provinciales* nous représentent un ouvrage achevé ; les *Pensées* un projet d'ouvrage. Dans le projet même, il y a tout à la fois, des morceaux terminés, et des fragments jetés sur le papier comme des notes. Ces notes, grâce à M. Havet, nous les possédons sans retouches, dans leur rude beauté de négligé, et nous tenons là ainsi ce grand génie dans les trois phases de la création intellectuelle : le chef-d'œuvre, l'ébauche, le premier jet.

§ 2. FRAGMENT DES PENSÉES. — ÉBAUCHE DE PREMIER JET

La distance infinie des corps aux esprits figure la distance infiniment plus infinie des esprits à la charité, car elle est surnaturelle.

Tout l'éclat des grandeurs n'a point de lustre pour les gens qui sont dans les recherches de l'esprit. La grandeur des gens d'esprit est invisible aux rois, aux riches, aux capitaines, à tous ces grands de chair. La grandeur de la sagesse qui n'est nulle part sinon en Dieu, est invisible aux charnels et aux gens d'esprit : ce sont trois ordres différents en genres.

Les grands génies ont leur empire, leur éclat, leur grandeur, leur victoire et leur lustre, et n'ont nul besoin des grandeurs charnelles où elles n'ont nul rapport. Ils sont vus non des yeux mais des esprits, c'est assez. Les saints ont leur empire, leur éclat, leurs victoires, leur lustre, et n'ont nul besoin des grandeurs charnelles ou spirituelles, où elles n'ont nul rapport, car elles n'y ajoutent ni ôtent. Dieu leur suffit.

L'alliance de la géométrie et de la poésie n'est-elle pas là, visible à chaque ligne? Un cadre rigide! tout pour l'argumentation, rien pour l'élégance. Le mot grandeur ou grande, répété huit fois en dix lignes! des ellipses qui sont des incorrections, *n'y ajoutent ni ôtent :* puis à tout moment, des expressions de génie.... *Tous ces grands de chair,* ou des tournures qui vous saisissent. *Ils sont vus, non des yeux, mais des esprits, c'est assez!*

Continuons :

Archimède, sans éclat (il était parent du roi Hiéron) sera en même vénération. Il n'a pas donné de batailles pour les yeux, mais il a fourni, à tous les esprits, ses inventions. *Oh! qu'il a éclaté aux esprits!* Jésus-Christ, sans biens et sans aucune production en dehors de la science, est dans son ordre de sainteté. Il n'a pas régné, mais il a été humble, patient. Saint, saint, saint à Dieu! Terrible aux démons, sans aucun péché. Oh! qu'il est venu en grande pompe, et en prodigieuse magnificence aux yeux de ceux qui voient la véritable sagesse.

Les beautés se multiplient et le caractère de ces beautés s'accentue. Ces trois mots : *Saint, saint, saint à Dieu !* jaillissent comme un cri d'adoration passionnée. Cette exclamation : *Oh ! qu'il a éclaté aux esprits !* et cette dernière phrase : *Oh ! qu'il est venu en grande pompe !* où soudain la majesté de la pensée revêt le style d'une splendeur inaccoutumée, tout cela est *d'un ordre*, pour parler comme Pascal lui-même, où les stylistes n'ont aucun rapport.

Continuons encore :

Tous les corps, le firmament, les étoiles, la terre et ses royaumes ne valent pas le moindre des esprits. Car il connaît tout cela, et soi; les corps, rien.

Quelle vigueur d'ellipse! Quelle brusque fierté! On sent l'impatience de la plume, ou plutôt l'impatience du génie qui force la plume à marcher de son pas à lui. Molière a dit de la peinture à fresque :

Elle veut une main
Maîtresse de son art jusqu'à le gourmander,
Et dont, comme un éclair, la justesse rapide
Répande dans ses fonds, *à grands traits non tâtés,*
De ses expressions les sublimes beautés...

Or, comment faut-il lire ce morceau de Pascal? *A grands traits non tâtés.* MM. de Port-Royal ont eu peur de ces rudesses. Dans leur édition des Pensées de Pascal, au lieu de : *Oh! qu'il éclate aux esprits !* ils mettent : *Qu'il est grand et éclatant aux yeux de l'esprit!* Ils n'ont pas osé répéter trois fois le mot saint. A la place de : *Il n'a pas donné des batailles pour les yeux, mais il a fourni à tous les esprits ses inventions,* ils écrivent : *Il n'a pas donné de batailles ; mais il a laissé à tout l'univers des inventions admirables,* substituant ainsi la platitude à la hardiesse. Vous, lecteurs, en récitant ce morceau, faites exactement le contraire de MM. de Port-Royal. Au lieu de l'atténuer, accentuez-le. Gardez-vous bien, sous prétexte d'élégance, d'en dissimuler la raideur géométrique, accusez les reliefs, dessinez les arêtes. Tâchez seulement, de faire sortir de temps en temps de votre voix, comme Pascal de sa plume, de ces accents de grandeur, qui ressemblent à des jets de lumière !

Prenons un morceau plus achevé.

Je ne sais qui m'a mis au monde, ni ce que c'est que le monde, ni que moi-même. Je suis dans une ignorance terrible de toutes choses. Je ne sais ce que c'est que mon corps, que mes sens, que mon âme, et cette partie de moi-même qui pense ce que je dis, qui fait réflexion sur tout et sur elle-même, et ne se connaît non plus que le reste. Je vois ces effroyables espaces de l'univers qui m'enferment, et je me trouve attaché à un coin de cette vaste étendue sans que je sache pourquoi je suis plutôt placé en ce lieu qu'en un autre, ni pourquoi ce peu de temps qui m'est donné à vivre, m'est assigné à ce point plutôt qu'en un autre, de toute l'éternité qui m'a précédé, et de toute celle qui me suit. Je ne vois que des infinités de toutes parts qui m'enferment comme un atome, et comme une ombre qui ne dure qu'un instant sans retour. Tout ce que je connais est que je dois bientôt mourir ; mais ce que j'ignore le plus est cette mort même que je ne saurais éviter !

Où est le poète qui a jamais trouvé d'images plus effrayantes et plus grandioses que *ces infinités de toutes parts* qui *m'enferment comme un atome !* Et où est le mathématicien qui a marché d'un pas plus sûr, plus prudent, plus maître de lui, de calcul en calcul, dans l'exposition d'un problème ?

Comme je ne sais d'où je viens, aussi je ne sais où je vais; et je sais seulement qu'en sortant de ce monde, je tombe pour jamais, ou dans le néant, ou dans les mains d'un Dieu irrité, sans savoir à laquelle de ces deux conditions je dois être éternellement en partage. Et de tout cela je conclus que je dois donc passer tous les jours de ma vie sans songer à chercher ce qui doit m'arriver. Peut-être que je pourrais trouver quelque éclaircissement dans mes doutes; mais je n'en veux pas prendre la peine, ni faire un pas pour le chercher; et après ce, traitant avec mépris ceux qui se travaillent de ce soin, je vais sans prévoyance et sans crainte, tenter un si grand événement, et me laisser mollement conduire à la mort dans l'incertitude de l'éternité de ma condition future.

Je ne puis transcrire ces lignes sans que la main me tremble, et que le cœur me batte d'admiration ! Cet homme n'a pas son pareil ! Quelle profonde originalité ! Quel mépris de la petite élégance ! Comme sa pensée seule le possède ! Comme ces trouvailles d'expression, *me laisser mollement conduire à la mort,* qui sortent spontanément de ce style austère et géométrique, nous disent bien qu'un tel écrivain réclame un genre de diction absolument particulier comme son génie. Oui, il y faut l'emploi rigoureux des règles les plus sévères de l'art de la lecture ! Oui, on a besoin de la science la plus profonde et la plus pratique de l'art de l'articulation, de la ponctuation, de la respiration, du mot de valeur, pour traduire ce style d'une construction si forte, mais en même temps le lecteur doit faire appel à toutes ses qualités d'inspiration et d'éclat.

Il y a là un fait littéraire si nouveau, que je n'ai pas trop
d'un troisième exemple tiré des *Provinciales*, dans la
lettre sur l'homicide, pour vous faire faire un pas de plus
dans la connaissance de ce génie étrange, et dans la manière
de l'interpréter.

Il est certain, mes pères, que Dieu seul a le droit d'ôter la vie, et
que néanmoins, ayant établi des lois pour faire mourir les criminels,
et ayant confié ce pouvoir aux rois, il les oblige à l'exercer ainsi qu'il
le ferait lui-même, c'est-à-dire avec justice ; selon cette parole de saint
Paul : « Les princes ne sont pas établis pour se rendre terribles aux
bons, mais aux méchants, car ils sont ministres de Dieu pour le bien. »
Et cette restriction rabaisse si peu leur puissance, qu'elle la relève au
contraire beaucoup davantage ; parce que c'est la rendre semblable à
celle de Dieu, qui est impuissant pour faire le mal et tout-puissant
pour faire le bien ; et que c'est la distinguer de celle des démons, qui
sont impuissants pour le bien, et n'ont de puissance que pour le mal.
Il y a seulement cette différence entre Dieu et les souverains, que
Dieu étant la justice et la sagesse mêmes, il peut faire mourir sur-le-
champ qui il lui plaît, et en la manière qu'il lui plaît ; car, outre qu'il
est le maître souverain de la vie des hommes, il est sans doute qu'il
ne la leur ôte jamais ni sans cause, ni sans connaissance, puisqu'il est
aussi incapable d'injustice que d'erreur. Mais les princes ne peuvent
pas agir de la sorte, parce qu'ils sont tellement ministres de Dieu,
qu'ils sont hommes néanmoins, et non pas Dieux. Les mauvaises im-
pressions les pourraient surprendre, les faux soupçons les pourraient
aigrir, la passion les pourrait emporter ; et c'est ce qui les a engagés
eux-mêmes à descendre dans les moyens humains, et à établir dans
leurs États, des juges auxquels ils ont communiqué ce pouvoir, afin
que cette autorité que Dieu leur a donnée, ne soit employée que pour
la fin pour laquelle ils l'ont reçue.

Je n'ai pas hésité à citer cette longue page tout entière,
parce qu'elle est typique. Soyons sincères, la plupart des
lecteurs en seront choqués et rebutés. Nos habitudes de
vivacité dans le tour, et de grâce dans l'expression, sont si
violemment déconcertées par cette pesanteur de construc-

tion, par cet enchevêtrement d'incidences, par cette multiplicité de formules conjonctives, par ces *et*, ces *car*, et ces *outre que*, qui recommencent à chaque instant la phrase quand on la croit finie, que j'entends d'ici certains critiques comparer tout bas cette période à une charrette embourbée, et marchant lourdement de cahots en cahots. Or, l'avouerai-je? elle me paraît admirable, en raison même de sa lourdeur et de sa lenteur. Car, qu'est-ce que sa lourdeur, sinon sa puissance de musculature? qu'est-ce que sa lenteur, sinon l'irrésistible force du *pas à pas*, de la progression ininterrompue, qui tire ainsi son invincible ascendant, des lois de la pesanteur unies aux lois de la vitesse! Ajoutons que cette tranquillité de marche, donne quelque chose d'indéfini, et de mystérieux au but que l'on poursuit. « Où nous mène-t-il? » se demande-t-on avec une sorte d'inquiétude, et cette inquiétude augmente l'intérêt.

Eh bien, maintenant, vous, lecteurs, chargés de réciter ce morceau, comment allez-vous vous y prendre? Tâcherez-vous de l'alléger? C'est le meilleur moyen de l'alourdir. Essayerez-vous de l'accélérer? C'est le meilleur moyen de le faire paraître plus long. Imaginez-vous un peintre, chargé de copier un dessin de Michel-Ange, et s'avisant d'en arrondir les contours, d'en dissimuler les muscles. Il défigurerait le maître. Ainsi feriez-vous en *élégantisant* Pascal. Savez-vous à quoi ressemble cette page pour moi? à un escadron de grosse cavalerie, se mettant en marche pour quelque charge décisive. Il part d'abord au pas, faisant résonner lourdement le sol sous le bruit régulier, calme et rythmé de ses chevaux. Rencontre-t-il en route

quelques groupes de cavaliers épars, il se les incorpore,
à peu près comme Pascal enrégimente dans sa période les
idées incidentes qui s'offrent à lui, de façon qu'à mesure
qu'il marche, il grossit, et à mesure qu'il grossit, son allure
s'accélère un peu, car le but approche! il quitte le simple
pas, et prend le pas pressé, puis il prend le petit trot; et
cependant la terre commence à trembler plus fortement!
Eh bien, chers lecteurs, c'est là que nous en sommes avec
la phrase de Pascal; elle vient de prendre le trot, car le
moment de la charge décisive n'est pas loin!... Nous y
voici! le but se découvre!...

La vie des hommes est trop importante, mes pères, pour qu'on n'y
agisse pas avec plus de respect : les lois ne l'ont pas soumise à toutes
les personnes, mais seulement aux juges dont on a examiné la probité
et la naissance. Et croyez-vous qu'un seul suffise pour condamner un
homme à mort? Il en faut sept pour le moins, mes pères. Il faut que
de ces sept il n'y en ait aucun qui ait été offensé par le criminel, de
peur que la passion n'altère ou ne corrompe son jugement. Et vous
savez, mes pères, qu'afin que leur esprit soit aussi plus pur, on observe
encore de donner les heures du matin à ces fonctions : tant on apporte
de soin pour les préparer à une action si grande où ils tiennent la
place de Dieu dont ils sont les ministres, pour ne condamner que
ceux qu'il condamne lui-même.

La lecture doit faire sentir cette répétition du mot : *mes
pères*, qui a une intention et demande une intonation
discrètement ironique.

Dans vos lois à vous, il n'y a qu'un juge et ce juge est celui-là
même qui est l'offensé. Il est tout ensemble le juge, la partie et le
bourreau. Il se demande à lui-même la mort de son ennemi, il l'ordonne, il l'exécute sur-le-champ; et sans respect ni du corps, ni de
l'âme de son frère, il tue et damne celui pour qui Jésus-Christ est
mort; et tout cela, pour éviter un soufflet ou une médisance, ou une

parole outrageuse, ou d'autres offenses semblables, pour lesquelles un juge, qui a l'autorité, serait criminel d'avoir condamné à mort ceux qui les auraient commises, parce que les lois seraient très éloignées de les y condamner. Et enfin, pour comble de ces excès, on ne contracte ni péché, ni irrégularité, en tuant de cette sorte sans autorité et contre les lois, quoiqu'on soit religieux et même prêtre. Où en sommes-nous, mes pères? Sont-ce des religieux et des prêtres qui parlent de cette sorte? Sont-ce des chrétiens, sont-ce des Turcs? Sont-ce des hommes? Sont-ce des démons? Et sont-ce là des *mystères révélés par l'agneau à ceux de sa société*, ou des abominations suggérées par le Dragon à ceux qui suivent son parti ?

La charge est-elle assez terrible ! L'ennemi est-il assez culbuté ?... Et comprenez-vous maintenant que cette impétuosité finale et irrésistible, n'est que le résultat de la lenteur du débit? L'accumulation de forces, condensée dans cette dernière page, est l'héritage des premières ! Tâchez donc de rendre ce triple mouvement, cette lenteur de départ, cette progression, et enfin cette explosion! Et après avoir fait sentir dans lé premier et le second fragment de Pascal, la poésie sortant de la géométrie, montrez dans ce dernier la géométrie produisant l'éloquence.

CHAPITRE XXXIII

LES GRANDS PROSATEURS

BOSSUET ET MANIN

Au moment de commencer ce dernier chapitre, j'ai éprouvé un peu d'hésitation.

Comment parler d'un tel génie en quelques pages, même au point de vue restreint de la diction? Comment déterminer assez nettement les caractères principaux de ce style, pour apprendre à lire non pas seulement un morceau de Bossuet, mais Bossuet? J'en étais là de mon embarras, quand le souvenir d'un entretien que j'eus autrefois sur lui avec un des plus grands hommes que j'aie connus, évoqua devant moi l'ensemble de cette figure immortelle, avec une vivacité que j'ai essayé de faire passer dans ces pages. Ce sera une étude de lecture qui ira un peu au delà d'un enseignement purement technique ; mais elle n'en rentrera que mieux dans l'esprit de ce livre, puisque mon ambition serait de pouvoir y mettre pour devise : Apprendre à lire, c'est apprendre à penser.

MANIN

Cet interlocuteur, ce grand homme, n'était pas moins que Daniel Manin.

Le dictateur de Venise vivait à Paris du prix de quelques leçons d'italien; il fut pendant trois ans le maître de ma fille, et dans les bouts de conversations qui précédaient ou suivaient les leçons, j'aimais à le faire causer sur nos écrivains célèbres. Rien de plus instructif que d'entendre juger le monde où l'on vit, le pays auquel on appartient, les personnes que l'on admire, par un grand esprit qui les *voit du dehors*. Son opinion a toujours quelque chose d'imprévu qui nous éclaire même en nous choquant. Or Manin était un esprit de premier ordre ; joignant à la finesse italienne une hauteur de sens moral, un prime-saut de jugement et une brusque franchise d'appréciation, qui faisaient de lui un causeur absolument original. Ajoutons qu'il savait et parlait le français comme un Parisien, et n'oublions pas ce qu'il disait de lui-même, avec un petit zézaiement vénitien, tout à fait singulier dans cet homme de Plutarque :

« Vous savez, moi, *ze suis razeur.* » (Je suis rageur.)

Un jour donc, venant quelque peu avant la leçon, il me trouva en train de lire l'admirable lettre de Bossuet, sur la comédie, adressée au Père Caffaro.

« Ah ! que je suis aise de vous voir ! m'écriai-je, écoutez cela. » Et je commençai à lui dire avec enthousiasme un passage de cet étonnant morceau. Mais lui, à la troisième ligne, m'interrompant brusquement :

« Laissez là votre Bossuet, me dit-il, je le déteste.

— Détester Bossuet ! le plus grand écrivain de la langue française !

— Soit ! un grand écrivain ! Mais un esprit étroit, qui n'a rien compris aux temps passés, qui n'a pas su juger son temps, et qui n'a rien prévu des temps à venir ! Un fanatique qui a damné Molière, déclaré Socrate exclu de la présence de Dieu, qui a tiré sa politique de l'Écriture sainte, qui a poussé à la révocation de l'édit de Nantes et en a absous les sanglantes exécutions, un complaisant du despotisme, qui a adoré toutes les volontés du maître, et enfin un écrivain qui n'a jamais travaillé que dans le faux.

— Oh! pour le coup! répliquai-je, je ne puis vous laisser continuer! Ce sont des blasphèmes que vous prononcez là! Attaquez la politique de Bossuet; soit. Ses idées sociales; j'y consens. Mais son génie? Mais prétendre qu'il n'a travaillé que dans le faux?

— Je le prétends et je le prouve! Prenons-le comme historien, comme orateur et comme sermonnaire. Je n'élude pas les difficultés, vous le voyez. Qu'est-ce que son *Histoire universelle?* Une puérilité. Écrire ce grand mot : l'*Histoire de l'Univers*, et faire tourner cet univers, avec ses milliers d'années d'existence, avec tous les événements qui les ont remplies, avec toutes les vertus, toutes les grandeurs, tous les écroulements de plusieurs millions de peuples, de royaumes et de civilisations, faire tourner tout cela autour d'une misérable tribu perdue dans un coin du monde, comme un grain de sable dans l'Océan! Nous donner pour les desseins de Dieu dans la création, l'abaissement ou la prospérité de quelques Juifs! Ne tenir compte ni des siècles, ni des pays, ni des sciences, ni des arts, ni des faits, ou ne les mentionner que pour les faire servir, en dépit de la vérité, à la démonstration de sa théorie! Savez-vous ce qu'il fait votre Bossuet? Il rapetisse Dieu! Il rapetisse le monde! Il rapetisse les hommes! Et le tout, pourquoi? Pour servir à l'éducation d'un fils de souverain!... De façon, que si le grand Dauphin avait vécu, il serait monté sur le trône de France, en plein dix-

septième siècle, avec la conviction que le peuple juif joue
dans l'histoire le rôle du soleil dans notre système
planétaire, qu'il est le centre du monde! Et vous ne
voulez pas que je m'écrie que c'est faux! faux! archifaux!

— Hé bien, mon cher ami! laissez-moi m'écrier à mon
tour, lui dis-je, que c'est là précisément qu'éclate toute la
grandeur de ce génie! Son point de départ est erroné?
soit. Son cadre est étroit et tronqué? j'en conviens. Il a
laissé de côté dans son histoire universelle les neuf
dixièmes de l'univers, il n'a représenté qu'un peuple sur
cent mille?... je le veux. Mais comme il parle de ce dont
il parle! Avec quelle force! quelle autorité! La politique
des Romains, leur constitution sociale lui suggèrent des
vues d'une profondeur que n'a pas dépassée Montesquieu.
La gravité du Sénat semble empreinte dans ses pages. Pour
peindre l'Égypte, ses monuments, ses institutions, il a
trouvé un langage où se reflète la grandeur des Pyramides.
Quand il raconte l'histoire des prophètes, des rois, son
style...

— Son style! son langage, reprit impétueusement Manin,
c'est-à-dire la forme! Toujours la forme! C'est le fond, qui
me choque. Vous admirez beaucoup ses sermons? Mais
savez-vous rien de plus irritant, de plus factice que cet
éternel artifice de composition, que cette façon de prendre
une parole de la Bible ou de l'Évangile, de la torturer, de
l'alambiquer, d'en tirer mille inductions bizarres et con-
tournées, que cette division en trois points, subdivisés à
leur tour en cinq ou six autres points, dont chacun devient
le sujet de raisonnements subtils et de sentiments
sophistiqués! Oh! c'est très ingénieux, j'en conviens! C'est

un très joli petit exercice de rhétorique ; mais où est la grandeur, où est le génie ?

— Il est, répondis-je vivement, dans des peintures incomparables de l'âme humaine, dans des analyses psychologiques d'une telle vérité et d'une telle force, qu'elles vous font frémir sur vous-même ! Il est dans des tableaux de la vie, de la mort, de la terre, qui vous ouvrent tout à coup au milieu de vos misères les plus consolantes espérances, ou vous jettent dans les plus utiles remords, qui vous avertissent, vous consolent, vous effrayent, vous guident !

— Oui, par passages ! par fragments ! reprit Manin. Il y en a d'admirables, même dans les oraisons funèbres. Et pourtant quoi de plus faux et de plus immoral ? La chaire de vérité, devenue la chaire du mensonge ! L'histoire non seulement altérée mais travestie ! la parole du ministre de Dieu, transformée en une voix de courtisan ! N'est-ce pas Bossuet qui nous a peint Michel Letellier comme un grand ministre ? n'est-ce pas Bossuet qui nous a montré cette infirme d'esprit nommée Marie-Thérèse comme un ange de dignité ? n'est-ce pas Bossuet qui nous a donné une Henriette de France douce, sainte, utile à son mari ? n'est-ce pas Bossuet qui, dans l'oraison du prince de Condé, a passé l'éponge sur cet orgueil destructeur de toute idée de justice, sur cette absence de patriotisme ? La bataille de Rocroy lui a fourni un tableau admirable ; le portrait de Cromwell est un chef-d'œuvre. Mais le fond, toujours faux !

— Et l'oraison funèbre de Madame, répliquai-je avec véhémence, est-ce faux aussi, cela ? Mon cher ami, un des plus grands compositeurs de notre temps me disait un jour, en me jouant le premier acte de *Don Juan* : « Mozart,

n'eût-il écrit que ces vingt-cinq pages, serait le plus grand
génie musical du monde! » Hé bien, sachez-le, Bossuet,
n'eût-il composé que l'oraison funèbre de Madame, resterait
le plus grand écrivain de la France! Il n'y a pas d'artifice
de composition dans ce chef-d'œuvre, pas de rhétorique.
Frappé par cet épouvantable coup de foudre, témoin de
cette touchante agonie, confident de ces dernières heures,
consolateur de ces dernières souffrances, il monta cette
fois dans la chaire, le cœur et les yeux encore tout pleins
des larmes versées par lui dans cette nuit lugubre...
Et tous les détails, tous les souvenirs de ce spectacle de
désespoir le poursuivant au milieu de la cérémonie, se
jetant à tout moment au travers de son discours, lui arra-
chèrent de si éloquents cris de regret, que cette oraison
funèbre reste un poème de douleur, une élégie épique qui
n'a son pendant dans aucune langue! Lisez-la, mon cher
ami.

— Je l'ai lue, me répondit Manin avec un accent plus
contenu, et je l'admire comme vous. Ce que vous dites, je
l'ai éprouvé, et cette œuvre sublime plaide bien haut pour
Bossuet. Mais voulez-vous savoir d'où me vient à moi,
homme politique, homme moderne, mon irritation contre
lui? Je vais vous le dire.

Pour moi, la grandeur des hommes se mesure non à leur
éclat pendant leur vie, mais à leur influence après leur
mort; non à ce qu'ils font, mais à ce qu'ils laissent. Eh
bien! qu'est-ce que Bossuet a laissé? Quelle est la partie de
la pensée de Bossuet qui soit encore vivante aujourd'hui?
Qu'a-t-il ajouté d'immortel au patrimoine de l'humanité?
Voltaire, Rousseau, Montesquieu, Fénelon même sont en-

core nos donateurs aujourd'hui. Il y a quelque chose d'eux qui a combattu jadis pour nous, et qui combat encore avec nous. Mais que reste-t-il de Bossuet? »

Je le regardai un moment en silence et je lui dis avec force :

« Eh ! que reste-t-il de Dante?

— Dante! répondit-il, en se levant en sursaut.

— Oui! Dante! Y a-t-il rien de plus mort que sa théologie? Y a-t-il rien de plus pédantesque que sa philosophie? Rien de plus comique que sa cosmogonie? Rien de plus inexplicable que sa métaphysique? L'ensemble de ses vers est-il autre chose qu'un amalgame bizarre de ses rêves, de ses haines, de ses préjugés... et pourtant Dante est votre idole.

— Dante a été un grand patriote! Il a aimé passionnément l'Italie! Il l'a rêvée, il l'a voulue agrandie, une, libre!

— Ce n'est pas pour cela seulement que vous l'aimez, repris-je, ce n'est pas pour cela que votre enthousiasme en revient toujours à lui! Mon cher ami, j'ai assisté à vos leçons, je les écoute religieusement, et j'y apprends beaucoup. Or je vous ai vu essayer de temps en temps de prendre le Tasse, Pétrarque, Silvio Pellico; mais au bout d'un quart d'heure, l'indifférence vous gagne, vous vous retournez vers votre élève, vous lui dites : Est-ce que vous ne trouvez pas ces gens-là un peu ennuyeux, ma chère enfant? Si nous retournions à l'enfer ou au purgatoire?

— C'est vrai, répondit en riant Manin.

— Or, repris-je, savez-vous pourquoi? C'est parce que Dante est pour vous la plus belle, la plus virile image du

génie italien. Hé bien, Bossuet est à mes yeux la plus vive,
la plus complète image du génie français. Dante a passé
à travers la philosophie, la théologie, les sciences, la politique pour transformer tout en poésie, et créer cette admirable langue dont vous ne pouvez pas citer un vers sans
émotion. Bossuet, nourri de la Bible, des Prophètes, de
l'Évangile, des écrivains grecs et latins, des Pères de
l'Église, a transporté dans notre idiome, le suc, la sève de
toutes ces littératures exotiques ; il les a greffées sur le
génie gaulois, et en a obtenu des fruits où se mêlent, pour
ainsi dire, la saveur de ces sols différents et du nôtre. Il n'a
emprunté enfin à l'étranger que ce qui pouvait l'aider à
être un plus grand Français. Je puis vous en donner une
preuve frappante.

Une de nos occupations à l'Académie consiste dans la
composition du dictionnaire historique de la langue, où
nous faisons pour ainsi dire la biographie de chaque mot.
Des citations empruntées aux principaux écrivains de tous
les temps, nous montrent les transformations successives
qu'a subies ce mot, les significations diverses par où il a
passé. Eh bien, jamais, vous entendez bien, jamais ! le
rapporteur du dictionnaire ne cite en exemple une phrase
de Bossuet, sans qu'il parte de toutes les bouches une
exclamation de plaisir et d'admiration ; les mots dont il
se sert semblent n'appartenir qu'à lui, tant il les fait siens
par l'emploi qu'il leur donne et la place où il les met.

— Assez de dissertation ! me dit gaiement Manin, en
m'interrompant. Arrivons à la démonstration. Vous passez
pour un homme qui sait lire ?

— Du moins, m'y suis-je beaucoup exercé.

— Eh bien, tâchez de me convertir à Bossuet en me le lisant.

— On ne convertit pas un homme comme vous, mon cher ami, mais on peut modifier ce que ses idées ont de trop absolu, et, dans le cas présent, la lecture à haute voix peut n'y pas être inutile, car savez-vous comment j'ai appris à admirer Dante? En l'entendant lire tout haut.

— Racontez-moi donc cela, me dit Manin.

— A Rome, en 1832, s'était formée une société de jeunes gens qu'on appelait la Société dantesque; elle avait pour objet la lecture et l'interprétation de la *Divine Comédie*. J'eus l'honneur d'y être admis. Je n'oublierai jamais le feu, la passion et l'intelligence qu'apportaient ces jeunes gens à cette récitation poétique. Un jour, le lecteur ayant fait, à ce que j'imagine, une faute de prosodie, plusieurs se levèrent et s'écrièrent avec une véritable indignation : *L'accente è soprà l'è! l'accente è soprà l'è!* (l'accent est sur l'è! l'accent est sur l'è!) Ces séances, auxquelles je ne manquais jamais, me firent faire de grands progrès, non seulement dans la compréhension de Dante, mais dans l'étude de la diction. Je compris là toute la valeur de l'harmonie et de l'accentuation. Mon second maître, ce fut vous, mon cher ami. J'écoute attentivement quand vous lisez de temps en temps les vers de Dante à votre élève, et je me rends de plus en plus compte qu'un lecteur est un traducteur. Eh bien, cela est vrai, surtout pour Bossuet. Nul écrivain ne gagne plus que lui à être lu tout haut, parce que nul ne parle plus en écrivant. Ses œuvres les plus savamment et les plus puissamment écrites sont toutes des œuvres parlées. Que son sujet soit grandiose, poétique, philosophique, n'importe, il y porte toujours le naturel, la vivacité, la variété, la vérité, l'imprévu de la conversation. Là est la marque propre de son style ; la première condition pour bien lire Bossuet c'est d'être vrai.

— A la preuve!... à la preuve!... me dit Manin. Je suis un homme pratique, comme vous savez ; les raisons ne me suffisent pas, il me faut des faits.

— Écoutez donc ce morceau.

Je me suis levé pendant la nuit avec David pour voir vos cieux qui sont les ouvrages de vos doigts, la lune et les étoiles que vous avez fondées. Qu'ai-je vu, ô Seigneur, et quelle admirable image des effets de votre lumière infinie! Le soleil s'avançait et son approche se faisait connaître par une céleste blancheur qui se répandait de tous côtés ; les étoiles étaient disparues, et la lune s'était levée avec son croissant d'argent, si beau et si vif que les yeux en étaient charmés. Elle semblait vouloir honorer le soleil en paraissant claire et illuminée par le côté qu'elle tournait vers lui. Tout le reste était obscur et ténébreux, et un petit demi-cercle recevait seulement, dans cet endroit-là, un ravissant éclat par les rayons du soleil, comme du père de la lumière. Plus il la voit, plus sa lumière s'accroît ; quand il la voit tout entière, elle est dans son plein ; et plus elle a de lumière, plus elle fait honneur à celui d'où elle lui vient. Mais voici un nouvel hommage qu'elle rend à son céleste illuminateur : à mesure qu'il s'approchait, je la voyais disparaître ; le faible croissant diminuait peu à peu, et quand le soleil se fut montré tout entier, sa pâle et débile lumière s'évanouissant, se perdit dans celle du grand astre qui paraissait, dans laquelle elle fut comme absorbée. On voyait bien qu'elle ne pouvait avoir perdu sa lumière par l'approche du soleil qui l'éclairait ; mais un petit astre cédait au grand, une petite lumière se confondait avec la grande, et la place du croissant ne parut plus dans le ciel où il tenait auparavant un si beau rang parmi les étoiles.

Mon Dieu! lumière éternelle, c'est la figure de ce qui arrive à mon âme quand vous l'éclairez. Elle n'est éclairée que du côté que vous la voyez : partout où vos rayons ne pénètrent pas, ce n'est que ténèbres ; et quand ils se retirent tout à fait, l'obscurité et la défaillance sont entières.

— Vous vous êtes appliqué ! me dit en riant Manin quand j'eus fini de lire.

— Je ne me suis appliqué qu'à une chose, je n'ai eu qu'une préoccupation, lire cette page comme elle est écrite. C'est-à-dire tâcher de marquer ce mélange inconcevable de simplicité et de poésie, de familiarité et de grandeur.

— Vous l'avez marqué.

— Il y a dans notre langue une page célèbre sur le même sujet et qui le marquerait bien mieux par le contraste, c'est le lever du soleil de J.-J. Rousseau.

— On me l'a fait lire, reprit Manin, comme un des chefs-d'œuvre de votre littérature !

— Oui !... Un chef-d'œuvre, mais un chef-d'œuvre d'art. C'est une admirable description de l'aurore, mais c'est une description. On voit, on sent l'écrivain, rassemblant avec soin tous les détails de ce beau phénomène, les disposant dans un ordre admirable, les peignant avec un éclat de couleur, et une progression saisissante qui fait de cette peinture un tableau achevé. Rien de pareil chez Bossuet. Il ne pense pas à *faire un lever de soleil*. Saisi d'une pensée sublime, il rencontre l'aurore sur son chemin, et il la peint en quelques traits simples, vrais, vifs, frappants ! N'avez-vous pas remarqué dans ce sujet si poétique, des termes tels que ceux-ci : *Son approche se faisait connaître par une céleste blancheur qui se répandait de tous côtés ;* puis plus loin : *Un petit demi-cercle recevait seulement dans cet endroit-là un ravissant éclat par les rayons du soleil.* Plus loin encore : *Un petit astre cédait au grand, ou plutôt sa lumière se confondait avec la grande !* Et cette dernière phrase, si profonde par la pensée, si terre à terre

par l'expression : *Mon âme n'est éclairée que du côté où vous la voyez*. Et cette autre : *Sa pâle et débile lumière s'évanouissant, se perdait dans celle du grand astre qui paraissait.*

Je ne sais s'il faut être Français pour goûter le charme singulier de ce style, où il n'y a pas un mot à effet, pas une image recherchée et dont l'impression sur notre âme ressemble à celle du jour naissant sur nos yeux ; Bossuet ne décrit pas, il laisse parler pour ainsi dire ce beau spectacle tout seul. »

Manin, qui m'avait écouté attentivement, me dit : « Lisez-moi donc le morceau de J.-J. Rousseau. Je voudrais saisir le contraste des deux styles, sur le vif.

— Très volontiers, lui dis-je.

— Seulement, ajouta-t-il en riant, il faut vous appliquer autant que pour Bossuet.

— Je vous promets que je serai honnête. »

Je pris donc un volume de Rousseau, et je lus :

LE LEVER DU SOLEIL

On le voit s'annoncer de loin par les traits de feu qu'il lance au-devant de lui. L'incendie augmente, l'orient paraît tout en flammes : à leur éclat, on attend l'astre longtemps avant qu'il ne se montre ; à chaque instant, on croit le voir paraître ; on le voit enfin. Un point brillant part comme un éclair et remplit aussitôt tout l'espace ; le voile des ténèbres s'efface et tombe : l'homme reconnaît son séjour et le trouve embelli. La verdure a pris, durant la nuit, une vigueur nouvelle ; le jour naissant qui l'éclaire, les premiers rayons qui la dorent, la montrent couverte d'un brillant réseau de rosée qui réfléchit à l'œil la lumière et les couleurs. Les oiseaux en chœur se réunissent et saluent de concert le père de la vie ; en ce moment pas un seul ne se tait. Leur gazouillement, faible encore, est plus lent et plus doux que dans la journée ; il se sent de la langueur d'un paisible réveil. Le concours de tous ces objets porte aux sens une impression de fraîcheur qui semble pénétrer jusqu'à l'âme. Il y a là une demi-heure d'enchantement auquel nul homme ne résiste : un spectacle si grand, si beau, si délicieux n'en laisse aucun de sang-froid.

« Savez-vous que c'est bien beau aussi ? me dit Manin. Du reste, il faut vous rendre justice, vous avez mis tous vos soins à le lire.

— Je n'y ai eu aucun mérite, car ce morceau me semble délicieux. C'est avec conviction que j'ai essayé de rendre ces mille effets charmants ou éblouissants. Ce *point* qui part comme *un éclair...* ce *brillant réseau de rosée*, ce *gazouillement qui se sent de la langueur d'un paisible réveil...* J'en étais absolument ravi, émerveillé, et pourtant, au milieu de mon enthousiasme je me disais : N'importe ! Bossuet est encore plus beau que cela !... Il manque à Jean-Jacques je ne sais quoi d'austère, qui, uni à la grâce, constitue la grandeur. C'est la différence des

LES AMES SE PRESSENT AUTOUR DU DANTE ET DE VIRGILE.

figures du Parthénon avec toutes les autres sculptures... Je
ne sais si je m'explique bien...

— Parfaitement, me répondit Manin, dans Bossuet, la
poésie est en dessous ; chez Rousseau, elle est en dessus ;
chez l'un, elle sort de la pensée, chez l'autre, des paroles.

— On ne peut pas mieux dire.

— Savez-vous pourquoi j'ai si bien dit, reprit en
souriant mon interlocuteur, c'est que je vous définis là le
génie de Dante. Lui aussi, il se sert toujours des termes
les plus simples pour peindre les objets les plus poétiques
et les plus grandioses. Il y a, au début du Purgatoire, une
comparaison que votre passage de Bossuet me rappelle. Les
âmes attirées par les chants de Casella se pressent autour
de Dante et de Virgile ; une voix menaçante les chasse :

> Come, quando cogliendo biada o loglio,
> Gli colombi adunati alla pastura
> Queti, senza mostrar l'usato orgoglio ;
> Se cosa appare ond'egli abbian paura,
> Subitamente lasciano star l'esca,
> Perchè assalti son da maggior cura.

(Telles, en becquetant le blé ou l'ivraie, les colombes rassemblées
pour la pâture, paisibles et sans rien montrer de leur orgueil ordinaire, s'il apparaît quelque chose dont elles aient peur, abandonnent
subitement la nourriture, assaillies qu'elles sont par un plus grand
souci.)

La comparaison est charmante, l'image est exquise, mais
les termes qui l'expriment sont d'une simplicité presque
rustique. Or supposez cette idée sous la plume de Tasse, il
la brillantera, il l'ornera.

— Oui, répondis-je, ce sera la différence qui existe
entre les fleurs d'églantier et les roses de jardin ; celles-

ci sont plus doubles, plus éclatantes, mais les autres o nt une pureté de coloris et un charme de parfum que rien n'égale; d'où je conclus qu'il faut lire Bossuet comme Dante; J.-J. Rousseau comme le Tasse; et nous allons prendre, si vous le voulez bien, un spécimen plus sévère du génie de Bossuet. »

★

Je me levai alors, j'allai à la bibliothèque, et après avoir feuilleté plusieurs ouvrages, je m'arrêtai à un passage du *Sermon de la mort*, où se montre dans toute sa grandeur, Bossuet moraliste.

Malgré la bassesse et la pauvreté où le péché nous réduit, le cœur de l'homme étant destiné à posséder un bien immense, il en reste toujours en lui quelque impression qui fait qu'il cherche sans cesse quelque ombre d'infinité. L'homme pauvre et indigent au dedans, tâche de s'enrichir et de s'agrandir comme il peut; et, comme il ne lui est pas possible de rien ajouter à sa taille et à sa grandeur naturelle, il s'applique ce qu'il peut par le dehors. Il pense qu'il s'incorpore, si vous me permettez de parler ainsi, tout ce qu'il amasse, tout ce qu'il acquiert, tout ce qu'il gagne. Il s'imagine croître lui-même avec son train qu'il augmente, avec ses appartements qu'il rehausse, avec son domaine qu'il étend. Aussi, à voir comme il marche, vous diriez que la nature ne le contient plus; et sa fortune enfermant en soi tant de fortunes particulières, il ne peut plus se compter pour un seul homme. Et en effet, pensez-vous que cette femme vaine et ambitieuse puisse se renfermer en elle-même, elle qui a non seulement en sa puissance, mais qui traîne sur elle en des ornements, la subsistance d'une infinité de familles; et qui porte, dit Tertullien, en un petit fil autour de son cou, des patrimoines entiers.

Je m'arrêtai un moment après cette phrase en regardant Manin, comme pour lui dire : Qu'en pensez-vous? Mais lui,

avec impatience : « J'ai compris, me dit-il, j'ai compris ;
mais continuez : Je veux entendre la fin.

— Eh bien, non, mon cher ami, lui dis-je, vous n'avez
pas compris.

— Comment ! Je n'ai pas compris ?

— Oh ! entendons-nous. Je ne doute pas que tout
ce que ce style a d'original, je dirai d'inventé, ne vous
ait fortement frappé. Je ne doute pas que la vulgarité
puissante de ces termes... *s'applique, s'incorpore, se
compter pour un seul homme*, ne vous ait vivement saisi au
passage, et je serais un bien maladroit lecteur si je n'avais
pas trouvé dans ma voix un timbre qui pût peindre par
les sons, ce mot mystérieux : *Quelque ombre d'infinité...*
Mais il y a un membre de phrase dont la valeur vous a
échappé, j'en suis sûr.

— Lequel ?

— *Porte en un petit fil autour de son cou.*

— Vous avez pourtant assez appuyé sur votre petit fil,
pour le faire comprendre, me dit-il en riant.

— Mon accent ne suffit pas, il faut ajouter à la phrase
française le texte latin, les mots de Tertullien. Un des
mille mérites de Bossuet est dans son talent de traducteur.
Jamais il ne traduit un passage des Pères, de la Bible, ou
de l'antiquité, sans y ajouter quelque chose par la traduction ; non qu'il altère le texte ou dénature le sens, il ne
fait que donner plus de force au mot ou à l'image. Ainsi
Tertullien a dit : « *Saltus et insulas tenera cervix circumfert* (son cou délicat porte autour de lui (*circumfert*) des
bois et des îles). » L'expression est ingénieuse, mais un
peu recherchée ; l'image est saisissante, mais un peu décla-

matoire; Bossuet ramène tout au naturel, avec *son petit fil*, et il fortifie la phrase en la simplifiant. J'ai insisté sur ce détail parce qu'il caractérise un des côtés du talent de Bossuet, qui est de graver les idées dans l'esprit plus fortement que personne, en enfonçant, si je puis parler ainsi, les mots jusqu'au fond de l'idée.

Finissons ce passage :

Ainsi l'homme, petit en soi, et honteux de sa petitesse, travaille à s'accroître et à se multiplier dans ses titres, dans sa personne, dans sa vanité. Tant de fois comte, tant de fois seigneur, possesseur de tant de duchés, maître de tant de personnes, ministre de tant de conseils, et ainsi du reste. Toutefois, qu'il se multiplie tant qu'il lui plaira, il ne faut toujours pour l'abattre qu'une seule mort; mais il n'y pense pas, et dans cet accroissement infini que sa vanité s'imagine, il ne s'avise jamais de se mesurer à son cercueil, qui seul néanmoins le mesure au juste.

Eh bien, avais-je tort? dis-je à Manin. Y a-t-il dans notre langue, éloquence pareille? Où trouver ces tours étranges, hardis? Aucun de nos grands éloquents, ni Rousseau, ni Massillon, je ne dirai pas ne l'égale, mais n'en approche! il n'y a pas une différence entre eux et lui, il y a un abîme! Lisez attentivement les plus éminents d'entre eux, vous y découvrirez toujours un peu de rhétorique. Ils ont des artifices, des procédés; et la preuve, c'est qu'ils ont beaucoup d'imitateurs : le nombre des imitateurs ne prouve pas, comme on pourrait le croire, la supériorité d'un grand artiste, mais bien plutôt son infériorité relative, car on n'imite jamais que son procédé. Or, on peut faire facilement du mauvais Rousseau, du mauvais Massillon. J'en ai fait, moi, dans ma jeunesse, quand je savais par cœur des pages entières de l'*Émile* ou du *petit*

Carême... J'en ai fait malgré moi, sans le savoir... parce que ceux que j'appelle les stylistes ont *une manière*, et que cette manière non seulement s'attrape, mais se gagne.

Chez Bossuet il n'y a pas de manière. Tout est écrit de génie. On ne peut pas plus faire du Bossuet que du Molière. Que Corneille me pardonne, mais on peut faire du mauvais Corneille, il y a dans son style quelque chose d'antithétique, de déclamatoire...

— Je vous arrête à ce mot, me dit mon interlocuteur, il tombe droit sur Bossuet, car ce qui me choque dans ses oraisons funèbres est précisément son ton de déclamation.

— Eh bien ! prenons une de ses oraisons funèbres. Si je la déclame, je la travestirai, car Bossuet ne déclame jamais, parce qu'il parle toujours. Je voudrais bien vous imprimer cette idée dans l'esprit, et à cet effet, choisissons un morceau célèbre ; l'exorde de l'oraison funèbre d'Henriette de France.

Chrétiens, que la mémoire d'une grande reine, fille, femme, mère de rois si puissants et souveraine de trois royaumes, appelle de tous côtés à cette triste cérémonie, ce discours vous fera paraître un de ces exemples redoutables qui étalent aux yeux du monde sa vanité tout entière. Vous verrez dans une seule vie toutes les extrémités des choses humaines : la félicité sans bornes aussi bien que les misères ; une longue et paisible jouissance d'une des plus nobles couronnes de l'univers, tout ce que peuvent donner de plus glorieux la naissance et la grandeur accumulées sur une tête, qui est ensuite exposée à tous les outrages de la fortune ; la bonne cause d'abord suivie de bons succès, et, depuis, des retours soudains, des changements inouïs ; la rébellion longtemps retenue, à la fin tout à fait maîtresse ; nul frein à la licence ; les lois abolies ; la majesté violée par des attentats jusqu'alors inconnus ; l'usurpation et la tyrannie sous le nom de liberté ; une reine fugitive qui ne trouve aucune retraite dans trois royaumes, et à qui sa propre patrie n'est plus qu'un triste lieu d'exil; neuf voyages sur mer, entrepris par une princesse, malgré les tempêtes; l'Océan étonné de se voir traversé tant de fois en des appareils si divers et pour des causes si différentes, un trône indignement renversé et miraculeusement rétabli. Voilà les enseignements que Dieu donne aux rois; ainsi fait-il voir au monde le néant de ses pompes et de ses grandeurs.

Voilà une phrase qui tient une page entière. Toutes les idées qui s'y traitent et tous les personnages qui y figurent sont de l'ordre le plus élevé, et j'ajoute que je ne connais pas de période plus savante et où se déploient plus habilement toutes les ressources de l'écrivain. Eh bien, je vous le demande, y avez-vous remarqué un mot emphatique, une expression recherchée? N'y trouvez-vous pas, au contraire, autant de souplesse et de variété de tours que de grandeur? Cette phrase se compose de vingt-deux membres; pas un ne commence de même, ne se développe de même, ne finit de même. C'est partout le mouvement et la diversité d'un entretien élevé; des phrases de trois lignes après des phrases de trois mots : un perpétuel changement de ton et de tour, et tout cela, librement, sans effort. Sans doute, d'autres écrivains se servent admirablement de la langue, la manient avec une délicatesse et une force rares; lui! il la gouverne! Les autres montent des chevaux merveilleusement dressés; lui, il est fièrement campé sur une monture de bataille et de haute race; il la lance, il la précipite, il la contient, il la dirige. Tout est aisance en lui, tout est souplesse en elle; elle a sous sa main des grâces et des énergies inaccoutumées. Tenez, voulez-vous vous convaincre encore plus de la puissante personnalité de ce style et de son admirable naturel, changeons de sujet, ou plutôt

prenons le même sujet traité par lui dans une circonstance
différente et dans une disposition intérieure tout opposée.
Je veux parler de l'oraison funèbre de Madame. Là encore,
il a pris pour texte le néant des grandeurs humaines. Mais,
dans le premier cas, son esprit seul est frappé; dans le
second, c'est son cœur! Au lieu des graves et éloquentes
plaintes d'un ministre de Dieu, ce seront les cris de douleur d'une âme blessée ; mais vous y retrouverez toujours
la même vérité d'accent, et toujours, si vous voulez bien
lire le morceau, il faut le parler. Prenez le début.

J'étais donc encore destiné à rendre ce devoir funèbre à très haute
et très puissante princesse Henriette-Anne d'Angleterre, duchesse d'Or-
léans. Elle, que j'avais vue si attentive pendant que je rendais le
même devoir à la reine sa mère, devait être sitôt après le sujet d'un
discours semblable: et ma triste voix était réservée à ce déplorable
ministère. O vanité! O néant! O mortels ignorants de leurs destinées!
L'eût-elle cru il y a dix-huit mois? Et vous, Messieurs, eussiez-vous
pensé, pendant qu'elle versait tant de larmes en ce lieu, qu'elle dût
sitôt vous y rassembler pour la pleurer elle-même? Princesse, le digne
objet de l'admiration de deux grands royaumes, n'était-ce pas assez
que l'Angleterre pleurât votre absence sans être encore réduite à pleurer votre mort? Et la France qui vous revit avec tant de joie, envi-
ronnée d'un nouvel éclat, n'avait-elle plus d'autres pompes et d'autres
triomphes pour vous, au retour de ce voyage fameux d'où vous aviez
remporté tant de gloire et de si belles espérances? «Vanité des vanités,
et tout est vanité. » C'est la seule parole qui me reste; c'est la seule
réflexion que me permet, dans un accident si étrange, une si juste et
si sensible douleur. Aussi n'ai-je pas parcouru les livres sacrés pour
y trouver quelque texte que je puisse appliquer à cette princesse. J'ai
pris, sans étude et sans choix, les premières paroles que me présente
l'Ecclésiaste où, quoique la vanité ait été si souvent nommée, elle
ne l'est pas encore assez à mon gré pour le dessein que je me propose.

Voyons, mon cher ami, ajoutai-je en m'interrompant, laissez parler votre cœur, et dites-moi s'il n'y a pas

quelque chose de bien saisissant dans la présence de cette
absente? Elle n'est pas pour lui enfermée dans ce cata-
falque, non! Elle est devant ses yeux. Il l'évoque! Il la
voit!... Il la revoit! Il lui parle! De là, dans cette page,
cette voix vivante qui va au cœur parce qu'elle en vient.
Que dire donc de la fin?

Non, après ce que nous venons de voir, la santé n'est qu'un nom,
la vie n'est qu'un songe, la gloire n'est qu'une apparence, les grâces
et les plaisirs ne sont qu'un dangereux amusement; tout est vain en
nous, excepté le sincère aveu que nous faisons devant Dieu de nos vanités et le jugement arrêté qui nous fait mépriser tout ce que nous
sommes.

Je pourrais prendre au hasard vingt autres exemples
dans cette oraison funèbre, mais j'en ai dit assez, j'espère,
pour vous prouver que Bossuet est précisément le contraire
d'un déclamateur, et si, sur ce point du moins, vous n'êtes
pas converti, la faute en est à moi, c'est que j'ai mal lu.
Quant à l'ensemble de ses livres, sans doute, on y trouve
plus d'une partie ruinée, mais ce qui reste debout est plus
beau que les monuments les plus entiers de notre langue.
Les temples de Thèbes et de Memphis aussi sont à demi
renversés, le Parthénon est mutilé, et cependant les débris
du Parthénon et de Thèbes, demeurent les plus nobles té-
moins du génie humain! ainsi de Bossuet. Croyez-moi, mon
cher ami, ne mesurons pas un grand esprit à son influence
sur le monde politique et social. Il y a un autre monde qui
le vaut bien, c'est le monde moral, c'est le monde de l'âme.
Eh bien, Bossuet y règne et y rayonne dans ce monde-là,
à la façon d'une lumière bienfaisante; il éclaire et il épure!
Ce qu'il y a de beau dans son œuvre, maintient toujours le

cœur dans les plus hautes régions; on vit en plein ciel
avec lui. Pour moi, quand je veux évoquer la plus belle
image de notre langue maternelle, quand je veux me convaincre de tout ce qu'elle peut et de tout ce qu'elle vaut,
quand je veux sentir jusqu'où elle peut monter et jusqu'où
elle peut descendre, je me relis tout haut une page de
Bossuet. »

Je m'arrêtai.

« Je vous remercie, me dit Manin. Vous dire que vous
m'avez converti... non. Il y a en moi un vieux fond de
républicain qui résiste à une admiration absolue pour
Bossuet; mais vous m'avez fait réfléchir. On ne comprend
jamais qu'à moitié un génie étranger. Je n'aime pas
Bossuet, mais je m'incline devant sa grandeur d'écrivain.
Merci. »

CHAPITRE XXXIV

CONCLUSION

Nous voici au terme de notre travail. Jetons un coup d'œil sur la route parcourue. J'y vois trois étapes. A la première, leçons pratiques, application des principales règles de la diction, étude de morceaux simples et courts ; c'est une sorte d'enseignement primaire. A la deuxième, quelques idées générales, analyses plus détaillées, et participant de la littérature autant que de la lecture, mise en lumière des bienfaits de la diction par certains cas particuliers ; ce sera, si vous voulez, l'enseignement secondaire. A la troisième, nous abandonnons l'étude du fragment pour l'étude de l'écrivain, et nous demandons la manière de l'interpréter, non plus à l'examen, phrase à phrase, mot à mot, de telle ou telle de ses pages, mais à la recherche des traits principaux de son génie. C'est l'enseignement supérieur.

Ce cadre, si j'ai su le remplir, répond bien ce me semble, au titre du livre : la lecture en action, et ce titre à son tour, explique nettement le livre.

En effet la lecture à haute voix, a un côté d'art qui dépasse l'enseignement technique. Il en est d'elle comme de la musique, elle ne s'apprend pas avec la même précision que les mathématiques ; ce n'est pas une science exacte ; la connaissance et l'application des règles suffisent peut-être pour devenir un lecteur correct, mais non un bon lecteur. Il y faut encore, chez le maître comme chez l'élève, une part d'imagination, de sentiment, de vie : voilà pourquoi j'ai essayé de faire de ce livre enseignant, un livre vivant.

Mais mon travail m'a amené à un résultat autre et inattendu.

La nécessité de trouver des exemples, des citations, m'a forcé de parcourir notre littérature entière. J'ai été cherchant et puisant partout. Or, ce voyage dans la langue française, m'a produit l'effet d'un voyage en France. Quand on traverse successivement, la Normandie, la Bourgogne, l'Auvergne, la Touraine, la Bretagne, la Provence, on reste émerveillé de la diversité prodigieuse de toutes ces contrées. Autant de pays, autant de productions différentes ; autant de terrains divers, autant de ciels nouveaux! un seul trait est semblable : Partout la fécondité. Un seul nom est le même : Partout la France. Eh bien! pareille a été ma joie dans ce passage à travers notre littérature et notre langue. Nul pays, je crois, n'offre une telle variété de grands prosateurs. Ils sont là, plus de trente, tous marqués d'un trait particulier et d'un trait commun : Les esprits sont différents, l'esprit est pareil : ce sont enfants de la même race. Si l'on me permet une comparaison familière,

MADAME DE SÉVIGNÉ

je dirais qu'une des gloires du pays de France, est dans
ses vins. L'Allemagne a son Johannisberg, la Sicile son
Marsala, l'Italie son Lacryma Christi, l'Espagne son Madère
et son Malaga; la France les a tous ! Le vin de Bordeaux,
est fort, sain et sage. Le vin de Bourgogne généreux et
fougueux. Le vin de Champagne a le petillement et la lé-

gèreté. Les vins de Provence, la chaleur concentrée et puissante. Les vins du Midi, ont emprunté aux vins espagnols leur couleur et leur liqueur ; il n'y a pas de Pyrénées pour les vins du Midi. Or, toutes ces saveurs, tous ces aromes, toutes ces ivresses, je les ai retrouvés dans la dégustation de nos divers écrivains. Et encore n'ai-je pas visité tous nos grands crus ! Saint-Simon, Mme de Sévigné, et bien d'autres encore, les poètes du dix-neuvième siècle, nous réservent de nouvelles excursions, riches en découvertes ; mais j'en ai dit assez aujourd'hui, pour marquer nettement mon dessein, et la peine que m'a coûtée ce travail, serait largement payée, si on pouvait voir dans ce livre un tout petit monument élevé à la gloire de notre chère langue maternelle.

FIN

APPENDICE

LA LECTURE A HAUTE VOIX

INSTRUCTION ADOPTÉE PAR LE CONSEIL SUPÉRIEUR
DE L'INSTRUCTION PUBLIQUE
POUR L'ENSEIGNEMENT SECONDAIRE DES JEUNES FILLES

L'étude de la lecture à haute voix n'a toute son utilité que si elle se mêle à toutes les autres études.

Tout ce que dit, tout ce que lit, tout ce que récite, tout ce que raconte l'élève, doit être prononcé conformément aux règles de l'art de la diction.

L'étude de la lecture doit donc commencer dès la première année : d'abord, parce qu'on ne saurait s'y prendre trop tôt pour empêcher les enfants de contracter de mauvaises habitudes de diction, et pour les accoutumer à en contracter de bonnes; en second lieu, parce que plus les enfants sont jeunes, plus l'organe de la voix a de souplesse et par conséquent se plie de lui-même à toutes les délicatesses, à toute la justesse des intonations. La voix de l'enfant est l'instrument qui s'accorde et se désaccorde le plus facilement.

L'étude de la lecture à haute voix doit avoir sa place

dans les cinq années du cours ; elle s'élève en même temps que tous les autres objets d'enseignement et peut venir en aide au développement de toutes les facultés : la mémoire, l'intelligence et l'imagination.

Apprendre à bien lire, c'est apprendre à apprendre et à retenir.

Apprendre à bien lire, c'est avant tout apprendre à comprendre.

Le cours de première année devra être presque entièrement technique. L'explication et l'application des règles de *la prononciation*, de *l'articulation*, de *la respiration*, le rempliront utilement.

L'étude des règles pratiques donnera lieu à des exercices intéressants pour les enfants : exercices pour développer la voix ; exemples pour amener à distinguer les différences d'intensité, de hauteur, de timbre, dont un son est susceptible; différence d'accentuation, de mouvement d'un même mot, suivant le milieu où il se trouve et la pensée qu'il exprime, etc.

Les élèves devront être exercées à fournir elles-mêmes les exemples, à trouver suivant les cas, l'intonation juste.

Dans cette même année se place naturellement la correction de tous les vices et de toutes les défectuosités de prononciation : *accent*, *bégayement*, *blaisement*, *grasseyement*, que l'enfant tient ou de son pays, de sa famille, ou de sa conformation.

Les premiers exercices de lecture portant naturellement sur des phrases ou sur des passages choisis, ces phrases ou passages devront être très simples, courts, et plutôt en prose qu'en vers.

Les professeurs de tous les cours devront exiger de leurs élèves l'observance des règles fondamentales de la diction ; l'étude de la lecture n'est bonne à rien, si elle ne fait pas partie de tout.

Dans la deuxième et la troisième année, sans abandonner complètement le travail technique de la lecture, et en ayant soin de le rappeler sans cesse à l'élève, on abordera ce qu'on peut appeler l'art de la diction.

Le choix des morceaux est ici très important. Les qualités qu'on veut développer chez les élèves sont des qualités de justesse, de clarté, de vérité : on doit avoir en vue de faire *des lecteurs* et des *discurs*, non des *déclamateurs* et *des comédiens*. On devra prendre pour sujets d'exercice des passages écrits avec simplicité et naturel, des récits de faits réels, des fragments d'histoire ou d'histoire naturelle. Le ton de la narration est un ton particulier dans l'art de la lecture, et il n'en est pas qui soit une meilleure gymnastique pour l'enfant, parce que la réalité du fait amène forcément l'élève à la vérité du débit. La poésie ne sera pas exclue de cette seconde et de cette troisième année ; elle aura sa place, mais au second rang. La lecture de la poésie est un art dans un art ; il ne faut y arriver qu'en dernier lieu.

Bannissez absolument les gestes, les effets de regard, tout l'attirail mimique.

Le lecteur ne doit se servir que d'un seul moyen d'expression, la voix.

Ne choisissez jamais de pièces de vers qui dépassent l'intelligence ou la mesure des sentiments de l'enfant. On ne lit bien, et on ne doit lire que ce qu'on sait, ce qu'on comprend, ou ce qu'on sent.

Avec la quatrième et la cinquième année, on entre en plein dans le domaine de l'art. L'étude du beau devient le principal objet. L'imagination réclame son droit de culture, comme l'intelligence.

Un bon cours de lecture doit être en raccourci un cours de littérature. Chaque grand écrivain, ayant un style propre, exige une diction particulière. Apprendre à le bien lire, ce sera pénétrer dans le secret de son talent ; et ainsi l'étude successive, réfléchie et comparée de tous nos grands écrivains au point de vue de la lecture deviendra l'étude du génie français.

Un bon maître de lecture doit être le collaborateur de tous les autres maîtres.

TABLE DES PORTRAITS

ET DES GRAVURES HORS TEXTE

PORTRAITS

GRAVURES HORS TEXTE

TABLE DES MATIÈRES

FIN DE LA TABLE DES MATIÈRES.

Paris. — Imprimerie A. Lahure, 9, rue de Fleurus.